運に恵まれた。たまたま武揚の没後百年の年に当たり、改めて古文書を調べだして、北海道立文書館や北海道大学附属図書館に武揚に関する膨大な資料が現存しているのを確認した。

もっとも驚いたのは開拓使の中判官だった武揚が突然、海軍中将に任命された時の通達文である。開拓使中判官といえばかなりの高官ではあるが、その上には大判官、さらには開拓次官、長官（この時は空席）がいた。開拓使トップの次官、黒田清隆は参議・陸軍少将だった。ちなみに陸軍大将は西郷隆盛ただ一人だけ。陸軍と海軍の差こそあれ、命を助けられた男が、助けた男を飛び越えての昇進というのは極めて希有といわねばなるまい。これは一体、何を意味するのか。

海軍中将になった武揚はその直後、対露領土問題特命全権公使に任命され、ロシアに赴き、樺太・千島交換条約を締結。帰国後は駐清国特命全権公使として清国（中国）に赴任し、日清間の紛争解決に努め、天津条約締結の陰の力になる。来日中のロシア皇太子が警備の警察官に襲われた「大津事件」では謝罪特使の随行を命じられ、その後混迷する内閣の外務大臣の座についている。

新政府は次々に起こる外交問題に、武揚をまるで使い勝手のいいコマのように使い、武揚もまたそれに応えて、見事なまでに難題を解決してきた、という構図が見えてくる。

逆賊から一転、政府高官にのぼりつめた武揚という人物の素顔を、現存する多くの書簡や日記を含む古文書類などから照射し、その思想、信条を炙りだすことができないか、という思いにかられた。これが拙著を書くことになった理由である。

どこまで武揚の実像に迫れるか、膨大な資料を整理しながら、書き進めていきたい。

なお武揚は少年期から長崎海軍伝習所時代、オランダ留学時代を経て箱館戦争に至るまで「釜次郎」と称していたが、本書では煩雑になるのを避けるため便りなど特別な場合を除いて「武揚」を用いた。また年号は元号を用い、カッコ内に西暦を記した。年齢は当時使っていた数え年とした。

本書は学芸総合誌・季刊『環』（藤原書店）第37号から第40号（二〇〇九―二〇一〇）に連載されたものに、大幅に加筆したものである。

合田一道

古文書にみる　榎本武揚　目次

はじめに　I

古文書にみる　榎本武揚

思想と生涯

凡例

一、本著に引用した古文書類は、旧漢字・旧仮名遣いを新漢字・新仮名遣いに、片仮名を平仮名に変えたものもある。句読点をつけ、難しい漢字にはふりがなをつけ、改行するなどして読みやすくした。また、著者による補足は〔　〕で示した。

一、『渡蘭日記』及び『シベリア日記』の底本は国会国立図書館憲政資料室所蔵をもとにした加茂儀一『資料榎本武揚』より引用した。「北海道巡廻日記」は黒田家文書の中から原田一典氏が複写したものを借り受け、用いた。北海道立文書館及び北海道大学附属図書館、北海道立図書館、市立函館博物館、霊山歴史館所蔵のものは、それぞれの担当者の教示によった。小杉雅之進（雅三）『麦叢録』は『小杉雅之進が描いた箱館戦争』（合田一道編著、小杉伸一監修）より用いた。

一、漢詩についても新漢字にしたうえ、ふりがなをつけたものもある。必要に応じて意味を付記した。

第一章　外国への視線——一八三六—一八六三年

「鍋」と「釜」

榎本武揚が歴史の舞台に登場するのは安政三（一八五六）年四月、幕府の長崎海軍伝習所の二期生になった時である。二十二歳の榎本は、この長崎でオランダ人教官から教育を受け、翌年夏からはオランダより購入した咸臨丸を用いて専攻の機関学や航海術を学び、さらには医師ポンペから舎密学《セーミがく》（化学）を学んだ。この学業が武揚の目をより海外へ向けさせることになる。

榎本武揚は天保七（一八三六）年八月二十五日、旗本榎本円兵衛武規の次男として江戸下谷御徒町の柳川横町、通称三味線堀の組屋敷で生まれた。幼名釜次郎。筑後柳川藩主の邸宅の隣だったので、後年、号を柳川と称したが、柳川鍋に通じるので梁川と改めた。この梁川の号は晩年まで用いることになる。

榎本家は武蔵国の郷士で、御徒士衆《おかちしゅう》として代々徳川家に仕えたが、三代目武兵衛武由の娘婿として養子に入ったのが、武揚の父の円兵衛である。円兵衛は備後国箱田村郷士箱田円右衛門直知の次男で、幼いころから数学が得意だった。

この時期、北方からロシアの脅威が叫ばれだし、北辺の警備の重要性から探検や測量が始まっていた。円兵衛は藩主に随行して江戸に上ると、天文学者高橋景保や伊能忠敬について学び、後に伊能忠敬の内弟子になり、実地測量を手伝った。

文政元（一八一八）年、榎本家の婿養子になり、旗本の身分になった円兵衛は、幕府天文方に出仕を命ぜられ、暦法の研究に努めた。武揚の化学技術者として素質は、この父から受け継いだものといえる。

ところで武揚を生んだのは、円兵衛の最初の妻ではない。最初の妻は長女を生んだ後、病死してしまい、後添えにことをもらうが、このことが、次女らく、長男鍋太郎（後の武與）、そして次男釜次郎（後の武揚）を生むのである。兄弟につけられた「鍋」と「釜」は円兵衛が「生きるための大事な品物」としたもので、いかにも実学を重んじる円兵衛らしい。

次女らくは若くして未亡人となり、観月院と称して、弟の武揚をこよなく愛し、生涯、その面倒を見ることになる。

武揚の生家のあった江戸・下谷御徒町の柳川横町あたり（下山光雄撮影）

円兵衛はやがて将軍の供回《ともまわり》の御徒士目付《おかちめつけ》に取り立てられ、本丸勤務になり、将軍から再三にわたり金子《きんす》を拝領する光栄に浴した。円兵衛は感激し、家門の誉れとして徳川家に対して深い忠誠心を抱いた。これが幼い「鍋」「釜」兄弟の、なかんづく武揚の心に深く刻み込まれていくことになる。

武揚が少年期を送った下谷御徒町の柳川横町は、下谷御徒四人分大縄地で、江戸城にもそれほど遠くなく、下級武士が暮らすには一等地だったようだ。文久二（一八六二）年の絵地図に三味線堀の記載が見えるが、細かな区別などはない。江戸っ子は自分たちが暮らしている地域を勝手にそう名付け、その通称がそのまま地名になったと思われる。現在の東上野三丁目、上野東金屋ホテル付近にあたり、近くに下谷稲荷社と呼ばれた下谷神社が建っている。

武揚の幼少期について書かれたものは少ないが、一戸隆次郎『榎本武揚子』（明治四十二年刊）によると、頭がよく、温和で、学問好きであった。鷹揚なところもあり、親から菓子を貰っても自分では食べずに、友だちにわけてやるのが常だったという。口調は江戸弁のべらんめぇ調。物腰の柔らかな、しかし芯のカチンと通った少年を連想することができる。

奉行に従い蝦夷地へ

この時期、シーボルト事件に続いて「蛮社《ばんしゃ》の獄《ごく》」が起こり、蘭学が弾圧されだしていた。父は武揚を将来、儒者《じゅしゃ》にして幕府に任官させたいと考え、天保十二（一八四一）年、六歳の時、儒学者田辺石庵に入門させた。旗本にしろ藩士にしろ、家録を継げるのは長男だけ。父が次男の将来への道筋をつけてやろうとしたのである。

武揚は弘化四（一八四七）年ごろ、幕府直轄の昌平坂学問所（昌平黌）に入学した。受験して入寮したのは十五歳の時。昌平坂学問所は主に旗本、御家人の子弟を教育する最高学府で、儒学を主としていた。武揚はここで漢学も学んだ。後年、漢詩をよくしたのは、ここで学んだ賜物である。

このころ江戸本所の江川太郎左衛門英龍は、アメリカから帰国したジョン万次郎こと中浜万次郎を吟味（取り調べ）の目的で自邸に引き取り、英語塾を開かせていた。

万次郎は天保二（一八三一）年正月、十五歳の時、漁師仲間と小舟に乗り、足摺岬沖で操業中、強風に遭って鳥島まで流され、アメリカの捕鯨船ジョン・ハウランド号に救われた。ジョン万次郎の呼び名は捕鯨船の船名による。ホイットフィールド船長に可愛がられ、アメリカ西海岸で暮らした万次郎は、十一年ぶりに帰国して土佐藩の吟味（取り調べ）を受けた後、江戸に送られ、ここでも吟味を受けた。江川がそれを巧みに利用して身柄を引き取ったのだった。

オランダ留学時代。釜次郎と呼ばれた
（国立国会図書館蔵）

武揚はその英語塾に通い、英語を学びながら、万次郎からアメリカをはじめ世界の話を聞いた。海の向こうの、想像を絶するさまざまな異国の文明を意識するのはこれがきっかけである。

折しも日本近海に外国船が出没し、その脅威がささやかれていた。幕府は諸藩に砲台の建設を急がせる一方、それまでの大船建造禁止令を解除し、幕府自らオランダに帆船軍艦（後にスクリュー式コルベット軍艦に変更）二隻の建造を発注した。

万次郎によって海外に目を見開かされた武

揚が、より世界の知識を吸収するには、諸外国と対抗できる海軍が大事、と考えたのも、当然の成り行きだったといえる。

ところで武揚が昌平坂学問所を丙で卒業したのは嘉永六（一八五三）年とされるが、卒業できなかったとの説もある。この年六月にペリー提督率いる黒船が来航している。加茂儀一『資料榎本武揚』は「武揚が外国の知識を得ようとして儒学がおろそかになったのが原因だったのかもしれない」としている。いずれにしろ黒船の圧倒的な存在を目の当たりにして、新しい時代の到来を意識したのは間違いあるまい。

安政元（一八五四）年、十九歳になった武揚に思いがけない好機がめぐってきた。箱館奉行堀織部《ほりおりべの》正《しょう》利凞《としひろ》の従者として、東西蝦夷地（北海道、蝦夷地を南北にわけてこう呼んでいた）、北蝦夷地（樺太、後のサハリン）を巡回するというものだった。ペリーの再度の来訪に恐れをなした幕府は、日米和親条約（神奈川条約）を結び、下田、箱館の開港を決定。急ぎ箱館奉行所を設置し、江戸に一人、箱館に一人、蝦夷地巡回に一人の奉行を置き、現地奉行の堀に最初の仕事として、東西蝦夷地、北蝦夷地の巡視を命じたのである。

この巡視に関する堀の復命書が残っているが、これによると東西蝦夷地の豊かな産物と、膨大な未開の土地が存在する旨を記し、南下政策を取るロシアに対抗する意味からも、蝦夷地を松前藩に上知（献納）させ、幕府により防備と開発を急ぐべきだ、としている。この復命書に基づき、幕府が松前藩から蝦夷地支配を取り上げて直轄にするのは翌安政二年のことである。

堀に従い北辺を巡回した時に詠んだ武揚の七言古詩が、市立函館図書館に残されている。

靺鞨之山青一髪　靺鞨《まっかつ》の山青く一髪《いっぱつ》
我行至此漸堪豪　我行きて漸《ようや》く至る此《こ》の堪豪《たんごう》
宝刀横処鬼加護　宝刀《ほうとう》を携《たずさ》え鬼神となり加護せん
胡馬嘶時風怒唬　胡馬《こば》嘶《いなな》き時に風怒り呼ぶ
短褐早天衝暁霧　短褐早天暁《たんかつそうてんぎょう》霧《む》を衝く
孤帆残月乱秋濤　孤帆《こほ》に秋濤《しゅうとう》残月乱《みだ》る
扶桑南望三千里　扶桑《ふそう》南を望みて三千里
頭上驚看北斗高　頭上を驚き看《み》る　北斗高し

冒頭の靺鞨は沿海州、隋書に「高麗の北に在り」とある。四行目の胡馬は北方産の馬を、五行目の短褐は丈の短い木綿の綿入れ、早天は明け方を指し、七行目の扶桑は日本国の異称、最後の行の北斗は北斗七星、北天の大熊座の七つ星を言う。

若い武揚がこの巡視で大きな刺激を受けたのは、この詩歌からも十分に汲み取ることができる。江戸から三千里（一二〇〇キロメートル）、果てしなく広がる茫漠たる蝦夷地に立ち、手つかずの宝庫とも見えるその光景に、身を震わせたのであろう。

この若き日の体験が、後に武揚を突き動かす力になる。

長崎海軍伝習所へ

諸外国の開国要請におののいた幕府は、アメリカに続いてイギリス、ロシアと和親条約を結び、下田、箱館の開港を伝えた。日露間の国境が決まったのはこの時で、千島列島は択捉《えとろふ》島と得撫《うるっぷ》島の間とし、北蝦夷地の南半分、つまり南樺太は日露両国雑居の地となったのである。

安政二（一八五五）年、オランダ国王から贈呈されたスンピン号が長崎に到着した。海軍力の整備を急ぐ幕府は、早速、長崎出島の長崎奉行所西役所内に海軍伝習所を開設し、長崎奉行所目付の永井《ながい》玄蕃頭《げんばのかみ》尚志《なおむね》を総督に任命、スンピン号でやってきたオランダ海軍大尉ペレス・ライケンを教師団長に、伝習を開始した。海軍大学の誕生である。スンピン号は観光丸と改名して練習船になった。この直後にオランダと和親条約を締結する。

伝習所の第一期生は、艦長候補がお目見得以上（旗本）で、幕府は永持亨次郎《ながもちこうじろう》、矢田堀景蔵《やたぼりけいぞう》、勝麟太郎《かつりんたろう》（海舟）の三人を指名した。永持らは学生長の役目も命じられ、教師の指示などを学生に伝達する役目も担った。後に永持は外国奉行支配御用出役頭取取締になり、元治元（一八六四）年、京都警備に派遣され、病没するが、矢田堀は幕府崩壊後の徳川家の海軍総裁に、そして勝は陸軍総裁になり、その命運を背負い、征討軍と対峙することになる。

士官候補は浦賀奉行組の与力と鉄砲方江川太郎左衛門組（江川代官組）の手代、鉄砲方井上左太夫

長崎海軍伝習所之図（公益財団法人鍋島報效会蔵）

組と田付四郎兵衛組の与力から選ばれた。技術士官候補の航海測量方は浦賀奉行所組の同心から、天文方候補は手付から、蒸気機関方候補は長崎奉行組から、また下士官候補は浦賀奉行組の同心、長崎奉行組の地役人から、海兵隊候補（下士官）は井上左太夫組と田付四郎兵衛組の同心から、水夫候補（兵）は浦賀、塩飽《しあく》の水主《かこ》、長崎奉行組の同心から選ばれた。火夫《かふ》（炊事夫）候補や船大工、鍛冶職などは経験豊かな平民から選抜された。総勢八十余人。年齢はばらばらである。

このように伝習生たちは身分だけで艦長、士官、下士官、兵の候補に振りわけられた。幕臣である直参、大名の家来である陪臣たちが、同じ場所で教育を受けるという、幕藩体制下では画期的なものだった。この時、昌平坂学問所に再入学していた武揚は、聴講生として参加した。

翌年の安政四年一月、第二期生九十余人が入所した。一期生が卒業するのはこの年三月だから、伝習所は一時期、百六十人もの学生たちで溢れたことになる。この二期生の中に武揚が含まれていた。名簿の冒頭のみ掲げる。

（江戸より派遣）

幕臣部屋住・厄介

大目付伊沢美作守政義三男　伊沢謹吉

徒目付榎本円兵衛武規次男　榎本釜次郎

実は武揚は、応募して最初の吟味で落とされた。聴講生ではなく正規生になりたくて、昌平坂学問所時代の友人の伊沢謹吉を通して父、伊沢美作守政義に頼み込み、特別に入所を許されたのである。その二人が並んで書かれているのが微笑ましい。

入所した武揚は、ここでさまざまな人物と運命的な出会いをする。伝習所総督の永井玄蕃頭尚志は後に、武揚の片腕として箱館戦争を戦うことになる人物であり、一期生の勝海舟とは和戦両論でぶつかりつつも、互いを尊重し合う間柄となる。同じ一期生の中島三郎助、春山弁蔵、同期である二期生の伴鉄太郎、柴弘吉、松岡磐吉らは、武揚の檄に応えて箱館戦争を戦うことになる人たちである。

伝習所にはこのほか諸藩から送り込まれた人材も多数いた。薩摩の川村与十郎、肥前の中牟田金吾（倉之助）などは、後に明治新政府の海軍大将、中将となる人物で、箱館戦争で武揚らと対峙することになるのである。歴史のめぐり合わせ、不思議さを感じずにはいられない。

言葉の壁越えて

伝習所の講義は朝四ツ半時（午前九時）始まり九ツ時（正午）まで、昼食をはさんで八ツ時（午後二時）から七ツ時（午後四時）まで続いた。月曜日から土曜日まで。日曜日は休講。

伝習の最大の悩みは言葉だった。西洋式海軍なので、オランダ語と数学が必要ということで、通訳付きで週十一時間の講義をした。海軍で使う術語、日常語だけでなく、砲術訓練や運用作業の号令までオランダ語を使ったので、何をするにも面食らった。ただ、数学は算術、代数、対数、幾何、三角法の原理程度だったので、それまでの算盤や算木の和算式を、アラビア数字を使う筆算でやる洋算式に切り換えるだけで十分できた。

武揚はここで航海学、機関学などを猛烈に学んだ。航海学は洋算が基になって、三角関数、平面三角法、球面三角法などが用いられた。運用術はマスト回りの艤装と索具の取り扱いが主で、索具の取りつけや取り外しなどを訓練した。

機関学は蒸気機関の講義が中心だったが、実際に観光丸の機関修理が行われた時は、機関を分解して内部を観察するなど実学に徹したので、能率が上がった。

武揚が二期生として入所してほどない三月、一期生の卒業を前に、所長の永井は教師団長ライケンに対し、

「一期生のうち優秀な者だけ観光丸に乗せ、オランダ軍人の援助なしで江戸間で航海させたい」と述べた。ライケンは無謀すぎると拒否したが、永井の意向は固く、ライケンはやむなく江戸行きを了承した。

観光丸は矢田堀景蔵が艦長となり、航海方、帆縫方、大砲方、機関方以下、火夫、水夫まですべて卒業生が乗り込んで長崎を出帆、二十三日間かかって無事、江戸に着いた。永井らは狂喜した。気をよくした幕府は築地の講武所内に軍艦操練所（軍艦教授所とも呼ぶ）を新設し、長崎の永井を軍艦操練所総督に任命、さらに矢田堀を教授方頭取（校長）に、同じ一期生の鈴藤勇次郎、浜口興右衛門、小野友五郎らを教授方（教授）に登用した。この時、ジョン万次郎こと中浜万次郎も教授方となり、教壇に上ることになる。

この反面、長崎に残留した人もいた。中島三郎助などもっと勉学したいとして自ら残った者もいたが、卒業できなかった者もいた。海舟もその一人で、二期生となった武揚と親しくなる。海舟のべらんめぇ口調は有名だが、武揚のそれも勝るとも劣らない。そんな江戸っ子気質の二人が絆を深めていく。

カッテンディケの評価

後任の伝習所総督に任ぜられたのは本丸目付《ほんまるめつけ》の木村喜毅《よしたけ》である。木村は図書《ずしょ》と改めて赴任するが、ここで勝海舟と出会う。二人は後に咸臨丸で太平洋を横断する重要な役目を担うことになる。

長崎海軍伝習所の二期生の講義が本格化した。同時に三期生が待ちかねたように集まってきた。一期、二期が成人だったのに比べ、旗本、御家人の子弟で、ほとんどが十代後半から二十代前半まで。その中に万年（内田）恒次郎、沢太郎左衛門、根津欽次郎、小杉雅之進ら若く有能な人材がいた。松本良順のように医学を学ぶ者もいた。沢、根津、小杉らは後に武揚と行動をともにする若者たちである。

このころ隣国の清国（中国）でアロー事件が起こり、イギリス、フランスによる武力行使が始まっていた。アメリカ総領事タウンゼント・ハリスが軍艦で下田港に上陸し、将軍家定に謁見を求めて江戸に上り、幕閣を震え上がらせた。その一方で将軍継嗣問題が表面化した。

幕府がオランダに発注していた二隻のコルベット軍艦のうちの一隻、ヤッパン号が長崎に到着したのはこの年八月五日である。この船が咸臨丸と名付けられ、伝習所の主力練習船になった。

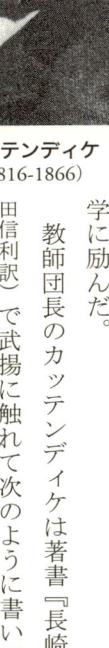

この段階でオランダ教師団が交替になり、ヤッパン号でやってきた艦長カッテンディケはじめ士官、下士官らが教師を務めることになった。講義や実学の方針は継承されたが、内容はかなり高度なものに変わった。ことに機関学は、機関士官ハルデスが豊かな経験を駆使してスクリュー式蒸気機関の詳細を教えたので、成果はぐんと上がった。武揚は夢中になって勉学に励んだ。

カッテンディケ
（1816-1866）

教師団長のカッテンディケは著書『長崎海軍伝習所の日々』（水田信利訳）で武揚に触れて次のように書いている。

ヨーロッパでは王様といえども、海軍士官となり、艦上生活の不自由さを忍ぶということは、決して珍しいことではないが、日本人、例えば榎本釜次郎氏（武揚）のごとき、その先祖は江戸において重い役割を演じていたような家柄の人が、二年来、一介の火夫、鍛冶工および機関部員として働いているというがごときは、まさに当人の勝れたる品性と、絶大なる熱心さを物語る証左である。これは何よりも、この純真にして、快活なる青年を一見すれば、直ぐに判る。彼が企画的な人物であることは彼が北緯五十九度の地点まで北の旅行をした時に実証した

ここで言う北緯五十九度の地点とは、武揚が二十歳の時、箱館奉行堀利凞に従い、北蝦夷地、東西蝦夷地を巡回した時を指している。数字がやや誇大だが、意欲的な若者への評価なのであろう。武揚は確かによく勉学に励んだ。そのかたわら、オランダ医官ポンペから舎密学（化学）をみっちり学んだ。武揚が化学者の眼を持つようになるのは、この時のポンペの影響が大きかったといえる。

海軍伝習所閉鎖

安政五（一八五八）年二月十六日、咸臨丸が初めて伝習生を乗せて長崎港を出港し、五島、対馬方面へ航海した。近海とはいえ五日間の本格的航海だった。

この話を伝え聞いた薩摩藩主島津斉彬《なりあきら》が、咸臨丸を見たいので、ぜひ立ち寄ってほしい、と伝えてきた。木村図書は薩摩をめぐってから琉球に至る計画をたて、オランダ教師団十九人を含めて総勢

百二十人が乗り込み、三月八日、長崎を出港した。艦長は勝麟太郎（海舟）と伊沢謹吾の二人制、乗艦方、すなわち航海長・機関長は武揚、伴鉄太郎、そして三期生の万年（内田）恒次郎らである。

この航海は、平戸を経由して下関から豊後水道回りで薩摩の山川港まで行き、ここで琉球の雲行きが悪いと知り、航海を断念して引き返すのだが、薩摩に上陸したオランダ教師らは、城下に立ち並ぶ鋳物工場や製鉄工場、蒸気機関を備えた外輪汽船に驚嘆の声を上げた。伝習生らも同様の感想を抱いた。武揚もまた薩摩藩の工業技術の水準の高さを知ることになる。

彦根藩主の井伊掃部頭直弼が幕府大老に就任したのはこの時期である。井伊の政策が伝習所にまで及ぼうとは、この時点では想像もつかなかった。

練習航海は咸臨丸だけでなく、幕府が新しく購入した鶴翔丸も使って続行された。もっとも大がかりな練習航海は咸臨丸と鶴翔丸が同時に薩摩の山川港まで行くもので、武揚はじめ伊沢謹吾、中島三郎助、春山弁蔵、伴鉄太郎、柴弘吉ら二期生は鶴翔丸に乗艦した。山川港に到着後、鶴翔丸は三期生を乗せた咸臨丸と別れて江戸に赴いた。これが武揚のいわば卒業航海であった。

以後、江戸に至った鶴翔丸は観光丸とともに築地の軍艦操練所の練習船となり、神奈川警備につく。咸臨丸は軍艦操練所の所属に変わったが、そのまま長崎に置かれた。だがこの所属変えは海軍の主体が長崎から江戸に移ることを意味した。

長崎海軍伝習所が突然、閉鎖されたのは年明け早々の安政六（一八五九）年二月。わずか六年間たらずの命脈であった。

長崎海軍伝習所を卒業した武揚はその年六月、幕府に初登用され、築地の軍艦操練所軍艦組の教授方に任命された。二十四歳の若い武揚の心に燃え立つものがあったであろう。久しぶりに中浜万次郎塾に出向き、そこで大鳥圭介と知り合った。後にともに蝦夷地へ向かうことになる人物である。

世情は騒然としていた。日米通商修好条約が締結され、続いてオランダ、ロシア、イギリスとの間で同様に条約が締結された。幕府に対する批判が高まる中、井伊は幕政を批判する人物に弾圧を加えた。「安政の大獄」である。これにより吉田松陰をはじめ多くの志士たちが処刑された。

そうした中で、日米通商修好条約締結調印のため、正使の新見淡路守正興《しんみあわじのかみまさおき》以下がポーハタン号に乗艦し、アメリカに向かうことになった。

遣米使節随伴船として咸臨丸が選ばれ、副使としてかつての海軍伝習所総督木村図書喜毅改め木村摂津守《せっつのかみ》喜毅が選ばれ、教授方頭取（艦長）に勝麟太郎（海舟）以下、鈴藤勇次郎、小野友五郎、浜口興《おき》右衛門《えもん》ら一期生、二期の松岡磐吉、伴鉄太郎、岡田井蔵、後輩になる三期生の赤松大三郎、根津欽次郎、小杉雅之進らが同乗することになった。

長崎海軍伝習所を優秀な成績で卒業し、築地の軍艦操訓所で教授方を務める武揚が、なぜ選ばれなかったのか。実は武揚には、この直後に予定されているアメリカ留学が待ち構えていたのである。だが本人がそれを承知していたかどうかは明らかでない。いずれにしろ海外旅行は、いまと違って命がけだった。水盃で出立するのが習わしだったから、武揚が複雑な思いで聞いたであろうことは容易に推察できる。

オランダ留学生

咸臨丸が出帆したのは安政七（万延元年、一八六〇）年正月十九日。咸臨丸はアメリカ西海岸のサンフランシスコに到着し、ポーハタン号の正使一行が無事にワシントンに着いたのを確認して、ハワイ経由で帰国したのが五月五日。四カ月余の長旅だった。

この間の三月、大老井伊直弼が白昼、桜田門外で暗殺された。いまでいえば総理大臣が白昼、襲撃されたのである。国内に衝撃が走った。

榎本家では父の円兵衛が亡くなり、兄、鍋太郎改め武興が家督を継いでいた。

文久元（一八六一）年一月、武揚のもとにアメリカ留学生決定の朗報が舞い込んだ。幕府が派遣する初の海外留学生で、同時に軍艦を発注し、完成を待って同艦で帰国するというものだった。だがこのアメリカ留学が南北戦争勃発のため頓挫してしまう。武揚はがっくり肩を落とした。

ところが翌文久二（一八六二）年春、留学先がアメリカからオランダに変わり、武揚は留学生十六人の一人に正式決定した。士分はこのうち医師養成の二人を含めて七人、残りは水夫や職方である。二十七歳になる武揚は、父が生きていたらどんなに喜んでくれたか、とあらためて亡き父を偲んだ。

留学メンバーは次の通り。

軍艦操練所軍艦組　内田恒次郎（正雄）　二十五歳　船具・運用・砲術

榎本釜次郎（武揚）　二十七歳　右同及び機関学

沢太郎左衛門（貞説）　二十八歳　右同及び銃砲・火薬製造法

赤松大三郎（則良）　二十二歳　右同及び造船学

田口俊平（良直）　四十五歳　右同及び測量術

蕃所調所　津田真一郎（真道）　三十四歳　法律・国際法・財政学・統計学

西周助（周《あまね》）　三十四歳　右同

長崎養成所　伊東玄伯（方成）　三十一歳　医学

林研海（紀）　十九歳　右同

以上士分

水夫小頭　古川庄八　二十八歳　船舶運用（操縦）

一等水夫　山下岩吉　二十八歳　同

鋳物師　中島兼吉　三十四歳　大砲鋳造

時計師　大野弥三郎（規周）　四十三歳　測量機械製造

船大工　上田虎吉（寅吉）　四十歳　造船術

鍛冶職　大河喜太郎　三十一歳　鍛冶術

以上職方

軍艦操練所軍艦組のうち、武揚と沢が伝習所二期生、内田、赤松が三期生で、いずれも二十代。顔馴染みである。

留学生らは築地の軍艦操練所に呼び出され、軍艦奉行井上信濃守より派遣の趣旨が説明された。オランダに改めて発注した軍艦が完成次第、その軍艦に乗って帰国する、在蘭中は自らを厳しく律するように、としたうえで、次の注意が伝えられた。

一、いかなる場合にも日本の秘密を漏らさざること
一、切支丹宗門に肩を入れまじきこと
一、本朝の風俗を改めまじきこと

指示により、全員がこの誓書に血判して提出した。留学に際して幕府がもっとも恐れたのがキリシタンだったのはいうまでもない。

武揚ら海軍伝習所出身者を安堵させたのが、オランダにいるカッテンディケの存在だった。カッテンディケは長崎海軍伝習所のオランダ教師団長を務め、日記で武揚を激賞した人物だが、それがいまは海軍大臣のポストについていた。これほど心強いことはない。

留学生の団長格は内田恒次郎である。内田は伝習所時代、万年の姓を名乗り、年齢は武揚より若いが、旗本千五百石取りの内田家の婿養子となり、御小姓組に入り、三百俵取りになった。身分がもっ

とも高かったのでその役目についた。

赤松大三郎は咸臨丸で太平洋を横断したただ一人の経験者で、帰国後、休む間もなく留学生に選ばれた。このほかにもう一人、宮大工の久保田伊三郎がいたが、肺病を患っており、長崎まで同行したものの喀血し、断念した。

西洋の大晦日

文久二年六月十八日、オランダ留学生らは咸臨丸に乗艦して品川沖を出帆し、長崎に向かった。ところがいきなり暴風雨に襲われ、船は機関故障を起こし、下田港に避難した。この間、船内に麻疹が発生し、最初に武揚が罹り、沢、赤松、内田と次々に伝染し、職方も大半が感染してしまった。病人の具合を見ながら、やっと長崎に着いたのは八月二十三日。

長崎で医学を学んでいた伊東、林の二人がここで合流した。だがこれから長旅を案じて留学生らは暗澹となった。

九月十一日、病が癒えた一行は、バタビヤ行きのオランダ商船に乗船して長崎を出航した。ところが途中、ジャワの北東海上で暴風雨に襲われ、商船は暗礁に乗り上げてしまった。全員ボートに乗り移り、四日間も漂流の挙げ句、マレー人の船に救われ、無人島に上陸。さらに現地人によりレパル島に移された。この間にジャワ政府と連絡がついて、オランダの軍艦に救助され、十月十八日、バタビヤに着いた。

初めて見る南国の風景は日本とはまったく違う。誰もが驚きの目を見張り、言葉も出なかった。十一月二日、留学生たちはここからオランダ客船テルナーテ号に乗船した。インド洋を渡り、アフリカを迂回し、オランダに向かうのである。武揚は、このバタビヤの出港からセントヘレナ島寄港前日の翌文久三年二月七日（一八六三年三月二十五日）までを『渡蘭日記』と名付けて克明に記録した。冒頭にはこう記されている。

日本十一月二日（即　西邦十二月二十二日）午前陰、午后雨
払暁《ふつぎょう》五時に起きて仕度を為《な》し、六時に旅宿を発す。バタビヤ港口より三十馬力の小蒸気（船）に乗《のり》、テルナーテに乗組《のりくむ》。バスレイ送《おくり》て本船迄来る。即時告暇《ひまをつげ》て帰る。先此《さきにこの》バスレイ、我等のポルトレット〔肖像画〕を余及《および》内田君に贈れり。我、昨夜、御用状私状にて僅に一時半眠りに就ける而已《のみ》。
扨《さて》船に入りてより、我が部屋を片付にかゝる。晩方、誤《あやまり》てラムプガラスにて鼻下を截《き》る。血淋《りん》漓《り》、フルバンド〔繃帯〕を為す。食事に便ならず。今夜昏睡《こんすい》。

武揚はこの夜、ランプのガラスで鼻の下を切ってしまう。長崎を出航早々、麻疹に罹り、続いてジャワ沖で遭難し、やっとオランダ客船で出航した矢先に、怪我をしてしまったのである。「食事に便ならず」という武揚の愚痴が聞こえてくるようだ。

武揚は日々の気象や航海の模様を、日記に克明に書き綴った。文面の特徴は、しばしば航海用語をオランダ語で記していることだ。日記に出てくるポルトレットは肖像画、フルバンドは包帯であるが、さらにボイは驟雨《しゅうう》、スチルはにわか雨、カールムは船室、パツサギールは船客、スタールトは海峡、ヲンリユストは島、ハーデムは深さを示す尋《ひろ》、モツドルは泥、ホールヲイドは前進、ウエンデンは航海（航進）、ケツチンフは投錨、アンクルリンテンは揚錨といった具合に、以後、頻繁に出てくる。

テルナーテ号はまずは順調に航海を続けた。風があまりに強すぎると手こずるが、適当な風だといくらでも進む。気温が高く、蒸し暑いが、夜になると月が光り、吹く風が心地よい。

十字星を詠む

航海の日々はあっという間に過ぎて、西洋の大晦日がきた。日記は第二日以降、西暦を上段に書き、和暦をカッコ書きにしている。武揚の文章中の外国語を補足しながら、紹介する。

十二月三十一日（十一月十一日）竟日《きょうび》薄晴

午前八時半抜錨《ばつびょう》。ウエンデン〔航進〕す。午後五時頃錨《いかり》を抛《はな》つ。深さ六ハーデム〔尋《ひろ》〕、底モツドル〔泥〕。船の掛所は次に挙る図の如し（図略）。

七時頃より雨過《よぎ》る。今夜、西洋のオウデヤール〔大晦日〕にて、闔船《こうせん》皆酒《さけ》を酌《く》みて唱歌する事、我邦所謂《わがくにのいわゆる》忘年会の如し。パツサギール（船客）一同、我々共々、互《たがい》に酒を挙《あげ》て保生を賀す。愉々《ゆゆ》快々《かいかい》。夜十二時発砲三声、即《すなわち》共に新年を賀するなり。二時四十分眠《ねむり》に付く。此時雨少《すこし》歇《や》む。

明けて西洋の元旦。武揚の日記にはこう書かれている。

正月第一日（十一月十二日）竟日薄陰、太陽如昨日

朝九時十五分錨を抜く。ウエンデン〔航進〕す。午後五時錨を抛《はな》つ。深さ十ハーデム〔尋〕。本船の掛所はシユマタラ嶋の平地の付近処に泊す。ノールドエイランドは船の前の方、大凡《おおよそ》十五町許《ばかり》。シユマタラは大凡《おおよそ》日本一里位の所にあり。本日午前マレイエルス（馬来人）の船二艘来り、果物を売る。船に小猿及《および》小禽、日本の所謂文鳥《いわゆるぶんちょう》を売る。

西洋の大晦日の宴会に疲れて熟睡し、目覚めて元旦は「薄曇り、太陽は昨日の如し」である。物売り船の小猿や小禽のけたたましい鳴き声を聞きながら、くつろいで祖国を回想する武揚の姿がうかがえる。

航海は続く。一カ月過ぎて一月三十日（十二月十一日）は快晴。午前から風力衰えず、帆は張り詰めて船足は順調である。夜になると暑さは急激に減って、筒袖一枚では寒さを覚えるようになった。武揚は月夜の甲板に歩きながら、水平線上に望む十字星を見て七言絶句を詠んだ。

弥月天涯失㆓寸青㆒　弥月天涯寸青《びげってんがいすんせい》を失う
長風相送入㆓南溟㆒　長風あい送って南溟《なんめい》に入る
船頭一夜警㆓過冷㆒　船頭一夜過冷《かれい》を警《いまし》む
巽位漸高十字星　巽位《そんい》漸《ようや》く高し十字星

天涯は空の限り、南溟は南にある大海を意味する。巽位は南東の方角を指す。

新年を賀す

西暦の二月十七日は文久二年十二月二十九日で、日本の大晦日に当たる。朝から驟雨が降りしきっていた。夕方、武揚らは一室に集まり、「江戸の話に移時《ときをうつし》。象棋《しょうぎ》を試み」た。ここに出てくる象棋は将棋で、武人が好んで指したといわれる。武揚もおそらく指したのであろう。

文章は以下、「十二時後眠《ねむり》に就く。徹朝有雨」と続く。

明けて日本の元旦。武揚はこの日だけ日本の暦を上に、西暦をカッコ書きにして、次のように書いた。

　文久三年春正月第一日（即《すなわち》西国紀元千八百六十三年二月十八日）曇、正午有日
　元旦の式を行ふ為め、諸同行皆黒の紋付に小袴打裂《こばかまうちかけ》羽織《はおり》を着し、午前十時シャンパン酒を酌みて礼を為《な》す。蘭人亦臨席《おらんだじんまたりんせき》（して）相祝す。和蘭《おらんだ》水夫其の外皆諸同行に向《むかっ》て新年を賀す。

紋付羽織袴姿で祝い合う和やかな風情が見えるようである。その後に「三檣船を雲烟、沓靄の間に見る」とあり、三本柱の船を、雲けむり、水溢れたなびく間から遙かに望む様子を記している。日記は、翌二日から表記がもとに戻り、西暦が上に、和暦がカッコ書きになる。ここで武揚は次の七言古詩を詠んだ。

四大乾坤海水環　四大の乾坤《けんこん》　海水環《めぐ》る
着鞭先レ我孰躋攀　着鞭《ちゃくべん》我に先んじ孰《たれ》か躋攀《せいはん》す
一年両度逢二三伏一　一年に再度　三伏《さんぷく》に逢う
万里孤行入二百蛮一　万里《ばんり》の孤行《ここう》百蛮《ひゃくばん》に入る
博望曾慙招二世笑一　博望曾《かつ》て慙《は》づ　世笑いを招きしを
長沙空抱済二時艱一　長沙《ちょうさ》空しく抱く　時艱済《ときにかんすく》わんことを
蒼涼此流向レ誰言　蒼涼《そうりょう》たる此の流　誰に向かってか語る
眼見雲濤立作レ山　眼　見　雲濤《まのあたりにみるうんとう》立ちどころに山を作《な》すを

一行目の四大とは、土・水・火・風の四大要素を、乾坤は天地を意味する。二行目の着鞭は、馬で着く、躋攀はよじのぼるである。三行目の三伏とは夏の猛暑の期間を指し、夏至後の第三の庚の日を初伏、第四の庚の日を中伏、立秋後の第一の庚の日を末伏という。四行目の万里の孤行とは、遠い地へ独り赴く、百蛮は多くの蛮族の居るところを指す。六行目の長沙は、中国の広東地方と中原を結ぶ交通の要衝を示す。

武揚、この時、数えで二十八歳。この漢詩を一つ読んだだけで、その洞察力に富んだ人間性がわかろうというものである。

テルナーテ号は波を蹴って快調に進んだ。南大西洋に入り、イルカのおびただしい群れが船縁をたたいた。イギリス船が飛ぶように本船の横を過ぎていく。二月一日は西暦の三月十九日になる。暑さがぶり返してきた。

三月二十五日正午、実測したところ、セント・ヘレナ島そばを航海していることがわかった。この島は一五〇二年、ポルトガル人により発見され、後にオランダの領有になったが、この時はイギリス領である。

スエズ運河が開通する前までは、東洋と西洋との航海に、欠かすことのできない重要な碇泊地になっていた。ほどなく右舷に島影が見えた。バタビヤを出帆しておよそ百日、久しぶりに見る陸地に、船内から歓声が沸き上がった。

武揚はこの島の存在に大きな期待を寄せていた。かつてナポレオンがこの島に幽閉され、亡くなったのである。武揚は感激のあまり、次のように書いた。

晩方鮮月《せんげつ》在り、天夕陽の余照《よしょう》未だ散らず、残紅中に島影屹立《きつりつ》し、烈翁の事を想ひ出されて坐《うしろ》に懐古の情長し。

文中の烈翁はもとよりナポレオンを指している。

ナポレオンの墓

テルナーテ号は翌二十六日午前十一時過ぎ、同島西海岸のジェームス・タウン港に投錨した。検疫を済ませてから上陸し、昼食を取った後、武揚、沢、伊東、林、津田、西らは連れ立って町に出かけた。羽織袴に両刀を帯び、草履を履いて歩くその姿が物珍しいのであろう、たちまち大勢の見物人が集まり、質問を浴びせかけてきた。だが言葉が通じない。

偶然、日本を訪ねたことのあるオランダ人がいて、その人の案内で、武揚らは三台の馬車に分乗し、一二キロメートル離れたナポレオンの墓を訪ねた。閑静な場所に、幅一・二メートル、長さ二・一メートルほどの一枚石の墓碑が横たわっていた。

ナポレオンはフランス革命に参加し、一七九六年から九七年にかけてイタリア征討司令官としてオーストリア軍と戦って勝利し、一七九九年、ブリュメール一八日のクーデターによって統領政府を樹立、帝位についた。神聖ローマ帝国の命脈を断ち、ヨーロッパに覇権を確立するかに見えたが、プロイセン、ロシア・オーストリア連合軍に敗れて退位。再び帝位についたが、ワーテルローの戦いに敗れてセント・ヘレナ島に流され、この地で没した。

武揚は感慨をこめて次の七言絶句を詠んだ。冒頭の長林はロングウッドという地名を表している。

長林煙雨鎖孤栖　長林の煙雨《えんう》　孤栖《こせい》を鎖《とざ》す
末路英雄意転迷　末路の英雄　意《こころ》転《うた》た迷う
今日弔来人不見　今日　弔来《ちょうらい》の人を見ず
覇王樹畔鳥空啼　覇王樹《はおうじゅ》の畔《ほとり》　鳥空しく啼《な》く

亡きナポレオンに寄せる武揚の強い思いが感じられる。

「渡蘭日記」はここで終わっている。

一行はここから再び馬車に乗り、二キロメートルほど離れたナポレオンの寓居を訪れた。広い敷地に庭があり、二十五、六坪の木造家屋が建っていた。ナポレオンが亡くなる一八二一年まで六年間、幽閉の日々を送った場所である。

ここで少し意外な話をしなければならない。実は武揚はこの日、セント・ヘレナ島で、それまで書いた日記を海中に捨てようとしたのである。驚いた沢太郎左衛門がそれをもらい受けて保存し、武揚の死（明治四十一、一九〇八年）から三、四年後に初めて公開した。

なぜ武揚が日記を捨てようとしたのか、理由はわからない。ただナポレオンの墓地で何らかの感慨を抱いたのは間違いない。いずれにしろ、沢のとっさの機転が、この日記を残すことになったのである。以上は加茂儀一『資料榎本武揚』に記されている。

この島のホテルで一夜を明かした一行は、翌朝、テルナーテ号で出帆し、北北西に針路を取った。二十二日、水銀の目盛りは華氏八十五度（摂氏二十九度）を指していた。翌日、赤道を通過した。暑い日が続く。

四月になり、気温が低くなった。ほどなくイギリス海峡に入る。濃霧の立ち込める中、無事にドーバー海峡を通過した。こうして四月十六日、幕府が初めて派遣した海外留学生たちは、オランダのブローウェルスハーフェン港に着いた。実に三百二十四日間を費やした大航海であった。

汽車に驚く

留学生たちは出迎え人に案内されて四月十八日、ロッテルダムに着いた。ここはライン河とマース河の三角州地帯に位置する町である。ゴシック建築の高層建物が立ち並び、着飾った男女が行き来していた。

ここでも留学生たちは人々の好奇の目にさらされ、大勢の人だかりができて、握手やサインを求めてきた。子供たちが周りを取り囲んでわいわい騒いだ。

一行はその夜のうちに、ホルランドセ・スポール駅から汽車の一等車に乗り込んだ。噂には聞いていたが、実際に蒸気機関車に乗るのは初めてなので、誰もが興奮を隠せなかった。

汽車は午後七時四十五分に発車し、途中、デルフト、ハーグを経て、午後八時三十五分、ライデンに着いた。暗闇の中を轟音を立てて飛ぶように突っ走る列車に、留学生たちは驚嘆した。

ライデンは学問の町と呼ばれ、学生たちで溢れていた。ホテルに入ると、宮殿のようなその豪華さに圧倒され、贅沢な料理にまた驚かされるという、まさにカルチャーショックの連続であった。

ここで留学生たちは、わが国が発注した軍艦の完成までそれぞれの勉学に勤しむのだが、オランダ語のできる武揚はじめ内田、赤松、沢、伊東、林、田口の八人はハーグに移り、西、津田と職方はライデンに留まってまずオランダ語を学んでから、実習に入ることになった。

武揚ら八人は、二つのグループにわかれて列車でハーグに赴いた。ライデンから一五キロメートルほどの地点である。二十八日、全員がそろった時、医師のポンペがやってきて、

「今夜はカッテンディケ海軍大臣の官邸で音楽会がありますので、お出でください」

と伝えた。

カッテンディケは長崎海軍伝習所の二代目教師団長であり、ポンペはその時の医官である。武揚らが感激したのはいうまでもない。一行は急ぎ、羽織袴に両刀を帯び、足袋に草履を履いて音楽会会場に入った。

日本のサムライの登場に会場は沸いたが、いままで聞いたこともない華麗な音楽の演奏に、若きサムライたちはただただ驚き、息を呑んだ。

文久年間和蘭留学生一行。
後列左から伊東玄伯、林研海、榎本武揚、一人おいて津田真道。
前列左から、沢太郎左衛門、一人おいて赤松則良、西周。（国立国会図書館蔵）

国際公法を学ぶ

勉学をより効果的にしようと、武揚らはそれぞれが研究できる家に下宿することになった。武揚はヘデンプチ・ブルグワル十八番地の器械商スコロイドル方に下宿した。沢はスパイストラートの小銃火薬店ペプト方に、赤松はワーヘンストラート時計商ペエル方に、といった具合である。

武揚は、ポンペの紹介で雑役人を雇い、時間を決めて洗濯物の持ち運びや買い物、掃除をしてもらった。

勉学の教師もすぐに決まり、授業が始まった。武揚は蒸気機関学をホイヘンス海軍大佐に学び、船具・砲術・運用は、内田、沢、田口とともにディノー海軍大尉に学んだ。理学・化学・生理学は別れている伊東、林、赤松らと合流してポンペ医師に学んだ。大砲・小銃・火薬製造法を学ぶ沢、造船学の赤松、内田はオランダ海軍士官から教えを受けた。伊東と林は後にハーグ郊外のニューウェ・デイプのオランダ海軍鎮守府病院で実習した。

ライデンに残った津田と西は、ライデン大学でフィッセリング教授から法理学、国際公法学、国法学、経済学、統計学を学び、さらに欧州の自由主義思想や実証主義を教わった。職方留学生はそれぞれの専門家のもとで指導を受けた。職方のうち古川と山下は航海訓練学校で軍艦に乗り組み、遠洋航海も体験した。職方が実学を学んだ航海訓練所の古い建物が、ライデンの町の西側のガルゲウァター運河に面していまも建っている。

好奇心旺盛な武揚は、時折ライデンに赴き、津田、西とともにフィッセリング教授の講義を受けた。その中にフランスの国際学者オルトラン著『海の国際法規と外交』をオランダ語に訳した手書きの草稿二冊による講義が含まれていた。一巻は三百四十八頁、もう一巻は四百九十頁あり、「万国公法」とも「海律全書」とも呼ばれる。

武揚はこの草稿をもとに、国際法規を徹底して学んだ。武揚は帰国の時に教授から譲られて持ち帰るが、箱館戦争の終焉近く、戦火に焼くのは忍びないとして、新政府征討軍陸軍参謀の黒田清隆に贈ることになる逸品である。

オランダ暮らしで一番困ったのは、幕府に誓約書を提出したうちの一つ「本朝の風俗を改めまじきこと」だった。髷を結い、羽織袴の正装はいかにも窮屈すぎた。カッテンディケは、もっと省略する

運河沿いに建つ留学生の職方が学んだ
旧航海訓練所の建物
（オランダ・ライデン）

武揚が住んだオランダ・ハーグの家
（手前）

ように勧め、留学生たちは服装を少しだけ洋風化したが、髷だけは結い、士分の者は刀を帯びることにした。

こうして日本覇権隊と呼ばれる留学生たちは、欧州の文明に強い衝撃を受け、戸惑いながらも、猛烈な勉強を続けていく。

岡崎春石『榎本武揚伝』に面白い話が載っている。武揚の江戸弁はオランダにきても健在で、買い物に出かけた時、大声で、

「これ、まからねえか」

と言った。驚いた相手が聞き違えてか、マカロニを持ってきた、という笑い話だが、武揚にも時には、いら立ちを吹き飛ばしたくなる時があったのであろう。

筆者は平成十九（二〇〇七）年秋、咸臨丸子孫の会に同行してオランダのハーグを訪れた。オランダは三回目の訪問である。「咸

臨丸シンポジウム」に出席した後、ハーグ市内にある留学生の内田、沢などの下宿先跡をめぐった後、武揚の下宿先跡を訪ねた。ヘデンプチ・ブルグワル十八番地の標識がついた二階建ての建物である。

現在このあたりはチャイナタウンになっていて、周辺に商店が立ち並び、庶民的な雰囲気が漂っている。百五十年前に居住していた日本人の消息など、聞いても反応があろうはずがない。だがすぐ近くに林研海の下宿した家があり、その隣家が医師ポンペ宅だったのを知り、思わず膝を叩いた。武揚は医学を学ぶ林と親しみ、帰国後に林の実妹、多津《たつ》と結婚することになるのだが、友情を育んだこの場所に立って、運命の不思議さを感じたのだった。

この時期、祖国では幕府の権威が揺るぎだし、長州藩が攘夷を決行して下関でアメリカ艦を砲撃、薩摩藩はイギリスと戦争を引き起こすなど騒然となっていた。こうした動きを留学生たちは肉親からの便りなどで、ある程度は感じていたが、幕府が倒れるなど想像もしていなかったのである。

第二章

戊辰の嵐に、立つ——一八六四—一八六八年

赤松とともに観戦

文久四（元治元）年一月二十日は西暦一八六四年二月二十七日に当たる。この日、武揚はオランダ陸軍将校から観戦を勧められた。前年暮れから始まったプロシア・オーストリア同盟とデンマークの戦争を、国際観戦武官として実際にこの目で見ようというもので、よほど条件が整わない限り、許されない。

武揚はこの勧めに喜び、沢太郎左衛門を誘ったが、沢はあいにく風邪をひいて寝込んでいた。そこでドルトレヒトに移って発注軍艦の建造の実学をしている赤松大三郎を訪ねて、同行するよう伝えた。武揚は若い赤松にも、ぜひ観戦させたいと思ったのである。

赤松はすぐに承諾したので翌朝、オランダ士官二人とともに出立した。武揚も赤松も筒袖にぶっさき羽織、袴に両刀を差し、羅紗の帽子に靴という姿で、オランダ製の革の背負い袋を肩にかけている。

この服装について『赤松則良（大三郎）半世談』はこう記している。

此時の私たち二人の行装は、同行の和蘭士官の注意で洋服だと印度人と間違えられる虞《おそれ》があるというので、態《わざ》と日本服を着ることにした。

四人の観戦記念写真が現存するが、中央に立つ武揚と赤松の服装は確かに珍妙といえなくもない。

観戦武官の武揚（右から二人目）と赤松大三郎（右から三人目）
（『現代視点　榎本武揚』旺文社より）

四人はハンブルグから馬車に揺られてホルシュタインのアルトナまで入り、プロシア・オーストリア両軍の本営でオーストリアの陸軍元帥に会った。だがアルトナの戦いはすでに済んでいて、イギリスが調停に入り、小康を保っていた。

四人はいったんハンブルグまで戻り、リューベックを経て汽船でデンマークの首都コペンハーゲンに到着し、陸軍省を訪ねて、将官の案内で前線を視察した。ここで武揚は地形の重要性をはじめ、敵情や軍勢の配置、新式武器の破壊力、そして欧州式の戦法などをこの目で見ることができた。

武揚はこの観戦について何も記録を残していないが、赤松は前述の『半世談』の中で、欧州式軍事技術を目の当たりにして「大いに益するところがあった」と書いている。

武揚らがオランダに戻って後の三月二十六日、横浜鎖港談判のため幕府が派遣した池田筑後守一行がパリに着いた。交渉ははかばかしくなく、「廃約の覚書」を交換して帰途につくが、この間に連絡を受けて内田と赤松が、続いて武揚が、列車でパリを訪れて、会っている。ナポレオンが形成した螺旋状に広がるパリの町並みを歩いて、武揚はどんな感想を抱いたのであろうか。

この時期、一人のフランス軍人がメキシコ戦線で命がけで戦っていた。ジュール・ブリュネ砲兵少尉である。このわずか三年後に、幕府の要請でフランス軍事顧問団副団長として武揚より早く日本に赴き、幕府崩壊後に、武士として筋を通そうとする榎本武揚の心情に惚れ込み、ともに箱館戦争を戦うことになるのである。だがもとよりそんなことになるなど、武揚自身、想像もしていない。

祖国の老母を思う

オランダ留学中の武揚が遺した書が現存する。祖国にいる老母を案じた漢詩で、文面に元治二年春と書かれている。この年二月二十日に、元号が慶応に改元されており、正しくは慶応元（一八六五）年である。江戸を離れて二年半が経過していた。

乾坤到處做吾廬　乾坤《けんこん》到る處《ところ》吾廬《わがいのり》と做《な》す
酔則喚茶醒閲書　酔えば即ち茶を喚《よ》び醒《さ》むれば書を閲《けみ》す
老母不知何不慰　老母は知らず何の慰むる所を
今年又是倚門閭　今年また是《これ》に門閭《もんりょ》に倚《よ》る

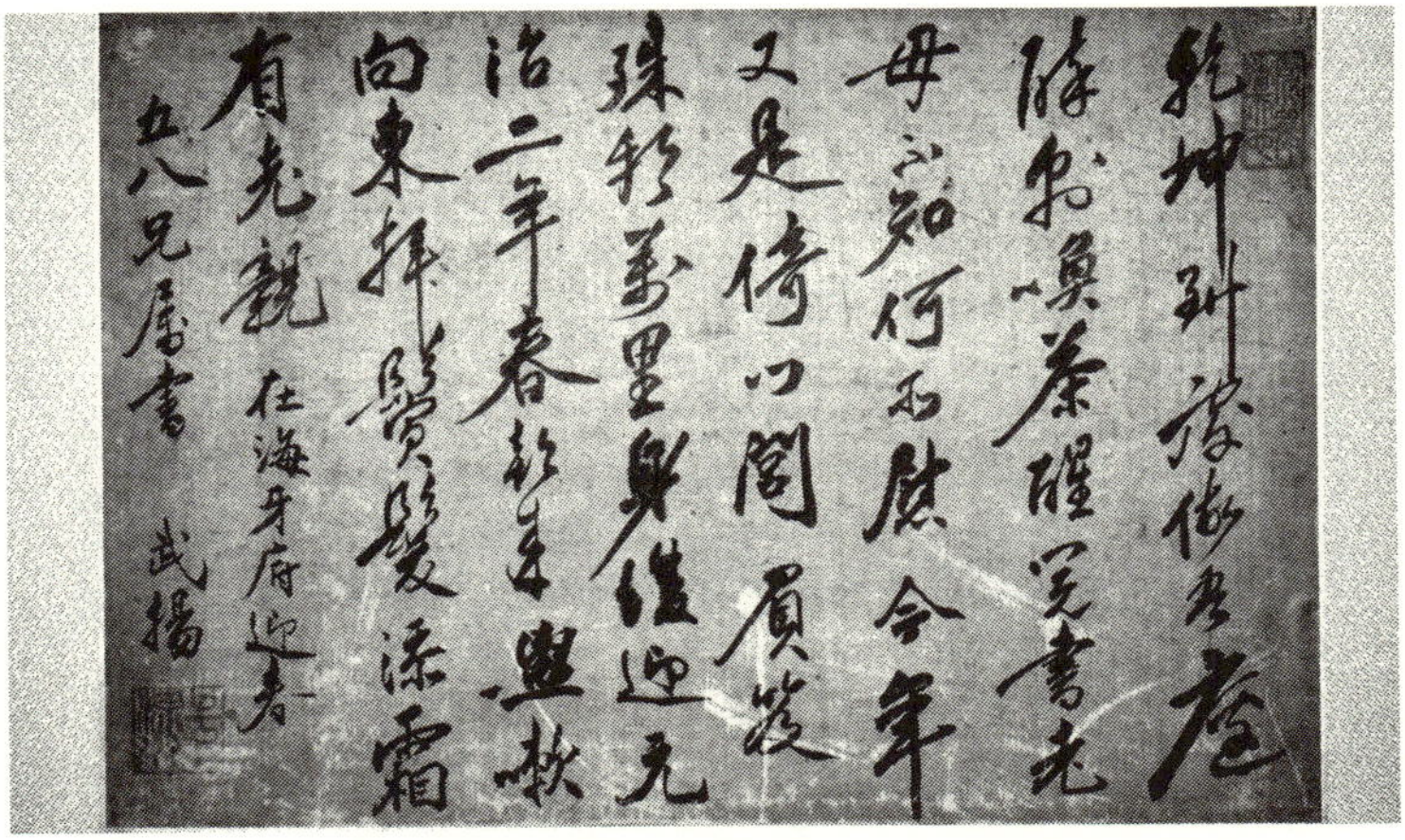

オランダ留学中に作った漢詩（市立函館博物館蔵）

岌負珠邦萬里身　岌《きゅう》を負《お》いて珠邦萬里《しゅほうばんり》の身
復迎元治二年春　復《また》迎う元治二年の春
朝来盥嗽向東拝　朝来盥嗽《ちょうらいかんそう》して東に向かって拝すれば
鬢髪添霜有老親　鬢髪霜《びんはっしも》を添えて老親有り
在海牙府迎春　海牙府《オランダハーグ》に在りて春を迎う
五八兄属書　武揚　五八兄に書を属す　武揚

宛て先の五八とは幕臣の町野五八で、後に堀覚之助と名乗り、武揚とともに箱館戦争に参戦する人物である。母を思いつつ、遠い異国で新春を迎える武揚の心境をうかがうことができる。

実はもう一通、オランダ語で書かれた書が榎本家の菩提寺である東京都駒込の吉祥寺に現存する。筆字で書かれた珍しいものである。文面などから、帰国後に書いたと思われるが、ここに掲げる。

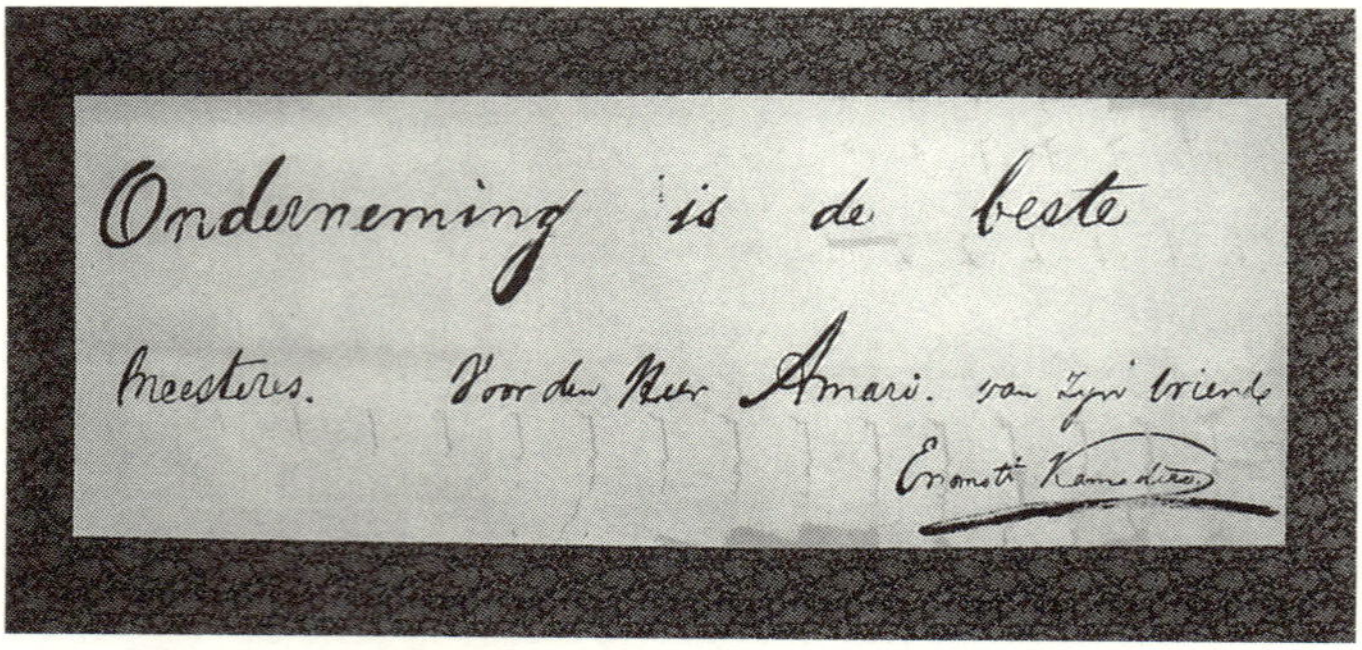

武揚がオランダ語で書いた書（東京・吉祥寺蔵）

Onderneming is de beste meesteres.
Voor de Heer Amari, vanzijn vriend Enomot Kamadiro

訳すると、「冒険は最良の師」となる。最後に、「アマリ殿へ友人榎本釜次郎」と記されている。

武揚がアマリという人物に贈ったのは明らかだが、小樽市文学舎の大石章理事は、「アマリ」は「甘利」ではないかとしている。開拓使官員名簿に「甘利後知」とあり、この名は武揚が書きとどめた開拓使の明治六年「北海道巡回日記」に一度だけ出てくる。古い知人で、開拓使に入って再び一緒になり、武揚の命で道東へ先発させた人物と推測できる。

開陽丸と命名

幕府がオランダに発注していた軍艦の建造は、ドルトレヒトのヒップス・エン・ゾーネン造船所により着々と進んでいた。三百五十馬力のスクリュー推進器付き木造船で、施条砲二十六門を備えた当時としてはわが国随一となる軍艦である。

ドルトレヒトはロッテルダムから南東二十キロメートル、ライン河、マース河、メルウェデ河などが貫いて流れる中州に位置していた。赤松をはじめ職方の上田、古川、山下らはこの地の下宿先に移り、建造の仕事に携わった。

幕府から船名を「開陽丸」にするように伝えてきたのは、元号が元治に変わった年（一八六四）の九月。オランダの町はすでに秋の気配が濃くなりだしていた。

十月二十日（西暦十一月十九日）、武揚は、内田、赤松、沢、田口、それに船大工の上田らとともに、日本の礼服を着用して造船所の軍艦命名式に臨んだ。オランダ側から海軍大臣カッテンディケ、貿易会社社長デ・モンシー、艦の設計者ファン・オールトらが出席した。

団長格の内田が進み出て、木板に墨で黒々と「開陽丸」と書き上げた。それを上田が本船に釘で打ちつけた。拍手が沸き上がった。

建造当時の現場写真がある。造船所で立ち働くオランダ人五人の背後の建物に、内田が書いた「開陽丸」の文字が見える。右から左に書かれたこの文字を、オランダのこの造船所で、誇りに思いつつ、振り仰いだのであろう。

アムステルダムの国立海事博物館に、この写真とともに、開陽丸の船体に取り付けられる葵の紋のデザインが残されている。「タイクンの紋章」と添え書きされていて、将軍は大君、タイクンと呼ばれていたのである。

命名式が済むと祝宴会になった。武揚は海軍大臣カッテンディケの勧めでワイングラスを高々と上

開陽丸建造工事現場のオランダ人技師たち、後ろの建物の壁に「開陽丸」の文字が見える（アムステルダム国立海事博物館蔵）

竣工した開陽丸（アムステルダム国立海事博物館蔵）

げた。会場の外には群衆が、サムライの姿を一目見ようと溢れ返っていた。

開陽丸の建造は急ピッチで進み、慶応元年九月十四日（西暦一八六五年十一月二日）、待望の進水式が行われた。命名式からちょうど一年が経過していた。

この日は快晴に恵まれ、日本側からは武揚、内田、沢、赤松、田口、古川、上田、山下の八人が出席した。オランダ側からは海軍大臣カッテンディケをはじめ、海軍士官ら、貿易会社の重役らが出席した。新造船を見ようと数千人の見物人が集まり、新聞や雑誌がその模様を報道した。

午後四時、かけ声と同時に、開陽丸はメルウェデ河の中に、水しぶきを上げて滑り落ちた。どっと歓声が上がった。興奮が河岸を埋め尽くした。

この進水式の模様を描いた銅版画が国立オランダ文書館に保存されている。舳先に日の丸がはためき、数々のボートが祝するように漕ぎだし、開陽丸に手を振っている。

続いてオランダ貿易会社主催の晩餐会が開かれた。貿易会社社長が日本のタイクンのために、と言って祝杯を上げた。日本を代表して内田が、オランダ国王の健康を祝して答礼の乾杯をした。ドルトレヒト警察の音楽隊が演奏した。豪華な料理と年代もののぶどう酒がふるまわれた。この時のメニュー表がオランダ国立海事博物館に残っている。

この席上、披露された「開陽丸進水式の祝歌」の訳文を掲げる。

開陽丸進水式の祝歌

海軍中佐　大野善隆訳

一、来れ友だち　はれやかに
　今しも宴は開かれぬ
ヒップスの友が日本の
　ためにつくりし美《うま》し船

二、来れ友だち　いざ歌へ
　若き日本のそが為に
やよとこしえに記憶せん
　かくも楽しき今日の日を
来れ友だち　もろ共に
　力の限り朗かに
盃乾して祈らなむ
　わが日本の友のため

開陽丸進水式祝賀宴メニュー
（アムステルダム国立海事博物館蔵）

三、造船《たくみ》の業は栄え行く　　この船台を離れたる
　ドルトレヒトの美《うま》し地に　　堅く雄々しく美《うるわ》しき
　いざとこしえに植えつけむ　　優《まさ》れる船はよもあらじ
　われらがたてしこの誉
　ヒップス・エン・ゾーネンの人により　　（以下、四番略）

開陽丸の表記については、開陽艦とするものや、単に開陽とするものなどさまざまだが、ここでは前後の状況や経過を踏まえて「開陽丸」として書き進めたい。

大河喜太郎の死

進水式を終えた開陽丸が、ドルトレヒトから二隻のタグボートに曳かれて二日がかりでヘレフートスラウス港に着いたのは慶応元年九月二十七日（西暦一八六五年十一月十五日）。ここの海軍工廠で機関と諸装備の搭載が行われ、再びドルトレヒトに戻り、近くのウィルレムドルフでスクリューの取り付けなど最後の艤装が急がれた。この最終艤装には職方の古川庄八、山下岩吉らが加わった。

この慌ただしい最中に悲しい出来事が伝わってきた。ライデンの鉄工場からただ一人アムステルダムに移り住み、船のシャフト造りに励んでいた鍛冶職の大河喜太郎が、二十一日、突然、ニューマルクトの下宿先で病死したのである。三十二歳だった。

大河は真面目な性格で、毎日、下宿から国立海軍造船所に通っていたが、異国での独り暮らしで友だちもなく、仕事が終わり下宿に戻ると、酒で寂しさをまぎらわしていたらしい。死因はアルコール性肝炎と診断された。

仲間の死を知らされた留学生たちは愕然となった。武揚、沢、赤松、中島、大野、上田らがアムステルダムに駆けつけて通夜を営み、異国に果てた同僚の霊を慰めた。古川と山下はちょうど練習船に乗り航海中で、出席できなかった。

翌日、中島、大野、上田の三人が施主になって葬儀が行われ、柩は二頭曳きの馬車に乗せて町はずれの墓地まで運ばれ、埋葬された。

アムステルダムの東墓地に大河の真新しい墓が立っている。ごく近年、建立されたものという。正面に「大川（河）喜太郎之墓」と漢字で、台座にオランダ語で刻まれていて、そばの案内板に「オランダで亡くなった最初の日本人」と記されていた。

宮永孝『幕府オランダ留学生』によると、会葬者の中に若いオランダ女性が一人混じっていた。大河の下宿の娘で、大河の死を深く嘆き悲しんでいるようであったと記されている。あるいは大河はこの娘と愛を育んでいたのではないかと想像し、なぜか救われる気持ちになった。

ライデン大学で国際公法をなどを学んでいた津田と西に、幕府から帰国命令が届いた。祖国を発ってすでに三年が経過していた。二人が慌ただしく準備を整え、武揚ら留学生仲間に見送られてフランス郵船でマルセーユ港を出航、アレキサンドリアからスエズ経由で横浜港に着いたのは十二月二十七

大川（河）喜太郎の墓
（オランダ・アムステルダム東墓地）

ディニエ社製モールス印字電信機
（郵政博物館蔵）

日。年の瀬が迫っていた。

オランダに残った留学生たちは、開陽丸の出帆の日を指折り数えながら待ち焦がれた。だが赤松、伊東、林らは、学問の足りなさを実感していた。すぐに幕府に対して三年間の留学延期願いを送った。

思ったより早く、軍艦奉行の伊沢謹吾から延期を許可する旨の返書が届いた。伊沢は武揚が長崎海軍伝習所に入る時、世話になった同輩である。出世して軍艦奉行を務める伊沢に、武揚は複雑な感情を抱いたであろう。

いずれにしろ、去る人、残る人、若者たちの心はさまざまに揺れていたに相違あるまい、と思う。

このころと思うが、無線通信の重要性を知った武揚が、土産にディニエ社のモールス印字電信機を購入している。この電信機が後に築地の運上屋で用いられ、さらに箱館へ持ち込まれるのである。

武揚の文明を見る目の確かさを感じる。

開陽丸、日本へ

慶応二（一八六六）年九月二日、開陽丸の艤装が完了し、ヒップス・エン・ゾーネン造船会社から日本へ回航する海軍大尉ディノー艦長に引き渡された。ディノー艦長は武揚の機関学の教師である。船の長さ七二・八〇メートル、幅一三・〇四メートル、排水量二千五百九十トン、吃水深さ前部五・七メートル、後部六・四メートル、バーク型三本マスト、四百馬力の補助蒸気機関付き、速力十二ノット、砲は三十五門と当初の幕府の注文数より増えている。

開陽丸はフリシンゲン港に回航され、ディノー艦長以下、士官二人、下士官十四人、水夫、火夫役のオランダ人、イギリス人、インド人など百九人、そして武揚ら留学生九人が正装して乗り込み、十月二十五日（西暦十二月一日）、日本を目指して出航した。

開陽丸はドーバー海峡を経て、大西洋に出た。スペイン沖で雷鳴を伴う暴風に遭遇したが、びくともしない。波を蹴って順調に進んだ。

十一月二十六日に艦上で西暦一八六七年の元旦を迎えた。艦はやがてブラジルのリオデジャネイロに着いた。武揚はここでオランダの海軍大佐ホイヘンスに感謝の便りを送った。

拝啓。五十一日間の航海の後、当地に艦も乗組員も安着致しましたことを、ここにお知らせいたします。これで私は開陽丸の本式の試験航海をしたことになりますが、艦のスピード、堅牢さ、エンジンの安定した動き、蒸気機関の具合の良さについては、ディノーとハルデスの両氏からご報告があると思いますので、私の方からは何も申し上げません。艦としての長所をすべて備えたものであることだけを申し上げておきます。この艦は幕府の期待に添った申し分のない答となるでしょう。ですが、これは私たちにとってたった一隻の艦なのです。私は数年前より指摘しておりますが、この種の軍艦をもっと持つべきであると幕府に進言するのは、私たちの義務と考えます。諺に、他人のめがねで物を見るよりは、自分の眼で見た方がよい、とありますように。（中略）

海のかなたの、生徒であり友でもある榎本釜次郎より

慶応三年の元旦は一八六八年二月五日に当たる。気温摂氏二十六度。この日は海上が時化に見舞われたので、儀式を省略して屠蘇代わりにシャンパンを抜いて乾杯した。船員たちはラム酒で杯を上げた。日本がしだいに近づいてくる。留学生たちの表情がひときわ明るくなった。

三月二十五日夜、月明の中に黒い影絵のように陸地が見えた。伊豆の島々だった。どよめきが起こった。二十六日朝、はるかに白雲をいただく富士山を望んだ時、武揚の胸は感動ではち切れそうだった。それはほかの留学生たちも同様で、抱き合って喜ぶ姿が見られた。

午前十時三十分、開陽丸は横浜港に着いた。品川を出立し、長崎を経てオランダへ。そして帰国するまで四年九カ月である。フリシンゲン港を発って百五十一日に及ぶ航海であった。

だが国内は凄まじい勢いで変貌していた。孝明天皇が亡くなり、公武合体を策した幕府はすっかり弱体化し、薩摩、長州が幼い明治天皇を抱え、急進派の公卿たちと手を組み、幕府に揺さぶりをかけていた。京都や江戸では脱藩浪士らによる〝異人斬り〟が横行し、幕府はその対応に苦慮していた。ある程度は予想していたとはいえ、この様変わりはどうしたことか。武揚の心に怒りがこみ上げた。

武揚、開陽丸艦長に

幕府は五月十二日、武揚を召し出し、百俵十五人扶持とし、軍艦役並、開陽丸乗組頭取（艦長）に命じた。この時、軍艦奉行の座にいたのが勝海舟である。海舟は長崎海軍伝習所で学んだ武揚の先輩で、オランダで新しい海軍の技術を習得して帰国したばかりの武揚ら若い海軍軍人に、大きな期待を寄せていた。

五月二十日、開陽丸がオランダ政府から正式に幕府に引き継がれた。間もなく武揚は、軍艦役に昇進した。

この最中に武揚は、留学生仲間の林研海の留守宅を訪れた。オランダに残った研海が、武揚こそ信頼できる人物として、父の洞海、妹の多津に紹介の便りを書いたのである。これが縁で武揚は聡明な妹の多津《たつ》と初めて会い、結婚にこぎ着けた。武揚三十二歳、多津十七歳。両家の喜びはもとよりだが、オランダの研海の喜びは格別であったろう。

九月十九日、武揚は軍艦頭に昇進し、幕府海軍の指導的立場に立ち、和泉守武揚を名乗った。和泉守とは、武揚が神田和泉町に住んでいて、それにちなんだものとされる。
加茂儀一は『資料榎本武揚』の中で、「彼は本来茶目っ気の多い人間で、威張ることを知らなかった。他人の面倒をよくみ、情愛のこまやかな人間であった」と書いている。和泉守というのも、江戸っ子の洒落からきたのかもしれない。

軍艦頭になった武揚は、直ちに幕府海軍乗組員の服装の改革に着手した。横浜の外国商館から裁縫ミシンと大羅紗七六反を購入し、水夫、火夫の木綿の筒袖、股引きを止めさせて大羅紗仕立ての服装にした。海軍士官は袴に陣羽織から洋式に変え、マルテン型と呼ばれるフロックコートを平常服とし、ズボンを用いるようにした。

武揚の外国仕込みによるものだが、その合理的な考え方が斬新さにつながったといえよう。やがて武揚は二階級特進して準将級の軍艦奉行になった。士官が将官になったのである。

この時期、倒幕の動きはいよいよ激化し、お陰参りの「ええじゃないか」が起こり、国内に不穏な空気が充満しだしていた。

武揚の妻、多津
(1852-1893)

土佐藩の山内容堂の建白書を受けた将軍慶喜が、二条城に在藩四十藩の重臣を召集し、大政奉還を伝えたのが十月十三日。朝廷はこれを勅許した。これにより家康以来続いた徳川幕府は、二百六十五年を経て崩壊することになる。

徳川慶喜
（1837-1913）

だが慶喜の思惑はもっとほかにあった。幕府をなくして天皇の政治体制に改め、諸藩の合議制にし、自らその頂点に立って政治を取り仕切ろうと考えていたのである。しかし徳川の抹殺を狙う薩長がそれを容認するはずもない。

このころ兵庫沖に碇泊中の開陽丸に乗っていた武揚は、江戸の妻多津、母こと、姉観月院（らく）に相次いで便りを書いている。十月十六日の便りは、紛争は大事に至らぬと見ている内容だが、同月二十五日の便りは大政奉還により、いつ何が起こるかわからない、という内容に変わっている。

次に十一月十四日の母宛ての便りを、前段は省いて掲げる。

去る十二日手前事御用ずみにて京都より恙《つつが》なく開陽御船江帰着仕り候。彼表《かのおもて》にて久々にて永井玄蕃頭殿並びに永井肥前守殿抔《など》にも御目に掛り申し候。彼地もまづ只今の処にては静かに候に付候。併乍《しかしなが》ら当年中には又々少々騒敷《さわがし》き事柄も出来仕るべくも計り難く、何にもせよ江戸表にてうわさいたし候ほどの事にはこれなく候間、御苦労下され間敷《まじ》く、尤《もっと》も十月十一日より十五、六日頃迄は、今にも戦争相起り申すべく有様にて、御船にても其《その》用意など整え待ち居り候位の事情にありしところ、先ず其の儀にも及び申さず様相成り申し候。かれこれの事柄くわ敷《し》く申上げ度く候得共、余りに入り込み居り候事故、かえって御分りにくき事のみ多からんとて、此状には申上げず候。つまりこの後のさわぎとても関東方の諸侯と薩土等方の大名とやり合い起る、古公家は膽《きも》を潰《つぶ》し、公家様は御見物位の事たるべく候。しかし中々これ迄になき不容易の御時節柄の京都にても色々の心やすき人々に出逢い手前身の上の事かれこれ世話いたしがり候人もこれあり候へども、まずボンヤリといたし置き申し候。

尚種々申上げ度く候へとも詰る処御同様丈夫にて日を送り候事、安心の第一故、余事はすておき、平平の音信のみ申上げ候事斯の如くに御座候。めで度くかしく。

釜次郎拝

母上様

武揚は、「当年中には又々少々騒敷き事柄も出来仕るべくも計り難く」としつつ、「関東方の諸侯と薩土等方の大名とやり合い起る、古公家は膽を潰し、公家様は御見物位」との見方をしている。文中の前段に出てくる永井玄蕃頭はかつての長崎海軍伝習所の総督である。

いずれにしろこのころはまだ、十分に便りを出し合える状況にあったのである。

薩摩の船団を破る

だが事態は急変する。十二月九日、朝廷は王政復古の号令を出し、天皇政権の樹立を打ち出し、「御一新」を唱えた。同時に将軍慶喜の官位返上と領地返納を決定した。これを聞いた幕閣や幕臣、幕府寄りの諸藩などは、薩摩、長州などの雄藩が幼い天皇を利用して政権を奪い、将軍をないがしろにしたと激怒し、薩長を討て、と叫んで立ち上がった。

一方、京都では京都守護職の会津藩主や、京都所司代の桑名藩主を支える藩士らが、薩長を殲滅しようと動きだし、対抗する薩長藩士らと一触即発の事態に陥った。

幕府海軍を率いる武揚は、兵庫港に艦を止め、京都の二条城に入り、将軍慶喜に対して、薩長と戦端を開いても海軍は十分に勝てる、と述べた。だが慶喜は、京都がひときわ不穏な情勢になったのにおののき、大坂城へ移った。

武揚は開陽丸から、母、姉、妻宛てに長文の便りを書いた。その中に十二月十四日付けの次のような文面が見える。

京都より使番来り次第、一戦いたし候を、たのしみながら待ち居り候儀に御座候。勿論《もちろん》船戦此《この》方《かた》十分の勝利を得べく申すは断然相分り居り候間、かならず〳〵御心配なく功名を成し候を御待ち下さるべく候。（中略）

公方様《くぼうさま》（将軍慶喜）には去る九日夜弥《いよいよ》将軍職御免に相成り申し候。勿論是等は驚くに足り申さず候。会津、桑名、大垣、加賀、紀州、藤堂、松山、伊井の大小名は渾《すべ》て我徳川氏に忠を尽し、力を尽し候事、実にたのも敷き事供に御座候。

戦乱の気配がひときわ高まる中、年の瀬が迫ってきた。

十二月三十一日、薩摩藩の汽船春日丸、平運丸、翔鳳丸が兵庫港に入ってきた。開陽丸の武揚は直ちに富士山丸、蟠龍丸に状況を伝え、戦闘準備を整えた。

明けて慶応四（一八六八）年元旦、平運丸が早々に出航したので、開陽丸と蟠龍丸がこれを追跡し、空砲を放って停船を命じた。だが相手が応じなかったので、実弾で砲撃し、兵庫港へ引き返させた。

三日には薩摩の別の二隻が港外に脱出したが、開陽丸が追跡して、翔鳳丸を淡路島沖で自爆させた。武揚が戦時国際法に基づいて戦ったものとされる。相手が汽船団とはいえ、容易に打ち破ったことで幕府海軍は大いに自信を深めた。

同じこの日、鳥羽・伏見で幕府軍と薩長軍が激突した。戊辰戦争の始まりである。この戦いは薩長の圧勝となり、朝廷は薩長軍を「官軍」とし、徳川方を「賊軍」、慶喜を「朝敵」として追討を命じた。

六日夜、幕臣や諸藩の隊頭らは大坂城に詰めかけ、慶喜に対して徹底抗戦を迫った。慶喜は決然として、立つ、と告げると、城内は歓声に包まれた。

ところが慶喜は意外な行動に出る。その夜遅く、老中酒井忠惇、同板倉勝静、大目付戸川安愛らわずかな人数を連れて密かに城を脱出し、七日未明、兵庫港に碇泊していた開陽丸に乗り込み、江戸へ行くよう命じた。艦長の武揚はこの時、大坂にいた軍艦奉行矢田堀景蔵と会い、今後の対応について協議していた。

副艦長の沢太郎左衛門は、艦長が不在なので艦を出すのをためらったが、命令を拒絶するわけにもいかず、やむなく出航させた。まさに慶喜の裏切り行為といえた。憮然となった武揚は矢田堀とともに大坂城に赴き、軍資金を持ち出して天保山港の富士山丸に運び込み、艦隊を率いて江戸に向かった。

母らへ決意の便り

東征軍は北陸道、東山道、東海道の三道から江戸を目指して出立した。

朝廷が王政復古を各国公使に通告した十五日、江戸城では慶喜も出席して幕府方の大評定が開かれた。主戦、恭順の両派の意見がぶつかり合い、幕府軍事顧問団長のフランス軍人シャノワンヌは副団長ブリュネとともに、

「箱根の関門を厳重にし、江戸攻めの新政府の東征軍を箱根の山中に閉じ込め、一気に殲滅すべきである」

と檄を飛ばした。勘定奉行兼陸軍奉行並の小栗上野介忠順が同調した。だがいまだ新政権の頂点への夢を捨てきれない慶喜の態度が煮え切らない。武揚は立ち上がり、

「慶喜公は腰が抜け申したか。いまさら恭順とは何事でござるか」

と万座の中で罵倒した。開陽丸艦長なのに置き去りにされた怒りも重なっていたのであろう。

老中格の立花種恭が強く抗戦を主張した。怒った慶喜が刀の柄に手をかけて止められたとか、いたたまれなくなった慶喜が席を立とうとして小栗に袖を取って引きとめられ、その場で慶喜が小栗の罷免

勝海舟
（1823-1899）

を言い渡して奥に引き下がったとか、大揺れの評定だったことを示すさまざまな伝聞が残されている。

慶喜が朝敵になったことで、日和見主義を取っていた多くの諸藩が朝廷新政府軍へと傾いていった。

一月二十三日、慶喜はそれまでの幕閣制度を廃止して徳川家一藩の政治体制に変え、陸軍総裁に勝海舟、海軍総裁に矢田堀景蔵、海軍副総裁に武揚を任命した。これにより幕府という存在はなくなった。

朝廷方と旧幕府方の戦争が回避できないと判断したイギリス、フランス、アメリカ、オランダ、プロシア、イタリアの諸国は、朝幕どちらにもつかない局外中立を宣言した。

慶喜は戦闘になるのを恐れて、上野東叡山大慈院に入って謹慎、恭順謝罪書を提出し、海舟を徳川家代表として終戦処理に当たらせることにした。

三月十五日の江戸城総攻撃の日が近づいていた。海舟は山岡鉄太郎（鉄舟）を遣わして新政府東征軍参謀西郷隆盛に対し、慶喜の恭順と江戸市中の動揺を伝え、寛大な措置を願った。そして西郷が江戸に入った十三日には、海舟が三田の薩摩藩邸に西郷を訪ねて、江戸城総攻撃をやめてほしい、と懇願した。

各地で世直し一揆が続発し、民衆の中から「天朝御趣旨はまやかしだ」という声が高まっていた。

十四日、朝廷は天皇御座のもと親王や公卿、諸公が出席し、副総裁三条実美が「五カ条の誓文」を神前に奉読した。だが民衆の動揺は収まらない。

四月に入って武揚が、母、姉、妻に出した便りを掲げる。情勢がしだいに緊迫してきたことを伝える文面である。

箱館戦争を指揮する榎本武揚
（国立国会図書館蔵）

今日御姉様の御手紙にて万事承知仕り候。まづ〳〵御母様御始め皆々様恙《つつが》なく江戸表江御安着の趣《おもむき》、安心の至りに存じ奉り候。扨《さ》て又御母様並びにおたつ事は江連《えづれ》方江入らせられ候由、是又大安心仕り候。私事は徳川家御家名と御領地相定まり候迄は決て上陸いたさず、去乍《さりなが》ら丈夫に罷り在り候間、御あんじ下され間敷く候。江連加州親切の段、御序に御礼願ひ奉り候。草々不乙

四月八日　　　　和泉守

文中の江連は、外国奉行江連堯則のことで、武揚の妹・歌の嫁ぎ先である。母と妻が同家に入ったというのは、何事かあった時に備えて移り住んだのを意味する。また自分は、徳川家の家名、領地が定まるまでは上陸しない旨、決意を込めている。最後の和泉守は武揚を表す。

四艦を朝廷へ

海舟と西郷の会談により、江戸は戦火を免れ、四月十一日、新政府の東征軍は江戸城に無血入城し

た。慶喜は東叡山大慈院を出て、水戸に退去した。旧幕府陸軍奉行大鳥圭介が軍勢を率いて江戸を脱出し、東へ走った。

だが海上には旧幕府艦隊が、徳川の処分はいかに、と見守っていた。この段階で海軍総裁の矢田堀は表舞台から身を引き、武揚が全艦隊を掌握していた。

海舟は、徳川家の家名を守る条件として、絶対服従の態度をつらぬくほかないとして、武揚に対して旧幕府海軍の艦隊を朝廷に引き渡すよう通達した。武揚はこの通達を拒否し、十二日、軍艦八隻を率いて品川沖を脱出し、館山に退いた。

困り果てた海舟は単身、館山の開陽丸に赴き、殺気だつ連中を押しわけて武揚に会い、事情を説明して、何とか穏便に引き渡してほしいと頼んだ。海舟に頭を下げられては武揚もどうにもならず、艦隊を率いて品川沖に戻った。

同月二十八日、海舟との話し合いにより、富士山丸、翔鶴丸、朝陽丸、観光丸の四艦は朝廷に引き渡す、開陽丸、回天丸、蟠龍丸、千代田形の四艦は改めて朝廷より徳川家がもらい受ける、ということで決着がついた。武揚の要求が通ったのである。朝廷に渡された艦のうち朝陽丸は、開陽丸と同型のオランダ製姉妹艦である。

閏四月十二日、朝廷・新政府の奥羽鎮撫総督は仙台領に入り、会津、庄内藩の討伐を命じた。仙台、米沢両藩主は奥羽諸藩を代表して鎮撫総督を訪ね、会津藩の助命嘆願書を提出した。だが一蹴されたため激昂し、朝命に従うことはできない旨、宣言した。

奥羽の情勢を聞いた開陽丸の武揚は二十三日、海舟宅を訪ねて蝦夷地行きを相談した。だがひたすら穏便を願う海舟は、当然のごとく拒絶した。

二十九日、徳川宗家の相続が田安亀之助に決まった。亀之助は六歳、名目だけの存続といえた。

五月三日、奥羽の二十五藩により奥羽列藩同盟が成立した。反政府の拠点が奥羽にできたというので、薩摩、長州や新政権に不満を抱く旧幕府将兵や旧幕臣、藩士らが続々と江戸を脱走して東へ向かった。途中、随所で激戦が繰り広げられた。ほどなく越後も加わり、奥羽越列藩同盟となる。

開陽丸の武揚は、陸路の戦いを逃れて奥羽に向かう脱走兵を、軍艦を用いて輸送するかたわら、小田原藩士と結束して新政府軍に抵抗したり、館山を攻撃するなど忙しく動き回り、脱走の好機をうかがっていた。

五月になって妻多津に宛てた便りを掲げる。前段は妻の父である幕府奥医師、林洞海の便りを届けてくれたお礼で、以下、次のように続く。

上野辺《あたり》昨日よりよほど騒ケ敷《かわがし》き由、吉助承り申し候。呉々《くれぐれ》もおちつきて御母様始め怪我抔《など》のなき様御気をつけ成さるべく候。洗濯物弐枚是又慥《これまたたし》かに落手いたし申し候。末乍ら皆々様江よろしく何も用事のみ。め出たく。

五月十一日　　　　　　　　　　　　　　和泉守

御たつ殿江

林御父上様の御手紙は奥州辺の説を御認めの事に候。

文中の上野の騒ぎは、この四日後に起こる上野の山の戦いを示唆したものであり、追伸に出てくる奥州辺の説は、奥羽列藩同盟の動きを指している。

武揚のもとにはすでに仙台藩より、戦争に加担してほしい旨の要請がきていた。武揚は、このままでは徳川家の幕臣、旗本ら五千人の家族を養うことはできないので、奥羽を支援した後、蝦夷地へ向かおうと考えていた。

八隻の旧幕艦隊

五月十五日、上野の山に立て籠もった彰義隊が、新政府軍の攻撃にあっという間に敗れ去った。武揚を頼って開陽丸に逃げ込んできた敗残の兵士もいた。

二十四日、徳川宗家を継いだ亀之助改め家達が、駿府遠江七十万石に移封された。

水戸に隠居した慶喜が海路、駿河清水湊に入り、七月二十三日、駿府に移り住んだ。徳川家の家名が残り、主君の落ち着き先が決まったうえは、もう江戸にいる必要はなかった。折しも仙台藩主から武揚に、艦隊を率いて一刻も早く奥羽にきてほしい、と督促の便りが入った。

そんな時、旧幕府陸軍奉行並の松平太郎を通じて、フランス軍人ブリュネ大尉がカズヌーブ伍長をともない、咸臨丸の武揚を訪ねてきた。ブリュネは幕府の要請で来日した軍事顧問団の副団長兼砲兵隊長で、幕府三兵（陸軍の歩兵、騎兵、砲兵）を鍛えるのを目的に教練を続けていた。

ブリュネらは武揚の行動に理解を示したうえ、ともに戦いたい、と申し出た。武揚は仙台藩主からの要請により奥羽に向かうので、二人を軍事顧問として雇いたい、と述べた。ブリュネらは快諾した。

武揚には、心に引っかかっているものがあった。幕府がアメリカから購入し、この年四月に横浜港に到着したストーン・ウォール号の行くえである。旧幕府が購入した以上、徳川家が受け取るのが筋なのだが、アメリカ側は内戦中であり、列国が局外中立を守っているとして、旧幕府、新政府のいずれにも渡さず、アメリカ国旗を掲げたまま横浜港に碇泊していた。

この決着を待っていては、奥羽の戦局がどう動くかわからない。武揚はストーンウォール号を諦め、江戸からの脱走を決意した。「脱走」とは武揚自身が述べた言葉で、主家徳川家とは関わりない行動であることを示している。結局この言葉は、この後に続く箱館戦争まで連なり、流行語になるほどのインパクトを世間に与えるのである。

武揚は開陽丸以下軍艦四隻と運搬船四隻を品川沖に止め、薩長政治に抵抗して戦おうとする武士らを密かに集め、十九日夕から艦船に次々に乗船させた。

艦隊の総帥は榎本武揚、司令官は荒井郁之助で、以上は開陽丸に乗り組んだ。各艦長、船長は次の通り。

軍艦旗艦　開陽丸　艦長　沢太郎左衛門
回天丸　艦長　甲賀源吉

運搬船

蟠龍丸　艦長　松岡磐吉
千代田形　艦長　森本弘策
咸臨丸　船長　小林文次郎
神速丸　船長　西川真蔵
長鯨丸　船長　記録なし
美加保丸　船長　同右

四隻の運搬船のうち神速丸を除く他の三隻は、機関をはずした帆船のため、速力が遅いので、軍艦が運搬船を曳航することになった。

皇国一和の基を開く

武揚は脱走に当たり、次の檄文を発した。これを海舟のもとへ届け、海舟から徳川家へ渡るよう頼み、新政府にも同様趣旨の嘆願書を届けた。さらに各国公使へも脱走の趣旨を伝えた。

王政日新は皇国の幸福、我輩も亦《また》希望する所なり。然るに当今の政体、其名は公明正大なりと雖《いえど》も、其実《そのじつ》は然らず。王兵の東下するや、我が老《ろう》寡《か》君《くん》（慶喜）を誣《ふ》ふるに朝敵の汚名を以てす。其処置既に甚しきに、遂に其城地を没収し、其倉庫を領収し、祖先の墳墓を捨てゝ祭らしめず、

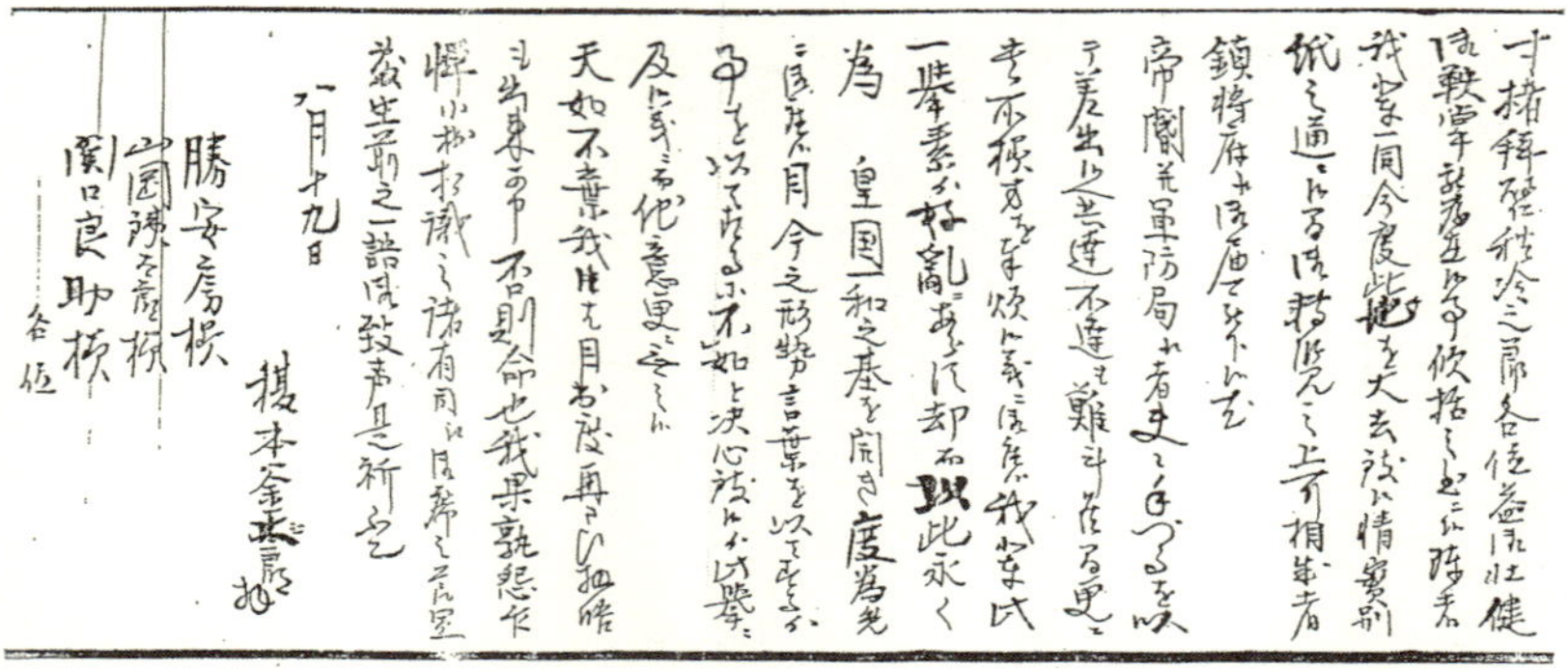

武揚が海舟らに出した決別の便り（東京都日野市・高幡山金剛寺蔵）

旧臣の采邑《さいゆう》（領地）は頓《にわか》に官有と為《な》し、遂に我藩主をして居宅をさへ保つ事能はざらしむ。又甚しからずや。これ一に強藩の私意に出で、真正の王政に非ず。我輩泣いて之を帝閽《ていこん》に訴へんとすれば、言語梗塞《こうそく》して情実通ぜず。故に此地を去り長く皇国の為に一和の基業を開かんとす。それ闔国《こうこく》士民の綱常を維持し、数百年怠惰の弊風を一洗し、其意気を鼓舞し、皇国をして四海万国と比肩抗行せしめん事、唯此《ただこの》一挙に在り。

之れ我輩敢《あえ》て任ずる所なり。廟堂《びょうどう》(朝廷)在位の君子も、水辺林下の隠士《おんし》も、苟《いやしく》も世道人心に志ある者は、此《この》言を聞け。

王政復古と称しながら、薩摩、長州などの強藩が私意によって主家徳川家の領地を没収し、幕臣や旗本らを窮地に陥れたのは、真の王政ではないと非難し、この挙に出るのは皇国のためあぶれた人々を集めて和をもった基業を興そう、とする決起の宣言文である。

品川沖を脱走する旧幕艦隊
（小杉雅之進画「戊辰中秋徳川軍艦八隻品川開帆之図」　小杉家蔵）

武揚はさらに海舟、山岡鉄太郎（鉄舟）、関口良輔宛ての次の便りを送った。関口は江戸市中取締役頭である。前段の気候の挨拶を省いて、紹介する。

我輩一同今度此地《このち》を大去《たいきょ》致候。情実別紙《べっし》之通ニ候間、御転覧之上、可相成《あいなるべく》者《は》鎮将府江御届可被下《くださるべく》候。尤《もっとも》帝闇並軍防局江者《へも》夫々《それぞれ》手づるを以て差出候得共、達不達も難計《はかりがたく》候間、更ニ貴所様を相煩《あいわずらわせ》候儀ニ御座候。

我輩此一挙《このいっきょ》、素《もと》より好敷《このましき》ニあらす、却而以《かえってこれをもって》此永く為皇国一和《こうこくいちわ》之基《のもとい》を開き度為ニ御座候。自分の形勢、言葉を以《もっ》てするより事を以てするに不如《しかず》と決心致候より此挙ニ及候儀ニ而《て》、他意更ニ無之《これなく》候。天如《も》し不棄我《われをすてざる》とき者《は》、目出度《めでたく》再ひ拝晤《はいご》も出来《でき》可申《もうすべく》、否ハ則《すなわち》命也。我杲熟怨《こうじゅくをうらむ》。（以下略）

八月十九日

榎本釜次郎

勝安房様
山岡鉄太郎様
関口良助様

ここでも武揚は、「皇国一和之基を開き度為」と言葉を重ねている。そして「天も我を棄てざるときは目出度く再会できるが、そうでない時はそれもかなわない」と、決死の心境を述べている。

八月十九日夜九ツ半過ぎ、現代流にいうと二十日午前零時過ぎ、旗艦開陽丸の甲板から出発を知らせるラッパの音が響いた。全艦船がこぞって錨を抜いた。いよいよ脱走である。だが、その先どうなっていくのか誰にも読むことができない。

開陽丸機関方士官の小杉雅之進描く「戊辰中秋徳川軍艦八隻品川沖開帆図」に、折り重なるようにして出帆する艦隊の姿が描かれている。日の丸の旗がはためき、五筋の黒煙が立ちのぼっている。軍艦四隻と神速丸の合わせて五艦船の煙突から吐き出す煙だ。

先頭を切って開陽丸が美加保丸を曳いて出帆した。その後を回天丸が咸臨丸を、千代田形が長鯨丸を曳いて続いた。独自で航行するのは蟠龍丸と神速丸だけである。

全艦船は編成を組んで南へ向かった。行く先は奥羽の仙台領。いったん南下して房総半島をかわし、そこから東へ針路を取ろうという計画である。

咸臨丸、悲惨

出航して三時間半後に、不運が艦隊を襲った。二十日暁七ツ時(午前三時)ごろ、三浦半島観音岬沖に差しかかった時、咸臨丸が突然、暗礁に乗り上げ、動けなくなったのである。曳航していた回天丸の艦長甲賀源吉の命令で何度か離礁を試みて、何とか咸臨丸を暗礁から引き下ろしたが、予想以上に時間を費やした。艦隊と離れ離れになってしまい、やむなく近くの浦賀沖に碇泊した。

翌二十一日は曇天だったが風は穏やかで、回天丸は咸臨丸を曳いて浦賀沖を出航した。ところが八ツ時半(午後二時)ごろから丑寅(東北)の風が吹き出し、夜に入って強風に雨を交えて吹きまくり、高波にもみくちゃにされた。二十二日暁七ツ時(午前三時)ごろ、曳航綱が引きちぎられた。咸臨丸は高波に揉まれ中、転覆の恐れがでてきたので、船の安定を図るためやむなく三本マストのうちもっとも大きい主マストを切り倒した。

ほかの艦船も暴風雨に翻弄されていた。開陽丸に曳航されていた美加保丸は鹿島灘沖合で激風によりマストを折られ、曳航綱を切られてしまった。開陽丸が端舟(ボート)を降ろして救出しようとしたが、風波にあおられ三隻の端舟を見失い、そのうえ舵を故障して近づけなくなった。美加保丸は波浪に弄ばれて漂流し、犬吠崎の岩礁に座礁し、大破した。乗組員は危うく救助されたが、船を失った。

咸臨丸はその後、下田港まで流された後、伊豆諸島から三宅島まで漂流を続け、船長小林はとても奥羽まで行くのは無理と判断した。偶然、二度目に立ち寄った下田港で蟠龍丸と出合い、松岡、小林の両艦船長は、どちらも艦体の痛みがひどいので、駿府清水港で修理してから艦隊を追いかけようと話が決まり、何とか駿府清水港に着いたのが九月二日。おそらく蟠龍丸が咸臨丸を曳航したのであろう。

駿府は徳川家の新しい領地である。そこへ脱走艦隊の二艦船がやってきたのだから、徳川宗家は肝をつぶした。山岡鉄太郎が急ぎ清水港へ飛び、松岡、小林両艦船長に対して、艦船を朝廷に献納し、謹慎するよう命じた。だが二人とも応じない。そのうち蟠龍丸の修理が終わり、松岡は徳川宗家の勧告を無視して十七日、出帆した。

悲劇が起こったのはその翌九月十八日。突然、新政府の富士山丸、飛竜丸、武蔵丸の三艦が清水港に現れ、咸臨丸に猛攻を仕掛けた。壮絶な戦闘になり、咸臨丸乗組員の多くが犠牲になり、海中に片っぱしに捨てられた。咸臨丸の船体は戦利品として没収され、曳航された。

飛竜丸に乗艦していた柳川藩の艦将の届出書に「討取二十人余」とあり、相当数の戦死者が出た。港内に浮き沈みする咸臨丸乗組員の死体は、賊軍だというので、難儀が振りかかるのを恐れて誰も手出ししようとせず、いつまでも放置されたまま。陰鬱な死の影が漂い、近づく者もいない。

これを見て、死んで官軍も賊軍もあるものか、と一夜で死体を収容したのが清水港の侠客、次郎長こと山本長五郎である。次郎長は子分を引き連れて舟で漕ぎだし、死体を海中から引き上げ、江尻の浜に埋めた。収容された死体は全部で七体だった。陰で次郎長と山岡鉄太郎が気脈を通じた行為ともいわれた。

死者は実際はもっと多く、次郎長以外の人が収容して密かに弔ったり、海中深く沈んだまま発見できなかったのものもあったと思われる。

清水港にほど近い築地に次郎長建立の「壮士墓」が、興津の清見寺境内に「咸臨丸殉難碑」が立っている。

こうして旧幕艦隊は、品川脱走の直後から美加保丸、咸臨丸の二隻を失うという手痛い打撃を蒙る。開陽丸の武揚はこの時、どんな心境であったか。どこにも記録されていないが、咸臨丸が観音岬沖で座礁し、離礁に手間取ったことが艦隊の動きを狂わせ、暴風雨に巻き込まれる結果になったのを悔いたに違いない。

いずれにしろ旧幕艦隊のこの悪天候によるつまずきは、以降も影のようにつきまとうのである。

仙台藩、恭順

旧幕脱走艦隊は多くの犠牲を払いながら、まず長鯨丸が八月二十四日、仙台領の松島湾寒風沢に到着した。長鯨は最初は千代田形に曳航されて、他艦船より半日ほど早く鹿島灘を乗り切ったが、激浪に叩かれて甲板は水浸しになり、船具は破壊されたため、やむなく曳航綱を切断し、千代田形と離れて単独で入港したのだった。

その五日後の二十九日、旗艦・開陽丸が舵を折りながら同じ寒風沢に着いた。開陽丸が姿を見せたという情報はあっという間に広まり、各地を転戦して奥羽までやってきた旧幕軍の陸軍隊や遊撃隊、新選組の隊士らが続々と集結してきた。

だが奥羽越列藩同盟の中で降伏する藩が相次ぎ、残るは籠城戦を続ける会津藩と、盟主仙台藩、それに庄内藩だけ。しかも仙台藩は抗戦か恭順かで揺れていた。

九月三日、武揚は松平太郎、フランス軍人ブリュネ、カズヌーブらと仙台に入り、城下にいた新選組副長の土方歳三と合流して、仙台藩青葉城の軍議に臨んだ。仙台藩から家老石母田但馬以下武将が出席し、庄内藩はじめ会津、米沢、一ノ関の諸藩の代表が勢ぞろいした。石母田が仙台藩領の地図を示しながら戦略を述べ、通訳がフランス語でフランス軍人に伝えるという珍しい会議だった。

最後に武揚が、

「新政府軍おそるるにたらず、軍略をもって勝ちを制したい」

と述べた。

参会者たちは奮い立った。仙台藩主は武揚及びブリュネ、カズヌーブに対して軍務局御雇の辞令を手渡し、徹底抗戦の態度が固まった。

ところが仙台藩の態度が一変する。その日のうちに恭順派が阻止行動に出て、藩主の出陣が突然、中止になり、藩内に動揺が広がった。しかも藩主は風邪気味で床に臥してしまい、その枕元で和戦両派が議論を交えた挙げ句、六日になって恭順、降伏に決定したのである。武揚は激怒したが、どうにもならない。この間に千代田形と神速丸が相次いで仙台藩領に到着した。

九月八日、慶応が明治に改元された。江戸が東京に改称されたのは七月十七日で、明治天皇が京都から東京へ移り、江戸城を東京城と改めて皇居とするのが十月十三日だから、朝廷による政治体制が少しずつ形を整えだしていたといえる。

十五日、回天丸が到着した。残るは蟠龍丸だけ。

旧陸軍奉行大鳥圭介が陸軍隊を率いて仙台に入ってきて、合流した。ブリュネの宿泊先に、フランス軍事顧問団砲兵差図役下役の下士官フォルタン、歩兵差図役下役の下士官マルランとブッフィエの三人がやってきて、同行を申し出た。武揚は新しい参加者たちを感動して迎えた。

仙台藩が恭順して、戦闘を続けるのは会津と庄内だけ。武揚は、もはや奥羽の地に残る意味はないと判断し、集結してきたそれぞれの幹部らに対して、

「艦船の修理が済みしだい、蝦夷地に赴き、そこに天朝に嘆願して新しい天地をつくり、開拓しながら北辺を守備したい」

と決意を述べた。幹部らはどよめきの声を上げた。

実はこの時期、蝦夷地を虎視眈々と狙っている人物が他にもいた。イギリス公使パークスをはじめとする列強各国の公使たちである。公使らは、極東の日本に足場を築こうと必死になっていた。これは東洋諸国に設けられた租界や植民地の歴史が証明している。後年、発見された古文書からも明らかで、例えば会津はプロシアに対して、蝦夷地と軍艦の交換を打診している。武揚の蝦夷地行きの決断がもし遅れていたら、蝦夷地は危機的状態になっていたと断言できる。

武揚は、この段階で奥羽で唯一戦闘を展開している庄内藩を支援するため、千代田形など二隻を応

援に行かせた。その一方で幕府が仙台藩に貸していた大江丸《だいこう》と鳳凰丸を引き取り、さらに運搬船千秋丸を艦隊に組み入れた。遅れていた蟠龍丸が十八日に到着した。これにより旧幕艦隊は美加保丸、咸臨丸の二船を失ったものの、品川脱走時と同様の八艦船体制になった。

武揚は全艦船を牡鹿半島基部の折ノ浜に集結させて、再編成した。

武揚は蝦夷地行きの実情を認《したた》めた嘆願書を征討軍白河口総督に届け出た後、十月十二日、相次いで仙台藩領を後にした。

小杉雅之進『麦叢録』には次のように書かれている。

我党の蝦夷地に赴かんとするの趣旨を宮家奥羽の鎮将四条殿へ書を以て報知す。此時仙台藩額兵隊星恂太郎を始め二百余名隊に合兵し開（陽）回（天）の二隻に乗込む。同十二日諸船悉《ことごと》く折ノ浜を出帆。

出帆の直前に、仙台藩の恭順に不満を抱く額兵隊星恂太郎ら二百余りが同行したことがわかる。軍勢は二千八百に膨れ上がった。

第三章

蝦夷の大地、燃ゆ――一八六八―一八六九年

嘆願、吹っ飛ぶ

榎本武揚率いる旧幕脱走艦隊は途中、南部の宮古湾に立ち寄った後、明治元（一八六八）年十月二十日未明から明け方にかけて、蝦夷地噴火湾の鷲ノ木（北海道茅部郡森町）沖合に相次いで到着した。新暦に直すと十二月初め。吹雪が吹きすさんでいた。前方に白く凍てついた駒ケ岳がかすかに望まれ、鉛色に沈む海岸に積雪をかぶった民家がうずくまるように並んでいた。

旗艦開陽丸の武揚は、朝廷へ差し出す嘆願書を新政府の箱館府知事清水谷公考《しみずだにきんなる》に届けようと、二十一日朝、人見勝太郎、本多幸七郎に兵三十をつけ、吹雪の中を出立させた。

吹雪がやんだ二十二日朝、艦隊に乗り込んでいた各部隊が鷲ノ木村に続々上陸した。二百戸ほどの集落は、戦争になるといって恐れ、女子供は山間に逃れ、名主は羽織袴で応対した。

兵士らはひと休みする間もなく、右縦隊、左縦隊を編成して箱館府の拠点、五稜郭を目指して出立した。右縦隊の先遣隊である大川正次郎、滝川充太郎は森―赤井川―宿野部―峠下―大野―五稜郭の本道コースをたどり、その後を大鳥圭介率いる遊撃隊、新選組、第二大隊、伝習士官隊、伝習歩兵隊などが続いた。松岡四郎次郎の一聯隊と古屋作左衛門の衝峰隊で組織された右縦隊本隊が、一日遅れてその後を追うのである。

左縦隊は土方歳三が陸軍隊、額兵隊などを指揮して森―砂原―川汲峠―湯の川―五稜郭のコースをたどった。

旧幕府脱走軍が上陸した蝦夷地噴火湾鷲ノ木
（北海道森町　寺井敏撮影）

二十二日深夜、嘆願書を持った人見、本多の一行が峠下村の旅籠に宿泊中、いきなり箱館府兵に襲撃された。これにより嘆願は一瞬のうちに吹っ飛んだ。箱館戦争の始まりである。人見らは後退して、後続の大鳥隊と合流した。嘆願を一方的に蹴られて、開陽丸の武揚は憮然となった。

大鳥は右縦隊を二隊にわけ、自ら伝習士官隊などを率いて大野村へ赴き、松前藩の陣屋を攻撃した。陣屋はあっという間に崩れた。人見は遊撃隊、新選組を率いて七重村に向かい、銃撃戦の末に抜刀による白兵戦を挑み、相手を打ち破った。

旧幕脱走軍の進撃におののいた箱館府の清水谷公考知事は、二十五日未明、プロシア船カガノカミ（後の陽春丸）で青森まで退却した。この時、箱館港に入港していた開陽丸の武揚は、国際法の見地から黙ってこれを見逃した。箱館は開港場であり、外国人も多数いるので、無用な戦いによる混乱を避けたのである。

二十六日午後、本隊を率いる松岡四郎次郎が、裳抜けのからの五稜郭に真っ先に入城し、続いて大鳥圭介の右縦隊の諸隊が次々に入城した。土方歳三の左縦隊は途中、川汲峠で箱館府兵と戦ってこれを退け、二十七日、最後に五稜郭に入った。

榎本武揚が拠点にした五稜郭（函館市）

二十八日、秋田藩の軍艦、高雄丸が旧幕脱走艦隊の来襲を知らずに箱館港に入港してきた。回天丸と蟠龍丸の乗組員が高雄丸に乗り込み、艦将田島圭蔵（薩摩藩）以下を捕らえ、高雄丸を奪い取った。

武揚は、田島以外の乗組員を全員釈放し、田島も後日、釈放した。高雄丸は第二回天丸と名を改め、戦列に加えた。

箱館の人々はこれを見て、いまに戦争になると騒ぎ立てた。五稜郭に入った武揚は、永井玄蕃を箱館奉行に任じ、永井と回天丸艦将甲賀源吉の連名で、箱館市中の名主に対して触れを出し、極力動揺を鎮めるように努めた。

武揚は、蝦夷島を治める松前藩主に宛てて「蝦夷地にきたので、共存共栄を図りたい」旨の便りを書き、緒戦で捕虜にした松前藩士を使者に立てて送り届けた。ところが松前藩はこの使者を、裏切り者としてたたき斬った。二度目の使者も斬られた。激怒した武揚は、土方歳三に松前攻めを命じた。

歳三は彰義隊、額兵隊、陸軍隊、衝峰隊ら八百を統率して松前に向かい、十一月五日朝、居城である福山城を襲撃した。回天丸と蟠龍丸が海上から睨みをきかせた。

福山城は旧幕軍の猛攻にあっという間に落城した。藩主はすでに城を出て、新城の館城へ向かっていた。藩兵らは逃げながら手にしたタイマツでところ構わず火を放ったので、城下は火の海になり、大混乱に陥った。城下の四分の三が焼けただれて、松前藩はわずか一日の戦いで旧幕軍の手に落ちた。

開陽丸座礁、沈没

松前攻撃の勝利を聞いた武揚は十一月十四日、開陽丸に乗り込み箱館港を出航し、福山城を望む福山港に入港した。艦内で軍議を開いた後、江差へ向かったが、この航海が旧幕軍の命運を左右することになる。

十五日夜明け前、開陽丸は江差沖に着いた。日本海から吹きつける北西の強風が吹雪をともなって吹き荒れ、視界がまったくきかない。沖合に鴎島という周囲二キロメートルの小島があり、付近に暗礁が張りついているので、危険このうえない。開陽丸は沖合に止まり、吹雪の鎮まるのを待った。

夜が白み始めるころ、やっと風がおさまり、陸地にかがり火らしいものが見えた。だが町の様子はわからない。試しに大砲を一発、発射してみたが、何の反応もない。岸辺に近づき、人気《ひとけ》のない山間に砲弾を七発、発射してみたが、やはり反応がない。武揚は少数の兵士を端舟で上陸させて調べさせたところ、松前藩主ら一行は前夜のうちに江差を経て熊石へ逃れたという。

江差を無血占拠した武揚は、松前から江差へ向けて北上中の土方歳三と、松前藩の新城・館城攻めの松岡四郎次郎に戦況を伝える使者を出した。

その夜から再び風が強まり、吹雪をともなう大時化になった。開陽丸艦将の沢太郎左衛門、蒸気機関方の中島三郎助らが必死に開陽丸の安定を図ろうとしたが、錨がきかなくなった。そのうえ開陽丸は岸辺に吹き寄せられ、暗礁に乗り上げ、荒波に揺さぶられて暗礁と暗礁の間に挟まり動けなくなってしまった。

自力で離礁することもできず、困り果てた武揚らは、遭難から三日後に風波が少しおさまったのを見計らって、乗組員全員に武器を持たせて危うく陸地に上がった。

箱館から回天丸と神速丸が駆けつけたが、波が高くて近づけず、回天はなすすべもなく引き上げた。神速丸だけが残って救助作業に当たったが、機関を大破して動けなくなり、高波にあおられて横転、沈没した。

岩場に挟まった開陽丸は船底を破損してしだいに波間に沈んでいき、十日余り後に完全に没した。小杉雅之進『麦叢録』はその遭難を次のように書き、沈みゆく艦体の絵を残した。


　我此《わがこの》開陽艦は去る壬戌の歳、榎本釜次郎等台命に依《より》和蘭《オランダ》に至り同国「ドルトレクト」（地名）に於て新《あらた》に製造せし四百馬力二十六挺備《そなえ》の軍艦にて、（中略）実に皇国無二の戦艦なりしに、不

江差・鴎島沖で沈没した開陽丸（復元）（北海道江差町）

幸にして此の如きに至る。衆人暗夜に燈《ともしび》を失いしに等し惜む可《べし》

「衆人暗夜に燈を失ひしに等し」とあるように、旧幕脱走軍の将兵らの失意は想像を絶したが、中でも統帥である武揚の落胆ぶりは目を覆うものがあった。建造中オランダに留まって海軍の学問を続け、完成した開陽丸に乗って帰国した武揚にとって、この艦はまさに自分と一心同体の存在であった。開陽丸さえあれば怖いものはない、と考えていただけに、この損失は致命的であり、前途に暗雲が漂う思いだったのであろう。

英仏艦長に嘆願書託す

蝦夷地を平定した五稜郭の武揚のもとに、横浜から箱館港に入港したイギリス艦サトライト号、フランス艦ヴェニュス号の両艦長が訪ねてきて、

五稜郭本庁舎（古写真）（函館市中央図書館蔵）

「駐日各国公使の命令により、今後蝦夷島を『デファクト』の政権と承認したので、ついては貿易についてご意見をうかがいたい」

と述べた。

デファクトの政権とは、現実に政権を握れる政権という意味で、政府の立場で外国と国交を結ぶことができる、とされる。

これを聞いた武揚は、

「新政府などとは迷惑千万、もってのほかである。もともとこの蝦夷島は純然たる日本天皇の領土であり、われらは天皇陛下の忠良な臣である。独立など思いもよらぬことで、貿易など国交上に関することは口出しすべきでない」

と述べたうえ、戦いになったのは、箱館府役人の誤解によるものであり、天皇陛下に対して非常に恐縮している、とその心情を吐露した。

実は、この言葉は表向きのことで、武揚は内心ほくそ笑んだ、とする解釈もある。万国公法に通じる武揚は、この解釈が新政府との抗戦団体に位置づけられたことを意味し、今後の交渉を優位に展開できると判断したというものだ。

確かに、この直後に各国領事に通告した武揚の文書には、こう書かれている。

此《この》全島中に来れる我が同藩中、入札《いりふだ》を以て達材なるものを選挙し総裁となし、我皇帝陛下に請い、徳川血胤の内一人之君を此全島中の大総督に奉らんこと我等が待つ所也。我等此全島を平定し、デファクトと被致《いたされ》候を以て、西洋第一月廿七日、当港砲台に於て、祝砲百一発を為《な》さんと取《とり》極《き》めたり。

この話は置いて、武揚の言葉に心を動かされたイギリス、フランス両艦長は、公使と相談して新政府に真意を伝えたいので、書面を提出するよう勧めた。武揚は両艦長の好意に感謝し、朝廷への上奏嘆願文を書いて託した。十二月二日のことである。

長文だが全文を掲げる。品川沖脱走時の檄文と比べて、表現が微妙に変化しているのを知ることができる。

徳川脱籍の微臣、恐懼《きょうく》をも顧みず懊悩《おうのう》悲歎《ひたん》の余り昧死《まいし》奉聞《そうぶん》奉り候。抑《そもそも》私共一同此地に罷越《まかりこし》候趣旨は、当夏主家徳川の御処置に付、家臣末々迄凍餒之無様可《とうたいこれなきようよく》遊ばされ、叡旨《えいし》の趣《おもむき》拝承《はいじょう》奉《たてまつり》。皇帝陛下無量の御仁徳《ごじんとく》凡《およそ》有生の類感戴《かんたい》仕ざる者之無《これなく》候得共、如何せん徳川家にては二百余年養来り候者共三十万に余り候間、賜封《しふう》の七十万石にては養い難く、去りとて聊《いささか》士道心得居候者は商賈《しょうこ》と伍を為す能《あた》はず。仮令《たとえ》窮餓《きゅうが》死に抵（至り）候共、三河已来《みかわいらい》の士風を汚す間敷《まじき》との決心にて険難《けんなん》を経、万死を冒し東西に遁逃致し候者、又は江戸付近の地へ潜居致し居候者枚挙すべからざる程の義に付、右の者共を鎮撫《ちんぶ》仕《つかまつり》、終古《しゅうこ》不開《ふかい》の蝦夷地に移住仕る為、蓁莽《しんもう》を開拓して永く皇国の為、無益の人を以て有益の業を為しめんとの微旨にて、其旨《そのむね》旧主亀之助より歎願《たんがん》奉候処乍《ところながら》、允准《いんじゅん》を蒙《こうむ》る能《あた》はざるの詔を奉ぜり。

然《しか》るに右は素《もと》より野心《やしん》等之有《とうこれあり》候て歎願奉り候義にては之無耳《これなくのみ》ならず、前文幾千万の人数捌方《さばきかた》之無に付、右の者共の中に就き十の一、二を船隻に乗組せ、妄動《もうどう》を禁し品川沖に謹置《つつしみおかせ》せ、夫《それ》より仙台表迄着仕候処、折節《おりふし》奥羽御平定相成候に付、春已来同藩脱走の者共今は天地の間に身を容《い》るの地なきに付、同船仕る為、夫より私共行先の情実逐一四条殿へ建言奉り候通り、蝦夷地に渉《わた》り沍寒《ごかん》風雪を厭《いと》はず、眼前一身の凍餒《とうたい》を凌き、後来北門の警護を勤めん為、同志の者共去る十月中、鷲ノ木へ着艦仕候条、天神地祇毫《すこ》しも偽《いつわり》之無、其段清水谷侍従へ申立、当地に於て御沙汰《ごさた》相待《まち》候心得の処、着早々賊徒の悪名を蒙り、不意に夜襲致され候より戦争と相成候にて、私共此迄朝廷に対し奉り恐多も寸兵を動し候事之無候。然るに右夜襲を蒙り候後、清水谷始箱館詰役々に至迄残ず当表を引払に相成、市民の動揺一方ならず、殊に外国互市場にも之有故、微臣等申合せ取締相立。松前も随て動揺致し候間、私共来意の趣再三使者を以て申遣し候処、却《かえっ》て使者を殺害致し

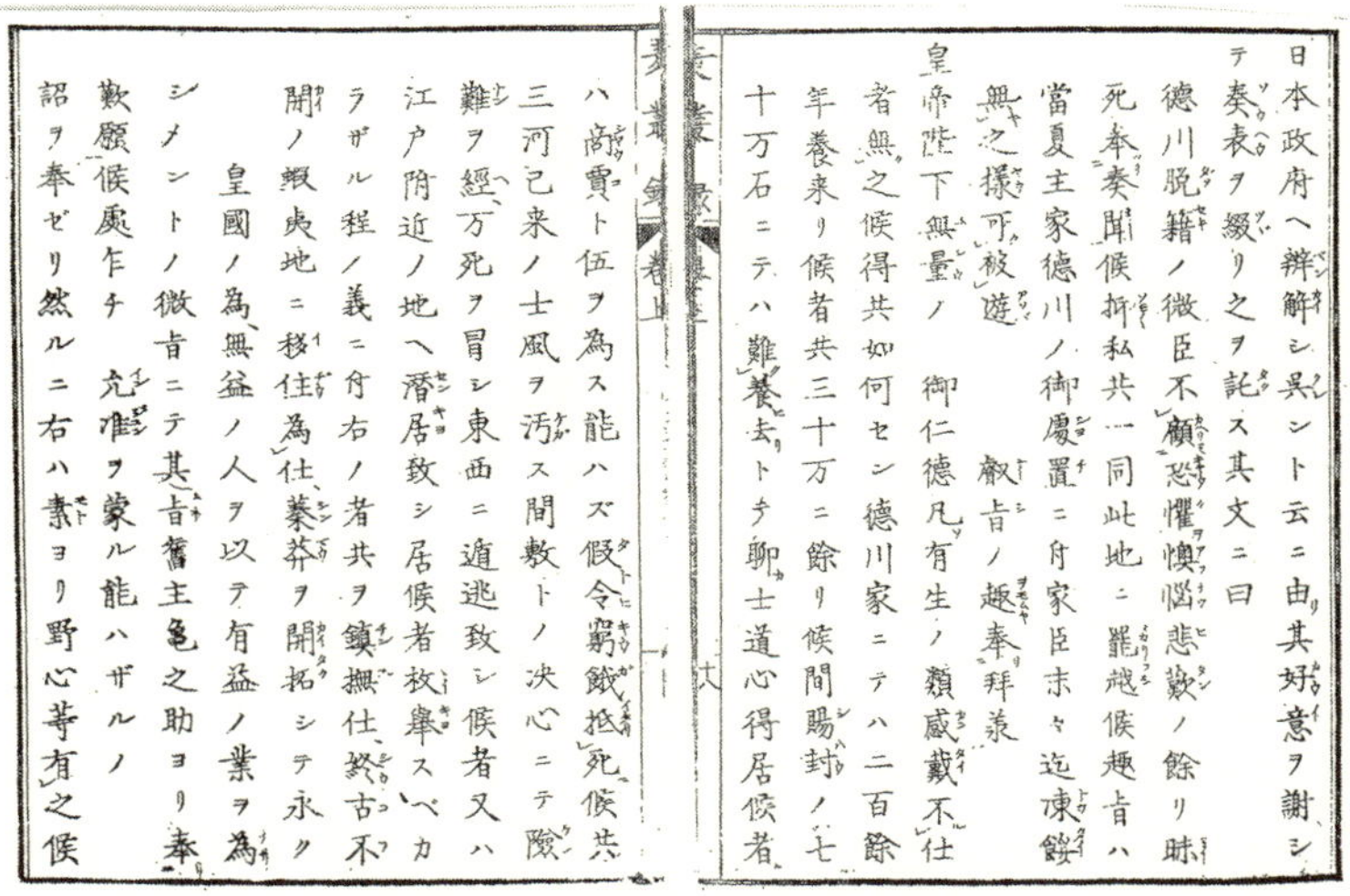

日本政府ヘ辨解シ呉ントト云ニ由リ其好意ヲ謝シテ奏表ヲ綴リ之ヲ託ス其文ニ曰

徳川脱籍ノ微臣不顧恐懼懊悩悲歎ノ餘リ昧死奉奏聞候抑私共一同此地ニ罷越候趣旨ハ當夏主家徳川ノ御處置ニ付家臣末々迄凍餒無之様可被遊　叡旨ノ趣奉拜承
皇帝陛下無量ノ　御仁徳凡有生ノ類感戴不仕者無之候得共如何セン徳川家ニテハ二百餘年養来リ候者共三十万ニ餘リ候間賜封ノ七十万石ニテハ難養去トテ聊士道心得居候者ハ商賈ト伍ヲ為ス能ハズ假令窮餓抵死候共三河已来ノ士風ヲ汚ス間敷トノ決心ニテ險難ヲ經万死ヲ冒シ東西ニ遁逃致シ候者又ハ江戸附近ノ地ヘ潜居致シ居候者枚擧スベカラザル程ノ義ニ付右ノ者共ヲ鎮撫仕終古不開ノ蝦夷地ニ移住為仕蓁莽ヲ開拓シテ永ク
　皇國ノ為無益ノ人ヲ以テ有益ノ業ヲ為シメントノ微旨ニテ其旨舊主亀之助ヨリ奉歎願候處乍チ　允准ヲ蒙ル能ハザルノ詔ヲ奉ゼリ然ルニ右ハ素ヨリ野心等有之候

『麦叢録』に見える榎本武揚の上奏嘆願文

候事数人に及び、其上彼より発砲攻撃に逢、遂に松前表を脱走仕候間、是亦《これまた》土地の差配《さはい》仕《つかまつる》。

当節は函館松前共一円平定、農商安業、人心帰依《きえ》仕候に付、自己に山野開拓の仕法《つかまつりほう》取調べ北門警護の手配《てくばり》仕罷在《つかまつりまかりあり》候間、何卒旧主家に永く下賜《くだしたまい》候儀、御沙汰相成候様、幾重にも叡裁《えいさい》を仰《あおぎ》奉候。右に付猶《なお》申上奉候は微臣等謂所は三千一心矢《ちかい》て佗靡《たな》く候得共、主長之無《あるじながくこれなく》候ては手足頭目なきが如く、開拓警護共十分行届くは難く候間、徳川血統の者壱人、御撰任諸務《ごせんにんしょむ》差配《さはい》致候様仕度左候へは、一層感激奮発仕、不毛の僻地富饒《ふじょう》の郷となり、北門の警護金湯の固めを為し、内地の利益興すべく、外冠《がいこう》の防禦厳《げん》なるべし。実に目今一大事急務と存奉候。

当春已来不幸にして皇国内、戦争相続万民の塗炭《とたん》、見聞するに忍びざる。而已《のみ》ならず勝敗の際一喜一憂之有候とも謂所は兄弟墻鬩《かきにせめぐ》。畢竟《ひっきょう》皇国の衰弊《すいへい》他人の笑を免るる段は一同心得罷在候間、元より戦争は相好ず候へとも、着岸以来度々奮戦仕候儀事、実に已《やむ》を得ざるの情実天監冀《ねがい》奉候。此程《このほど》英仏両国軍艦函館へ入港、船将へ会話仕候処、御国地の戦争相歎き、調停の方便も之有べく哉《かな》に申聞《もうしきき》候間、微臣等抑塞《よくそく》窮惋《きゅうえん》ノ誠情天聴に達すべきの時に至り候哉と歓喜に堪えざるの至り、船将へ相託し両国公使へも申入、前条奏聞仕候。是即ち一には皇国の為、二には徳川の為同尽する所の丹心石腸、皇慈偏《ひとえ》に御垂憐《ごすいれん》願意御聞届け成下さるべく候様誠惶《せいこう》誠恐《せいきょう》泣血《きゅうけつ》歎願仕候、昧《まい》死《し》百拝《ひゃくはい》。

武揚、入札で総裁に

十二月十五日、武揚は徳川家の血胤を迎えるまでの措置として、蝦夷島臨時政権を樹立し、士官以上の入札《いりふだ》により総裁以下を選出した。わが国における最初の選挙とされるが、武揚がヨーロッパに倣って実践したのは明らかである。

最初に総裁選の得票結果を掲げる（『函館市史』通説編第二巻による）。

総裁選

榎本釜次郎	一五六	松平太郎	一二〇	永井玄蕃	一一六
大鳥圭介	八六	松岡四郎次郎	八二	土方歳三	七三
松平越中	五五	春日左衛門	四三	関広右衛門	三八

牧野備後　三五　板倉伊賀　二六　小笠原佐渡　二五
対馬　章　一　合計　八五六

これにより釜次郎を名乗る武揚が総裁に就任するのだが、総得票の一八％を取得したに過ぎない。二番手の松平太郎、三番手の永井玄蕃も、得票率はそれぞれ一四％前後である。以下、得票は大きく散らばった。

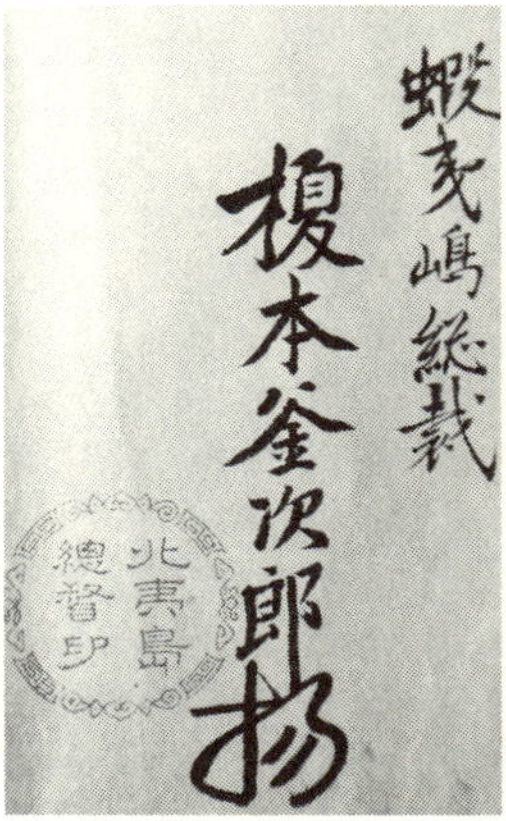

蝦夷嶋総裁榎本武揚のサイン
（北海道大学附属図書館蔵）

榎本武揚が着用した海軍の外套
（靖国神社遊就館蔵）

なぜこうなったのか。最大の理由は臨時政権が寄せ集め部隊だったからで、それぞれの部隊の士官が、それぞれのトップに投票した結果といっていい。

具体的に記すと、永井玄蕃は尚志ともいい、幕府長崎海軍伝習所初代所長として武揚や沢太郎左衛門ら海軍軍人を育て、その後、勘定奉行を経て外国奉行、軍艦奉行を務めた。安政の大獄に連座して免職になったが、京都町奉行から大目付、若年寄になり、幕府の政務を担当した実力者である。松平太郎は幕府の歩兵頭から陸軍奉行並になり、陸軍に重きを置いた。大鳥圭介は歩兵頭並として幕府陸軍の洋式訓練を指導し、歩兵頭から歩兵奉行になり、陸軍を統率した。土方歳三は新選組副長として京洛に辣腕を振るった。

松平越中、牧野備後、板倉伊賀、小笠原佐渡などは位階を持っていた幕府の閣僚や藩主らで、いずれもその呼び名に守《かみ》をつけ、越中守、備後守、伊賀守などと称していた。まず松平越中は桑名藩主松平定敬のことで、京都所司代を務めた。牧野備後は長岡藩主牧野忠恭で、老中として外国事務を担当した。板倉伊賀は備中松山藩主板倉勝静で、寺社奉行となり、安政の大獄で罷免されるが、再び同奉行に復し、老中に進み、外交事務を統括した。小笠原佐渡は唐津藩主小笠原長昌の世子の長行《ながみち》で、幕府の若年寄から老中格を経て老中を務めた。

永井や松平太郎、土方歳三らは部下を、松平越中ら旧幕閣や藩主は家来をそれぞれともなっており、これら士官級の者が自分の上司や主人に投票したわけである。

次に新政権の閣僚を掲げる。これを見ると重要な奉行、奉行並に実力者を配置し、諸隊の指揮者を頭、頭並に置いて編成している。その反面で旧幕閣などの大物はすべて政権の中枢からはずしている。総裁になった武揚はこれらの人物を、戦闘員としてではなく、員外客員として扱ったことがわかる。

総裁　榎本釜次郎
副総裁　松平太郎
海軍奉行　荒井郁之助
陸軍奉行　大鳥圭介　陸軍奉行並　土方歳三

箱館奉行　永井玄蕃
江差奉行　松岡四郎次郎
松前奉行　人見勝太郎
開拓奉行　沢太郎左衛門
会計奉行　川村録四郎
同　高宗
陸海軍裁判所頭取　竹中春山
軍艦頭　甲賀源吉
同　松岡磐吉
歩兵頭　古屋作左衛門
同　本多幸七郎

箱館奉行並　中島三郎助
江差奉行並　小杉雅之進
軍艦頭並　根津勢吉
同頭並　小笠原賢蔵
同頭並　古川節蔵
同頭並　浅田甲次郎
同頭並　滝川充太郎
同頭並　伊庭八郎
騎兵頭並器械局長　宮重一之助
歩兵頭並　春日左衛門
同頭並　星恂太郎

同頭並　永井蠖伸斎
同頭並　渋沢誠一郎
同頭並　今井信郎
同頭並　三木軍司
同頭並　畠山五郎七郎
砲兵頭並　関広右衛門
工兵頭並　吉沢勇四郎
同頭並　小菅辰之助

この蝦夷島臨時政権について、多くの書物に、武揚が蝦夷共和国を樹立した、と書かれているが、実際はどうであったか。天皇の領土に徳川家の血胤を迎えて新たな国を造るという構想は明らかだが、共和国とか独立国の考えがあったとは到底思えない。それは武揚のイギリス、フランス艦長との対応や、朝廷に差し出した嘆願書の内容などからも推測できる。デファクトの政権による抗戦団体の位置づけというのも、あくまでも今後の交渉を有利にするためだった、と判断したい。

岩倉、嘆願書を握り潰す

十二月二十五日、武揚は、箱館の各国領事や港に碇泊中の諸艦の艦長、箱館市中の有力者などを招き、蝦夷地平定祝賀会を開いた。碇泊中の軍艦は五色の旗による満艦飾で、軍艦や砲台から百一発の祝砲が放たれた。

武揚は箱館市民に食料品やお金を振る舞い、港町は開港以来の賑わいを見せた。

武揚は平定の喜びを胸に秘めながら、イギリス、フランス両艦長に託した朝廷への上奏嘆願文に、かなりの期待をこめていた。

だがその期待はあっさり破られる。新政府の岩倉具視がこの文面を見て、

「言語不遜である故に、採用せず」

として、一蹴する決定をしたのである。

岩倉が言語不遜とした理由は何か。まず英仏両艦長を通じて嘆願文が出されたので取り合えず受け取ったが、本来、提出するのなら、徳川家を経て出すのが筋であり、家来の者が朝廷に直接もの申すのは不遜きわまる。もう一つ、徳川家の家名を保持して駿府遠江に所領地を与えたのに、さらに蝦夷地にも土地を得て血統の者を頭目に、という願いには呆れてものが言えない、というのだった。

だが本当に岩倉を怒らせたのは、この中の次の文面だった、と筆者は推測している。


　万死を冒し東西に遁逃致し候者、又は江戸附近の地へ潜居《せんきょ》致し居候者枚挙すべからざる程の義に付、右の者共を鎮撫《ちんぶ》仕《つかまつり》、終古《しゅうこ》不開《ふかい》の蝦夷地に移住仕る為、秦莽《しんもう》を開拓して永く皇国の為、無益の人を以て有益の業を為しめんと

武揚の狙いは、蝦夷地に新天地をつくることなのに、不平、不満の陸兵らが溢れているので、これら邪魔者を鎮撫して蝦夷地へ連れていき、朝廷のため北門を固めて開拓に尽くす、としている。これは己の立場を都合よくカモフラージュするものであり、徳川家の領地として与えられたなら、新政府に対抗する存在になるのは明らか、と岩倉は判断したのである。

武揚が陰謀を抱いているとみた岩倉は、上奏嘆願書をその場で握りつぶした。これにより嘆願書は天皇まで達しなかった。

平定祝賀会から三日経った十二月二十八日、諸外国はこれまで朝廷方にも旧幕府方にもつかない局外中立を解除し、朝廷を日本の政権と認めた。これにより武揚の望みは絶たれた。

武揚は、決戦は免れないと判断し、早々に防御体制づくりに乗り出した。武揚が江差奉行松岡四郎次郎らに宛てた明治二年一月八日の便りを『犀川会資料——北海道史資料集』より掲げる。便りの末尾に見える「新正初八」はその日を表す新年正月八日を指している。

以急飛脚《ひきゃくをもっていそぎ》啓上致候。然《しか》ば過日其御地〔江差のこと〕にて海中より揚り候開陽船火薬銅函（但火薬添）並に神速火薬函とも急速当箱館表へ御廻可被下候。尤《もっとも》其御地大砲火薬不足に候はば五六函ばかりにても宜敷候間、右早々御取計可被下《おとりはからいくださるべく》候。これはアシユロット船（所謂捕船）分に早々積込候為なり。

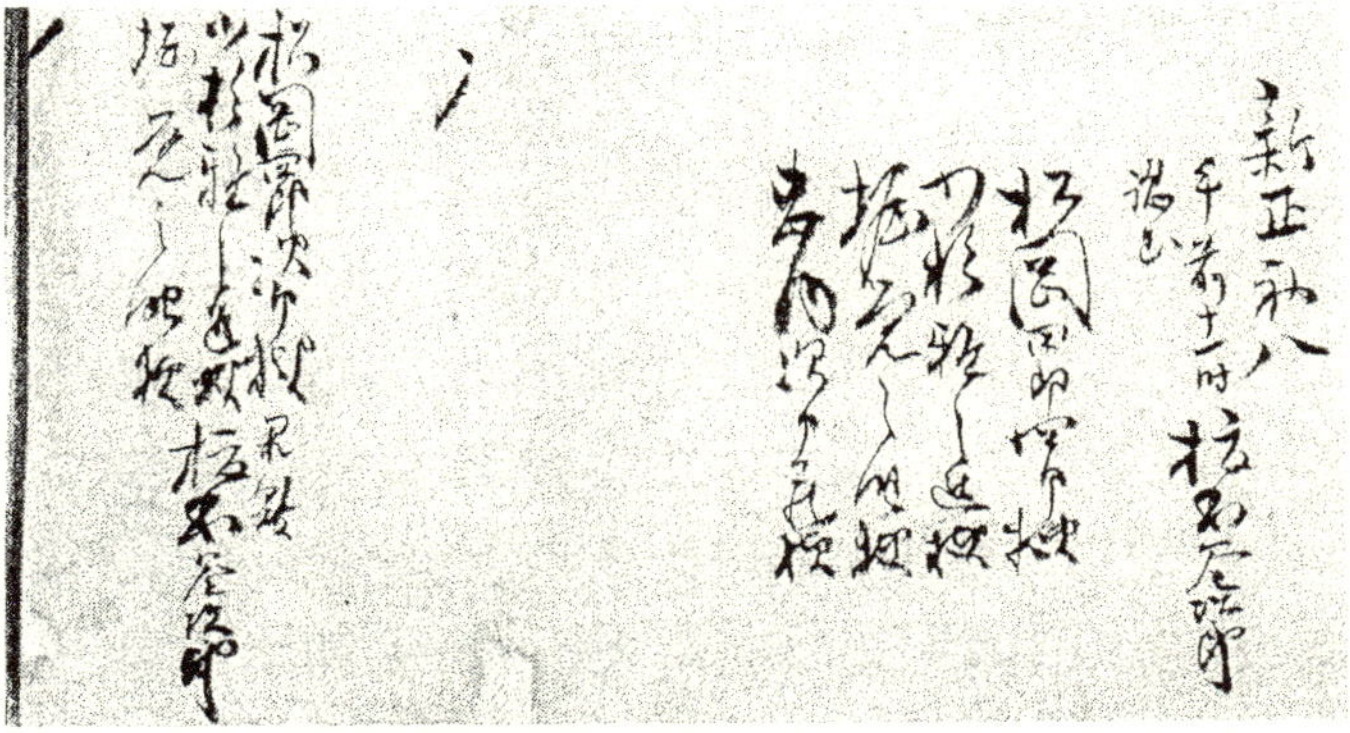

武揚が江差奉行松岡四郎次郎らに宛てた便り（江差町郷土資料館蔵）

将《まさに》又同船綱具至て不足にて、既に帆を掛候に差支候間、
左の品々之有候はば、是又併て御廻可被下候。
日本周囲二寸五分より三寸位迄のブラス　二房
　但しブラスに用
同　周囲二寸位のもの　壱房
ピストル雷管　多分
右の品さへ相そろひ候はば、アシロット船十分の備に相成候間、物入相掛候とも、即日人夫相掛け被成一日も早く相届候様、御周旋可被下候。

文面では、江差の鷗島沖で沈没した開陽丸と神速丸に搭載していた火薬函を、箱館に急ぎ送るよう頼んでいる。アシュロット船とは箱館港で捕獲した秋田藩の高雄丸（第二回天丸）を指し、高雄丸に火薬を積み込み、戦闘体制を整えようとしていることがわかる。ブラスは真鍮を意味する。

便りを続ける。冒頭に出てくるブリ子（ネ）は、幕府の招聘で来日中のフランス軍事顧問団副団長兼砲兵隊長のブリュネ大

五稜郭の日本人士官とフランス軍人
（函館市中央図書館蔵）

尉で、武揚に同調し、フランス軍人らとともに箱館に侵攻し、武揚の参謀として戦いを指揮していた。また沢君は開拓奉行の沢太郎左衛門のことである。

一、当今の形勢

陸

一、ブリ子《ネ》ー並《ならびに》他の仏人《フランス》も、過日より大野鷲ノ木辺《あたり》防《ぼう》禦《ぎょ》地《じ》所《しょ》見廻の為出立いたし候。

一、峠の上に洋製のバッテレイ築立最中。

一、諸隊の持場大凡《おおよそ》相定り候事。

一、沢君は来十五日にアシロット船にてモロラン〔室蘭〕へ引移り、砲台並陣屋相立候積。（但し砲は箱館砲台のもの並船砲を用ゆ。）

一、彰義隊紛冗《ふんじょう》〔擾〕、過日小生漸《ようや》く相まとめ、分隊にいたし候事。

海

一、支那《しな》米五千俵プロイス船にて入港いたし候に付、買上手筈《かいあげてはず》に相掛り居候事。

一、英石炭五百トン許《ばかり》、英船にて入港いたし候事。勿論半分たりとも、買上に是非《ぜひ》可致《いたすべき》事。

一、諸船皆戦争用意相整ひ居候事。且《かつ》長鯨抔《など》もナポレオン弐挺（長崎丸のもの）アメリカボート弐挺、外《ほか》に弐拾四斤弐挺、都合六挺備にて、船も余程美麗に相成申候。
一、蟠龍・千代田・アシロット・回天・長鯨いづれも相応石炭並薪相備居候事。

（以下略）

武揚は、箱館の海陸軍の諸隊が戦闘体制を着々整えていることを伝えている。この後、文面は新政府軍の動向に触れ、次のように書いている。

向地の兵大凡《おおよそ》弐千位、参謀は長・肥弐国人にて、肥はオータグロと申人《もうすひと》にて、海軍の人存居候人物に候。彼より今にも攻来《せめきたり》候様子、相見不申事《あいみえもうさず》。

参謀のオータグロは太田黒亥和太（惟信）で、肥後熊本藩士。長州については触れていないが、山田市之允（顕義）が参謀である。だがいまにも攻め込む様子は見られない、としている。

武揚のこの読みは、東京周辺に放っていた間諜の情報によるものだが、その的確さには舌を巻くばかりである。

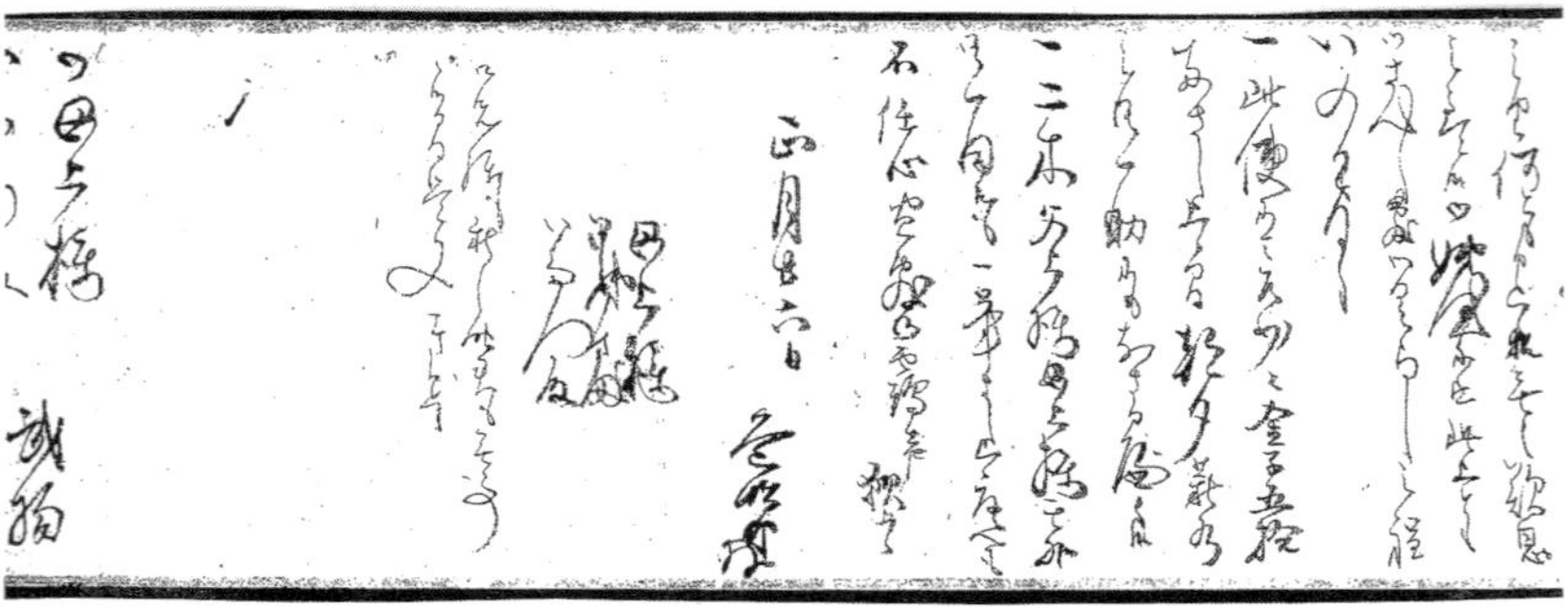

決戦を前にした武揚の母、姉、妻宛ての便り（明治２年正月26日）（榎本家蔵）

母、姉、妻への便り

一月中旬、上奏嘆願書に対する回答が新政府の名で届けられた。嘆願は無礼きわまるものであり認められない、という内容である。武揚は急ぎ、士官以上の諸将を集めて厳しい口調で訓示をした。

「朝廷は嘆願書の言語が無礼であるとして採用しないと通達してきた。我輩はもとより朝廷に対して抵抗する意志などかつて一度も抱いたことはないどころか、上《かみ》は天朝のために草莽の僻地を開拓し、皇国の北の守りを厳にし、下は君家の臣、禄を離れ、家を失った者をして、その人の人たる業を失わざらしめんため、その情実を明らかにし、これを嘆願した。しかるに却って国賊なりとして征伐しようとさえしている。ここに至って武門の習い、やむを得ず防御の備えを設けて討伐を待とうと決心した」

この言葉に諸将らはまなじりを決し、断固戦闘すべし、と叫んだ。

新政府の征討攻撃が近づく中で、武揚は一月二十六日、東京の留守宅の母、姉、妻に宛てて便りを認《したた》めた。蝦夷地箱館からの唯一の現存する便りで、前年五月二十四日、江戸・品川沖に碇泊中の開陽丸艦上から出して以来、八か月ぶりのものである。冒頭の文面から留守宅からの便りに対する返信であることがわかる。

去冬十二月廿七日御認《おしたた》めの状にて皆々様御替りのふ御喜嫌《ごきげんよ》克く入らせられ候由、御目出度くぞんじ上げまいらせ候。（中略）手前方一同壮強にてくらし居り候間、御あんじ下され間敷く候。

昨冬十二月十六日迄に当嶋一圓手に入れ、当節の處にては夫《そ》れに防禦□開拓の手掛に取掛り居り、三千の軍卒とも一同必死の気組かわゆく、又ふびんとも存ぜられ候。

素より君家の罪を雪《きよ》めん同藩士の凍餓《とうが》を援わんとて一身をなげうち候事なれば茂早此世《もはやこのよ》にて御目通の程も覚束《おぼつか》なく、只々上は天日に愧《はじ》ず、下は恐れ多くも御累代様御神霊に対し申訳の一分とも相成り候をのみたのしみ居り候はかりに候。フランス団士官七名も一同の義気に感じ、死生をともにいたし、昼夜尽力いたし呉れ候事　忝《かたじけな》く、仕合《しあわせ》に御座候。

此の上天都の御所置振りにて如何様《いかよう》とも相成り申すべく前途は知れかたき事故、皆々様はしづかに御無事にて御くらし候事をのみ願ひ入れ候也。かならずく私共をかれこれと御あんじこれなき様、御あんじこれあるとも無益の義にて、名分は蓋棺後《がいかんご》に相分り申すべく候。只々一同の心事相立ち候様苦心いたし居り候事に御座候。（□は読めず。以下中略）

釜次郎拝

正月廿六日

母上様

御姉さま
御たつ殿
御兄様も新之助君も無事にて候間、是又申上げ奉り候
御母上様　　　　　　　　　　　　　　　　　　　武揚
御たつ殿　平安

前段は便りに対する返礼と、蝦夷島を平定し、防御と開拓に勤しんでいるが、三千の将兵らが可愛いし、不憫であるとしている。その上で「茂早此世《もはやこのよ》にて御目通の程も覚束《おぼつか》なく」と別離の言葉を述べ、最後に「名分は蓋棺後《がいかんご》に相分」る、つまり、死後、棺の蓋を閉めた後にその評価がわかる、と述べている。

意外なのは一つの便りに釜次郎と武揚の二つの名前を用いていることだ。母には様、姉にはさま、妻には殿と使い分けているのも武揚らしい心配《くば》りなのであろう。

新政府軍、蝦夷地へ

行く先が決まらなかったストーン・ウォール号が、諸外国の中立破棄により二月三日、新政府に引き渡された。ストーン・ウォール号は旧幕府がアメリカから購入した艦であり、開陽丸を失った蝦夷島臨時政権にすれば、喉から手が出るほど欲しかっただけに、武揚は地団駄踏んで悔しがった。これにより両軍の海軍力は完全に逆転した。

戦闘を真近にした二月十九日、武揚は意外な契約を結んでいる。箱館在住のプロシア人ガルトネルに、七重村とその近辺の土地三百万坪を九十九年間租借する権利を与えたのである。外国が認めたデファクトの政権の意識を捨てきれなかったというより、新政府軍の攻撃を目前にして、手を結ぶことのできる外国が一国でも欲しかったのであろう。

この契約は後に新政府を困惑させることになる。

新政府征討軍の艦隊が東京湾品川沖を出帆したのは三月九日。旗艦はストーン・ウォール号改め甲鉄艦、以下軍艦四艦、輸送船四船である。艦隊は一気に北上した。

この情報に接した蝦夷島臨時政権は、新政府軍艦隊が途中で碇泊する港を襲撃しようと三月二十日、回天、蟠龍、高雄の三艦で箱館港を出帆した。碇泊中の甲鉄に接近し、回天、蟠龍が攻撃を加えて動揺する間に、高雄が甲鉄に接舷して乗り移り、艦を丸ごと奪い取るというアボルダージュ作戦である。

回天には司令官・海軍奉行の荒井郁之助、艦将甲賀源吉、切込隊長土方歳三以下が乗り込んだ。ところが途中で蟠龍と高雄の機関が故障するなどして大幅に遅れた。

二十五日未明、新政府艦隊が宮古湾に碇泊しているとの情報をキャッチした回天は、蟠龍と高雄がなかなか到着しないので、一艦だけで奇襲を決行した。密かに湾内に入り、やにわに舷を甲鉄艦に乗り上げて乗り移ろうとした。だが相手の舷が十尺（三メートル）も低くて飛び降りることが難しい。この間にガットリング砲の反撃に遇い、艦将甲賀は顔面に弾丸を受けて即死した。荒井は急ぎ退却命令を出し、やっと艦を引き離してほうほうの体で逃げ帰った。

「箱館戦争官軍上陸の地」の碑（檜山管内乙部町）

「官船五隻江差襲来之図」（小杉家蔵）

蟠龍は途中までできて引き返し、箱館に戻ったが、高雄は新政府の軍艦に遭遇して逃げ回り、南部九戸の海岸に乗り上げ、自ら艦を焼き払って南部藩に降伏した。

これを知った武揚は、悔しさを剥き出しにした。

追跡する新政府軍艦隊はそのまま青森まで北上し、ここで編成を整えて出帆した。津軽海峡を越えて四月九日正午ごろ、蝦夷地の南西部に至り、乙部から一気に上陸を開始した。

乙部は江差の北方一〇キロメートルにあり、江差から蝦夷島政権の軍勢が駆けつけたが、すでに陣地は新政府軍に占領されていた。やむなく攻撃を仕掛けたが、激しい反撃に遭い、たまらず江差に後退した。新政府軍の艦隊は陸兵と呼応して江差に攻め込んだ。

江差奉行並小杉雅之進の末裔家に残る付図に、江差の港を埋め尽くした新政府艦隊の絵が見える。日の丸を掲げ、黒煙をたなびかせた五隻の艦隊である。本文には次のように書かれている。文中、「我新造の砲台」とか「我が江差を守る」とあるのは小杉雅之進が江差奉行並だったことによる。

軍艦五隻江差海へ乗廻し来り。頻《しき》りに発砲、我新造の砲台よりも少しく打出せしが、施条砲にあらざる故、船に達せず。(中略)我江差を守る処の兵、徒《いたずら》に敵艦の運転に因《よっ》て陸地を奔走するのみ。遂に戦ずして潰《つい》ゆ。

一方的な攻撃に逃げまどい、戦わずして潰走したことがうかがえる。

江差奉行の松岡四郎次郎や奉行並の小杉らは逃れて十一日朝、松前に着いた。ここで軍を整えて再び江差に向かい、随所で新政府軍を打ち破った。そこへ木古内口に転戦せよ、との命令が届いた。すぐ松前まで引き返して戦闘を繰り返したが、激戦になり、死者が続出した。

もう一度『麦叢録』を見てみよう。十七日の戦闘である。


敵艦より打出す弾丸、城内台場は勿論、市街に至る迄蜂の飛《とぶ》如し。我砲台弾薬尽て十八斤の砲へ十二斤の弾を籠め、遂に是をも打終り、諸砲へ火門鍼《くぎ》を鎖し、薄暮兵を纏め福嶋に向ふ。

弾丸が蜂の如くに飛び、味方は弾薬も尽きて、福山城はあっという間に奪われたのである。

武揚、馬上から叱咤

二股口では土方歳三が新政府軍を迎え撃ち、壮絶な戦いを繰り広げていた。ここは大野から江差に通じる唯一の内陸道で、突破されると五稜郭の背後は丸裸になってしまう。

歳三は二股の険崖に胸壁を築き、射撃の小隊を布陣させて、眼下に迫る敵を待った。新政府軍の将兵六百が攻め寄せてきた。歳三は敵兵を引きつけるだけ引きつけておいて、いっせいに射撃命令を出した。弾丸が深い谷間に飛び交い、黒煙が漂う中で、相手の将兵がばたばたと斃れた。

歳三は小隊を二交替制にして射撃を続行した。兵士は一銃で千発を発射したので、銃身が焼けて熱くなり、背後の谷川から汲んだ水で冷やしながら撃ちまくった。

戦闘は十六時間に及び、新政府軍はついに突破できず、引き揚げた。

二股口で戦うフランス軍人フォルタンが五稜郭のブリュネに送った便りには「味方の働き驚く可《べ》し。一人にてなまける者なし。味方の人、其顔《その》を見るに、火薬の粉にて黒くなり、恰《あたか》も悪党の顔に似たり」と書いている。

激戦地となった二股口は、国道二二七号、通称大野国道と呼ばれる北斗市中山の山間に現存する。本道を逸れ、細い山道を二十分ほど登ると、歳三らが戦った陣地跡が見え、前方に切り立った断崖が深々と延びている。

木古内口では大鳥圭介が四小隊を率いて激しく戦っていた。たがいに戦死者を出し、大鳥はいったん兵をまとめて五稜郭へ引き返した後、再び矢不来に布陣した。そこへ新政府軍が海と陸から攻め寄せてきて、たちまち敗れて潰走した。

木古内、矢不来が無残に敗れて、背後を突かれる恐れが出てきたので、武揚は急ぎ二股口の歳三に、引き揚げ命令を出した。歳三は無念の形相で、胸壁などを自らの手で爆破し、四月三十日、五稜郭へ引き揚げた。

二股口の防御が急に解かれて、新政府軍はやすやすとこの難関を越えて大野に入り、五稜郭へ迫った。

その夜、箱館港にいた千代田形が暗闇のため操舵を誤り、弁天岬台場の暗礁に乗り上げた。艦将森本弘策は狼狽し、機関を破壊し、上陸した。ところが翌五月一日未明、満潮になって千代田形は自然に離礁し、港外に流れ出て、新政府軍に捕獲されてしまった。

武揚は森本を呼びつけて質したが、しどろもどろで弁明できず、武揚は森本を士卒に降格させる処分をした。副艦将市川慎太郎はそれを恥じて自刃した。

これより早く武揚は、幕閣などを密かに戦線から離脱させたうえ、フランス軍人ブリュネらに、これまでの協力を感謝し、戦線を離脱するよう勧めた。負傷したカズヌーブとブラジーエの二人を抱えていたブリュネは急ぎ、箱館港に碇泊中のフランス軍艦コエトローゴン号艦長に救出を頼む旨の書簡を送った。

その便りに、武揚に対するブリュネの心情がのぞく。


戦いは敗れた。二人の負傷者カズヌーブ及びブラジーエを擁して危険にさらされている。貴下の助力を求む。乗艦を許されるならば、この地を去る用意をする。フランス砲兵隊長の資格で私がすべての責任において部下に指令する。日本の友人などに対しては心が痛むが、万事休した。

ブリュネらフランス軍人が箱館港を離れたのは同じ一日夕。すでに勝敗の帰趨は見えていた。

箱館総攻撃

武揚は改めて五稜郭を中心に、周辺を守備する四稜郭、権現山、千代ケ岡、さらに七重浜、亀田の五地区及び、箱館方面の箱館市街地、弁天岬砲台の二地区に将兵を配置し、最後の決戦体制を固めた。箱館港内にいる軍艦は二艦のみになったが、蟠龍丸は七重浜の陸兵の作戦擁護、回天丸は箱館弁天部隊の擁護が主な目的とされた。

五月三日夜、暴風雨の中、鍛冶屋の連蔵という者が小舟で弁天岬砲台に忍び込み、大砲数門の火門孔に釘を差し込み、射撃できないようにして逃走した。探索の結果、以前、蝦夷島政権軍の捕虜になり、転向して弁天岬砲台の兵士として働いていた斎藤三郎が、蝦夷島政権に恨みを抱く市民組織のゲリラ隊と通じて手引きした犯行と判明した。すぐに斎藤を捕らえて斬首にしたが、連蔵は行方をくらました。

四日未明、新政府軍の軍艦五艦が箱館港内に攻め込んだ。蟠龍丸と回天丸は弁天岬砲台と呼応して反撃し、激戦の挙げ句、両軍の軍艦に被害が出た。新政府軍の艦隊は七日に再び箱館港内に侵入し、攻撃を仕掛けた。

五月八日未明、武揚は自ら全軍を率いて七重村の新政府軍本営を攻撃すると宣言し、出陣前に酒樽を開いて酒を酌み交わした。瓦解寸前に陥ったいま、相手にせめて一泡ふかせたい、という思いが強かったのであろう。

武揚に従う幹部は陸軍奉行大鳥圭介、歩兵頭本多幸七郎、同古屋佐久左衛門、歩兵頭並大川正次郎、前江差奉行で一聯隊長松岡四郎次郎、見国隊長二関源治、衝峰隊長梶原雄之助、砲兵頭並関広右衛門、陸軍奉行添役今井信郎ら。兵は一聯隊、見国隊、衝峰隊、彰義隊、伝習士官隊など八百余人である。

武揚は馬にまたがり前進したが、途中、暗闇のため道を誤ってしまい、大川村あたりで陽がのぼった。やむなく部隊を三隊にわけ、一気に七重の新政府軍本営へ突っ込もうとしたが、新政府軍は相手の攻撃を見越して原野に穴などを掘って待ち構えていて、近づくと四方から包み込む形で攻撃した。乱戦になり、蝦夷島政権軍は敗れて潰走した。

『麦叢録』に描写された武揚の戦闘の模様は、ここだけである。若干重複するが、省略して掲げる。

八日払暁、大挙敵陣を衝《つか》ん為に大鳥圭介等二大隊有余の兵を率ひ、榎本釜次郎自ら之に将として敵の本営七重村へ向《むかっ》て進《すすみ》しに、我軍時刻少《すこし》く後れしにより敵の間之を知れり。大川、赤川の辺に敵草莽中に胸壁を構へ置、我進《すすま》んとするを知りて四方に埋伏し打《うち》て出、互に発砲数刻の戦争に及べり。然《しか》れども敵は胸壁に寄《より》我は広野に戦ふと其《それ》不利と同じ、故に片山五左衛門、……等之に死す。疵《きず》を被《おおいた》るもの数人、遂に敗走す。敵之に乗じ大に進み、薄暮に至て止む。

包囲網を縮める新政府征討軍は、五月十一日を箱館総攻撃の日と決めた。陸海から箱館を攻めて奪い取り、五稜郭を孤立させようという作戦である。この情報は間諜により五稜郭に伝えられた。武揚はいよいよ最後の決戦と判断して、神山、赤川地区に部隊を張りつけた。

十一日早暁、伝習隊、遊撃隊、春日隊、彰義隊が大川、有川の両道と海岸線を防備するため道を急いだ。午前三時、新政府軍が四稜郭、権現台場に攻撃を仕掛け、弾丸が唸りを上げて飛び交った。両

箱館海戦の舞台になった函館港

陣営とも必死に抵抗したが、死者が続出し、ついに崩れ落ちた。大川、亀田も一進一退の激しい攻防が続いた。

新政府軍参謀の黒田了介（清隆）は前夜、兵三百を指揮して背後の寒川集落から箱館山をよじ登り、戦闘開始とともに一気に駆け降りて一本木関門を奪い取り、箱館市内を鎮圧した。これにより弁天岬砲台は孤立した。

海でも両軍による砲撃戦が展開された。新政府の艦隊は陸兵の背後を守って攻撃を加えたが、蝦夷島政権軍の蟠龍丸、回天丸は弁天岬砲台と呼応して砲火を浴びせたので、凄まじい海戦になった。

この最中、蟠龍丸の放った砲丸が新政府軍の朝陽丸の右舷を貫通して弾薬庫に命中、大爆発を起こして艦体は真っ二つに割れ、あっという間に沈没した。土方歳三が一本木関門を突破しようとわずかな手勢を率いて出撃したのはこの時である。

歳三の死には諸説があるが、元新選組隊士で箱館守備隊軍監の大野右仲の『函館戦記』によるところである。

朝陽丸が撃沈されるのを見た歳三は、馬に跨がり一本木関門に立ち、刀を抜き、

「此機《このき》失うへからず、士官隊に令して速やかに進め。吾此柵(一本木関門)に在りて退《しりぞく》者《もの》を斬る。子(大野)、率いて戦え」

と大声で命じた。その直後、歳三は敵弾を受けて斃れた。三十五歳だった。

凌雲通じ、降伏勧告

五稜郭は艦砲射撃にさらされていた。

十三日朝、新政府軍の池田次郎兵衛と村橋直衛が、蝦夷島政権の箱館病院を訪れ、銃創を負って入院中の会津遊撃隊長諏訪常吉を見舞った後、戦争終結の調停をしてほしいと述べた。諏訪は深手で動けないので、病院頭取の高松凌雲、事務長の小野権之丞に頼む、と答えた。そこで四人で相談し、高松と小野の連名で降伏勧告書を書き、五稜郭と弁天岬砲台に送り届けた。

弁天岬砲台の川村録四郎と永井玄蕃からすぐに返書が届き、五稜郭の榎本総裁と打ち合わせたうえで返事するので、五稜郭へ行けるよう取り計らってほしい、と伝えてきた。新政府軍は弁天岬砲台だけでも降伏するよう勧めた。

五稜郭の武揚は、降伏勧告書を手にするなり、士官以上を集めて会議を開き、このまま引き下がる

わけにはいかないとして、次の通り返事を出した。

御申越の件々委曲承諾いたし候。因《よっ》て衆評を尽《つく》し篤《とく》と熟案《じゅくあん》いたし候処、今更別段申すまでも之無く、我輩一同桑梓《そうし》〔故郷〕を去り、君親を辞し、遠く北地に来り候訳は、先般再三再四朝廷へ歎願《たんがん》致し候通り、蝦夷地の一分を賜わり凍餓《とうが》に逼る頑民《がんみん》の活計《かっけい》相定、之に加るに北門の守衛致し度き志願より他念之無く候処、計《はから》ずも語辞躰製《ていせい》を失い、動作無法《どうさむほう》の廉《かど》を以て、至窮切迫《しきゅうせっぱく》の余り是非無兵戈《へいか》を以て天兵を加へ被れ、是迄の挙動に至り候処、今日に至り過《あやまち》を悔い兵を休め、朝命に従い申べき旨、寛大の御処置、謝するところを知らず候。

去り乍《ながら》我輩品海〔品川沖〕開帆巳来、固《もと》より成敗には関係致さざる覚悟、たとえ一嶋粉砕相成り候とも、志願徹底仕らず候には外致し方も之無く、若し歎願の趣勅許相成り北地一分を下し賜り候相成候えば、上は朝化を仰ぎ奉り、下は北門の関鎖を守り、死力を出し天恩の万分の一に報じ奉る可《べ》く候様、一同へ申し諭《さとし》候上、吾輩両人儀、干戈を動し候罪は、如何様の厳罰たりとも甘じて朝裁に従い奉る可く候。前文の次第弥《いよいよ》以て御諒恕《ごりょうじょ》これ無く候はば、五稜郭並に弁天台場其の外他所出張の同盟の者一同、枕を倶《とも》にして潔く天戮《てんりく》に付き申す可く候。右之段池田氏へ然る可く御申通《つうし》之有り度く願い奉候。以上。

高松凌雲
(1837-1916)

五月

松平太郎

榎本釜次郎

高松凌雲様

小野権之丞様

この文面からも武揚の主張は、「再三再四朝廷へ歎願いたし候通り、蝦夷地の一分を賜り」「北門の守衛致し度き志願より他念之無」と一貫していることがわかる。だが表現が少しずつ変わり、「是迄の挙動に至り候処、今日に至り過を悔い兵を休め、朝命に従い申べき」としている。

文面は追記として、もう少し続く。

尚々、病院に罷り在り候者共、篤《あつ》く取扱之有《これある》趣き承知、厚意の段「トクトル」より宜《よろしく》敷御伝声下さる可く候。且又《かつまた》削本二冊、釜次郎和蘭留学中、苦学致し候海律、皇国無二の書に候へば、兵火に付し、烏有《うゆう》と相成り候段痛惜《つうせき》致候間、「トクトル」より海軍「アトミラール」へ御贈《おくり》下さる可く候。

以上。

武揚は、オランダ留学中に師事したハーグ大学のフレデリックス教授から「海の国際法と外交」写本二巻を贈られた。これは同教授がフランス語の原書をオランダ語に訳して筆記したもので、武揚は

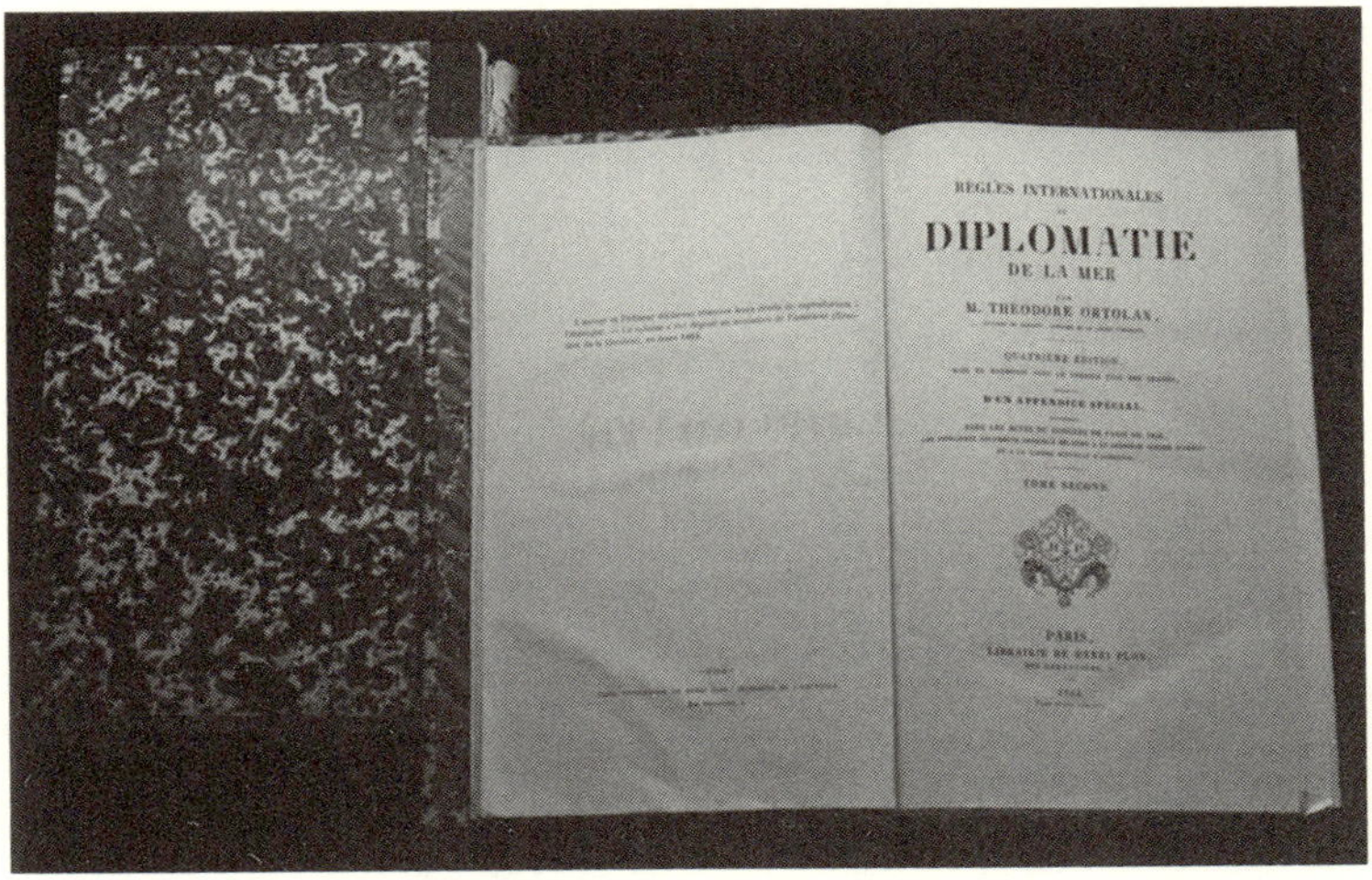

『海律全書』（開陽丸青少年センター蔵）

「万国公法」とも「海律全書」とも呼んで大事にしていた。しかし兵火に焼くのは忍びないとして、ドクトル（高松医師）より海軍アドミラル（新政府海軍参謀）へ贈ってほしいという内容である。

武揚が死を覚悟しているのを痛感した凌雲は、返書とともにこの「海律全書」を、池田次郎兵衛を通じて新政府軍海軍参謀に届けた。

これを受け取ったのが薩摩の陸軍参謀黒田了介である。なぜ海軍参謀でない黒田が受け取ったのか。新政府軍のトップにいた黒田は、池田らを使って講和を結ぼうと動いていた。肥前の海軍参謀の増田虎之助、長州の海陸軍参謀山田市之允、熊本の陸軍参謀太田黒亥和太、柳川の海軍参謀の曽我準造なども それを知っていた。増田などは一刻も早い講和を望んでいたというから、黒田にその対応を任せたのであろう。

この「海律全書」が武揚の命を救うことになるの

である。

自刃果たせず

黒田の命を受けた薩摩の田島圭蔵は、この日すぐ弁天岬砲台を訪れ、武揚に会えるよう取り計らってほしい、と頼んだ。

田島は高雄丸の艦将で、旧幕府脱走軍が五稜郭を奪って立て籠もった際、何も知らずに箱館に入港し、旧幕軍に捕らえられ、艦は奪われた。だが乗組員だけでなく、艦将である田島まで釈放された。命を救われた田島は、西洋で学んだ武揚のその人間性に、敵将にも関わらず、むしろ憧憬の念さえ抱いていたと思われる。

話はまとまり、即刻、田島と武揚の会見が千代ケ岱台場で実現した。田島はその折りの礼を述べた後、天朝の心を伝え、恭順してほしいと説いた。武揚は田島に感謝しながらも、武士として、ここで降伏するわけにはいかないと拒絶した。

田島は武揚の心情を察して、思わず涙した。

武揚は田島に対して、

「五稜郭内にいる二百五十人の傷病兵を湯の川の野戦病院に下げたいので、斡旋してほしい」

と頼んだ。田島はすかさず了承した。

田島の奔走により、傷病兵の湯の川送りが了承された。武揚は傷病兵全員に、当分の療養費と、城内の残り少なくなった食料のうち、保存と携帯に便利な堅パンとビスケットを分配した。

日の暮れないうちに、と急《せ》かされて、傷病兵たちは次々と搦手門から湯の川に向かった。重傷者は担架に乗せられ、護衛兵がついた。武揚は、搦手門に立って、一人一人に感謝の言葉をかけ、見送った。

この日、弁天岬台場が降伏した。軍規は乱れに乱れ、五稜郭内から脱出する者が目立った。だが武揚はそれを黙って見過ごした。逃げ出すような兵士は何人いても頼りにならないとして、勝手にさせたのである。

明けて十六日朝、千代ケ岱台場が陥落し、中島三郎助父子らが戦死した。残るは五稜郭だけになった。

新政府軍参謀から礼状を添えて酒樽五樽と肴が運ばれてきた。前日、武揚が贈った「海律全書」に対する返礼だった。その文面を掲げる。

昨年来長々《ながなが》の御在陣如何にも御苦労に存候。陳《のぶる》は医師を以て貴下蘭国御留学中御伝習の海律二冊、我国無二の珍書烏有《うゆう》に付《ふし》候段、痛惜に存じられ、皇国の為、御差贈りに相成候段、深く感佩《かんぱい》致候。何れ他日、訳書を以て天下に公布致可《いたすべく》候。

先《まず》は御厚志の段、拙者共より相謝し度、軽微ながら麁酒《そしゅ》五樽之進《しんじ》候。

その夜、五稜郭の兵士らは明日に控えた最期の決戦を前に、新政府軍参謀から贈られた酒を飲み、辞世を詠んだ。

死んで詫びようと覚悟した武揚は、総裁室に入ると、遙か東京を望み伏し拝んでから、軍服の上着の前ボタンを外し、短刀の鞘を払っていきなり腹に突き立てた。隣室にいて異変を察した近習の大塚霍之丞が総裁室に転がり込み、武揚が手にしていた短刀をもぎ取ろうとして揉み合いになった。霍之丞は元彰義隊士、剣の遣い手である。二十六歳。

「やめろっ」

と叫ぶ武揚に、若い霍之丞は、

「総裁が死んで何になりますかっ」

と声を張り上げ、素手で短刀をつかまえた。

霍之丞の右手の指が三本、切れてぶらぶらになったが、短刀を握ったまま。騒ぎに松平太郎、大鳥圭介らがかけつけて、指を一本一本外して短刀を奪い取ったので、武揚はついに死を断念した。

降伏、東京へ護送

降伏を決意した武揚は十七日朝、五稜郭の広場に全将兵を集めて、これまで戦ってきたことに謝意を述べ、降伏して皇裁を仰ぐ旨を伝えた。広場は悲憤慷慨の声で溢れ、議論が続出した。『麦叢録』はその模様を次のように記している。

衆に代り敵軍に赴き、私〔武揚〕に干戈《かんか》を動かせし罪を以て皇裁を仰ぎ、甘じて天戮《てんりく》に就んと決定せり、諸君斬激の志を返し熟思して我意に就へんと云、衆涕泣議論数刻遂に之に従ふ。

武揚は使者を立てて新政府軍に降伏を申し出、松平太郎、永井玄蕃、荒井郁之助、大鳥圭介らとともに、六丁ほど離れた亀田村の三軒家に赴いた。

次の「出五稜郭」と題する五言古詩は、武揚のこの時の心境を詠んだものである。市立函館博物館に現存する。

孤城看将陥　孤城《こじょう》まさに陥んとす

軍気乱如絲　軍規乱れ絲の如し

残卒語深夜　残卒深夜に語る

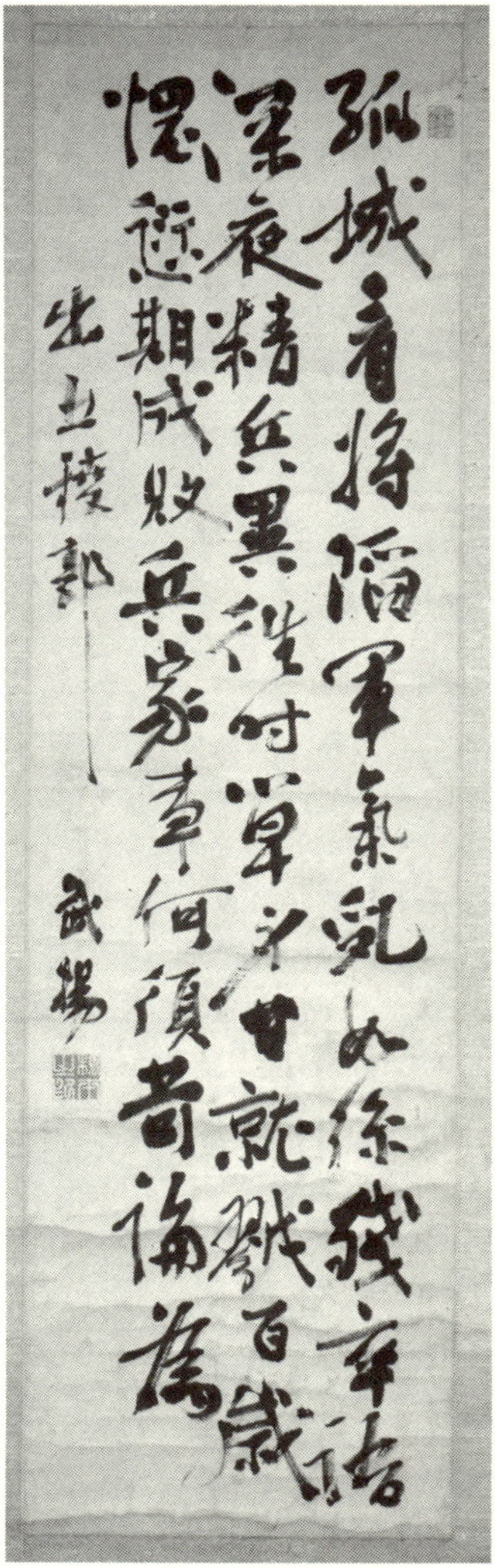

榎本武揚の漢詩「出五稜郭」
（市立函館博物館蔵）

錦絵に描かれた「箱館五稜郭之降伏」。
右側で膝をつき手をついているのが榎本武揚（函館市中央図書館蔵）

精兵異往時　精兵往時に異る
単身甘就戮　単身甘んじて戮《りく》に就く
百歳愧慙期　百歳慙愧《ざんき》を期す
成敗兵家事　成敗は兵家の事
何須苛論為　何ぞ苛論を為すべし
　出五稜郭　武揚

三軒家に着いた武揚らは、新政府軍陸軍参謀黒田了介、海軍参謀増田虎之助、軍監前田雅楽らと面接し、新政府側から次のような謝罪降伏の条項が示された。

　謝罪降伏実効ケ条左の通
一、首謀之者陣内ニ降伏之事
一、五稜郭ヲ開、寺院謹慎罷在追而《おってちょうさい》　可
　奉待《まちたてまつる》　朝裁事《べきこと》
一、兵器　悉《ことごとく》　皆差出可申事
右之通申渡候条可得其意候也
五月　海陸軍参謀

首謀者は降伏し、五稜郭を開城して寺院に入り謹慎し、朝廷の裁きを待て、兵器はすべて差し出せ、という極めて簡単な条件である。武揚らはこれを受け入れ、戊辰戦争最後の戦いとなった箱館戦争はここに終焉を告げた。

降伏した兵士らは箱館、室蘭の寺院のほか、松前藩、弘前藩、久保田藩などに預けられた。武揚をはじめ松平、永井、荒井、大鳥、それに相馬主計、松岡磐吉の七人は五月二十一日、新政府軍の軍艦で青森に送られた。ここから軍鶏駕籠に乗せられ、細川藩の一個中隊が警備して弘前、山形、福島を経て東京へ護送された。細川藩士は武揚らの扱いに心をくだき、宿泊地に着くと駕籠から出して、ゆっくり就寝させたという。

次の七言絶句は武揚がその護送の途中に詠んだものである。

建武帯刀前後行　建武帯刀《けんぶたいとう》前後を行く
鑑輿羅網失窓明　鑑輿《らんよ》の羅網窓明《らもうそうめい》を失す
山河百戦恍如夢　山河百戦恍《こう》として夢の如し
独仰皇裁向玉城　独り皇裁を仰がんと玉城に向かう
就囚赴東京途中作　武揚　囚に就き東京へ赴く途中の作　武揚

窓明を失った駕籠に乗せられ、帯刀した将兵に警護されて皇居に向かう時、山河百戦、恍として夢の如しの心境であったのは容易にうかがえる。

東京丸の内の辰ノ口牢獄に設けられた兵部省糺問司の付属仮監獄に着いたのは六月三十日。ちょうど四十日間かかっている。室蘭にいて降伏の遅れた沢太郎左衛門が、船で護送され、品川に着いたのは七月四日だった。

第四章 死を前にした化学者——一八六九—一八七二年

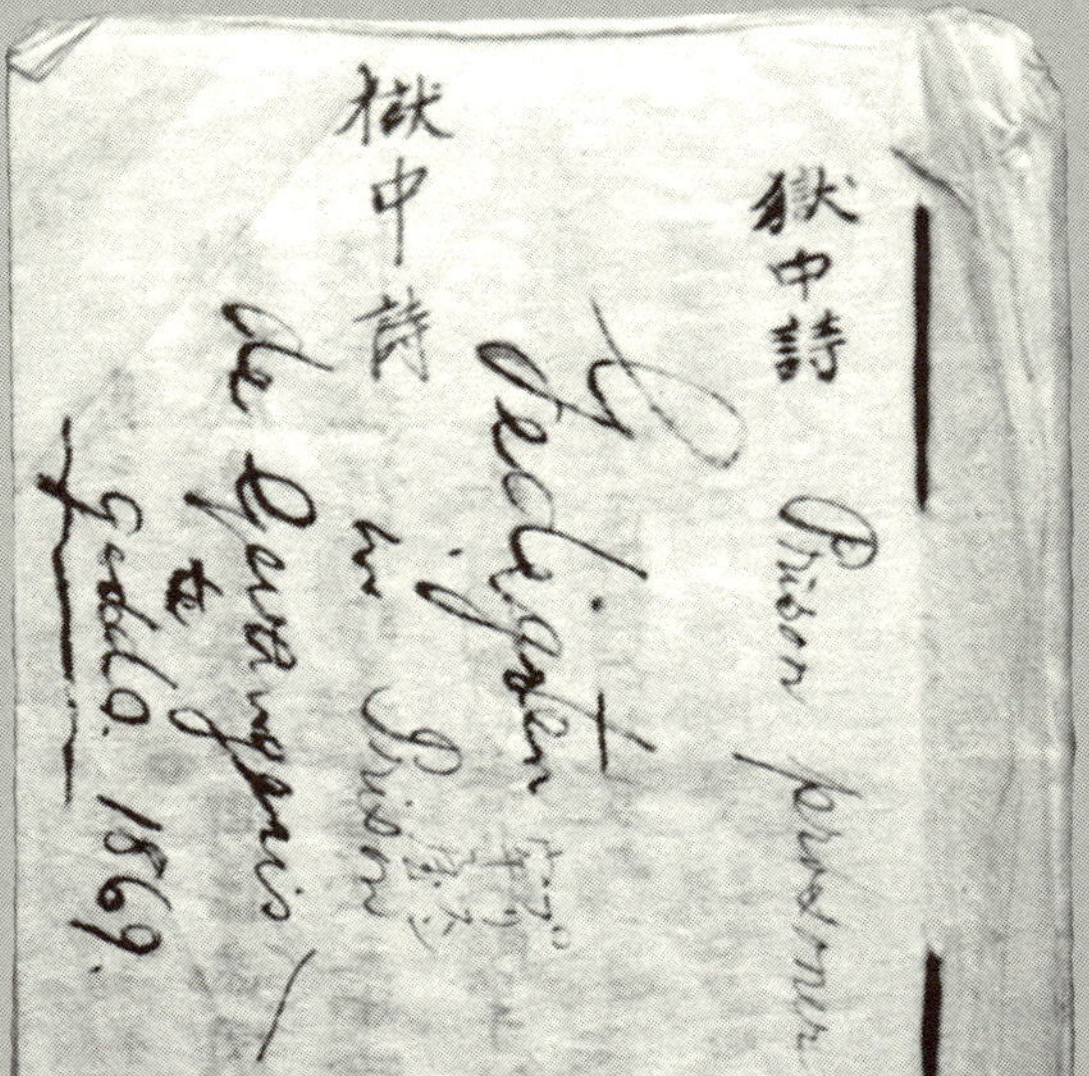

牢獄で新政府を批判

箱館戦争に敗れた榎本武揚が、護送されて東京丸の内の辰ノ口牢獄内に設けられた兵部省糾問司の付属仮監獄に入ったころ、明治新政府は新しい政治体制の確立に躍起になっていた。

前年の閏四月、新政府に太政官制度が設けられ、秋に明治天皇が京都から東京に赴き、事実上、遷都が決まっていたが、政体の基盤はまだぐらついていた。そうした中、維新を成した薩摩、長州、土佐と熊本（肥後）の四藩主が連署して版籍奉還を上表し、これに倣うように各藩が同様に版籍奉還を願い出た。

朝廷がこれを許可したのは箱館戦争が終わって一カ月後の明治二年六月十七日。その後、藩は県と改められ、旧藩主が県知事に任命された。中央集権への布石の第一歩である。

続いて七月八日、官制を改革し、議政官を廃止して、神祇官と太政官の二官と、民部、大蔵、兵部、刑部、宮内、外務の六省を置く古代律令体制によく似た機構にした。他に待詔院、集議員、大学校、弾正台、海軍、陸軍などを置いた。そして蝦夷地を北海道と改め、開拓を励行する開拓使を置いた。

太政官の中心は右大臣三条実美、大納言岩倉具視ら実力者公卿が就き、それを支える参議には西郷隆盛、木戸孝允ら薩長土肥出身の改革藩士らが就いた。だが制度だけはできたが、体制は脆弱そのものので、士族などから不満の声が続出していた。

参議らの間で辰ノ口牢獄の武揚の処分をどうすべきか、論議が交わされていた。長州、土佐は、朝廷に逆らった朝敵であるとして断罪を主張し、死罪は免れないと見られた。黒田は世界の公法に通じる武揚を何としても救いたいとして西郷に訴え、助命嘆願に駆けずり回っていた。

そのころ、武揚は、静かな牢獄内で毎日、書物を読みふけり、「獄中日記」を書き続けていた。取り調べらしい取り調べもなく、訊問を受けたのはただ一度だけ。兵部省の権判事二人がやってきて、

「脱走が徳川家の意によるものか。また、なぜフランス軍人が一緒に行動したのか」

と質した。武揚は、

「脱走は自分たちの考えによるもので、徳川家とは関係ない。フランス軍人の同行もフランス政府とは関わりない」

と答えた。権判事二人はそれを聞くと、そのまま帰っていった。以上は武揚の友人への便りに見える。

牢内の武揚は、断罪は免れないとして、これまで吸収した化学技術のすべてを後世に残したいと考えていた。留学先のオランダで軍艦乗組の訓練をしながら、舎密学（化学）に熱中し、最優秀の栄誉を受けただけに、その思いが強かったのであろう。また北海道開拓にも意欲的で、箱館戦争中にも周辺の鉱山や鉱油などの研究をしていた。未開の大地に見果てぬ夢を抱いていたのは明らかである。

「獄中日記」は半紙を二つ折りにして綴じたもので、表紙に当たる面に漢字と英文で「獄中詩」と記されている。内容は詳細を極めるが、そこに書かれた「獄中詩」から一詩を掲げる。秋が深まり、月光の中で虫の音を聞きながら回顧する武揚の姿が目に見えるようだ。

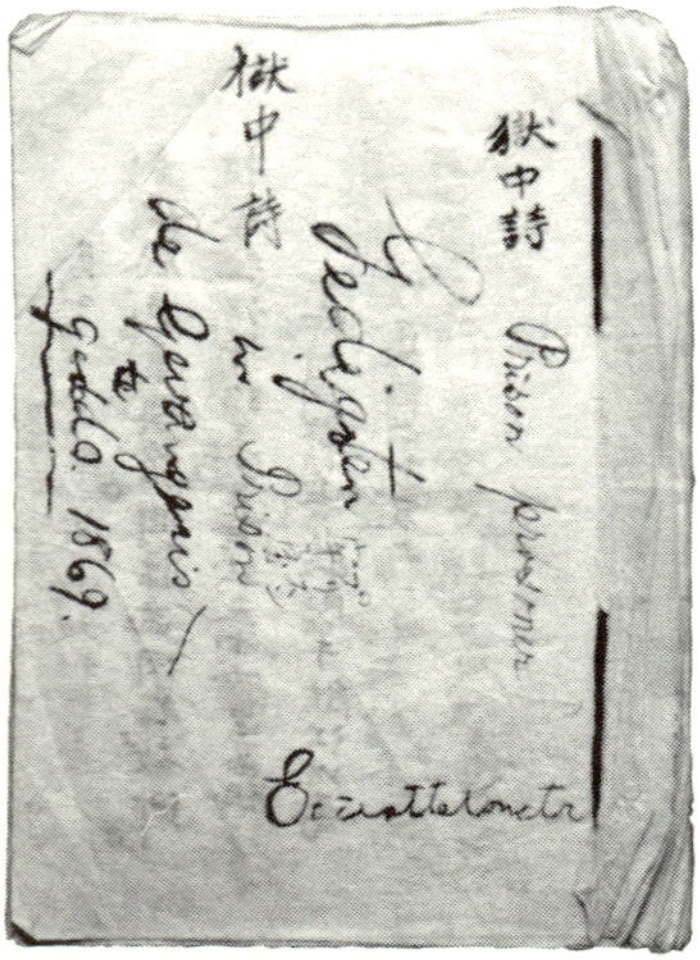

榎本武揚の「獄中詩」の表紙（榎本家蔵）

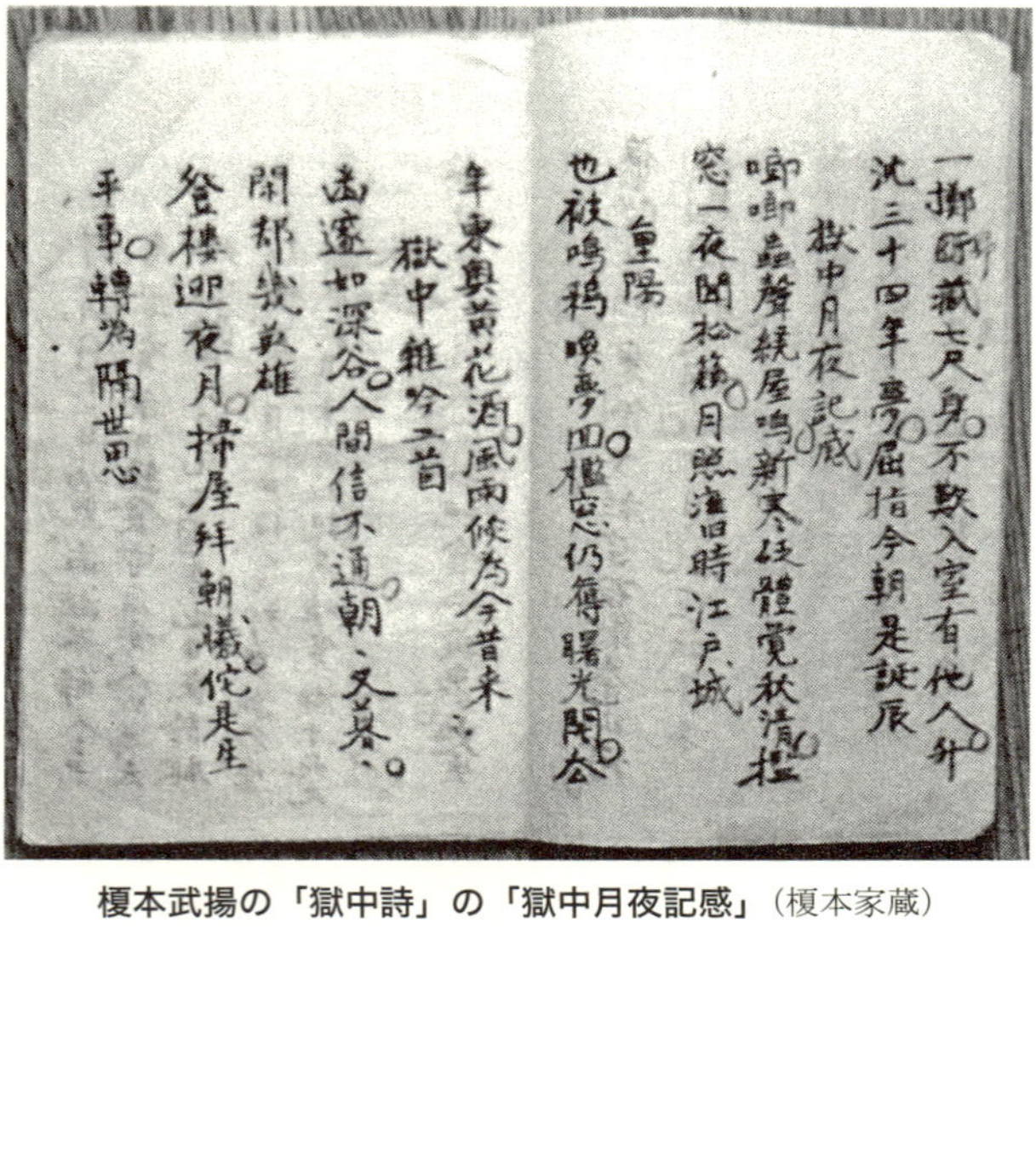

榎本武揚の「獄中詩」の「獄中月夜記感」（榎本家蔵）

獄中月夜記感
喞《しょく》喞《しょく》蟲聲繞屋鳴　小さな虫の声が、牢屋に響く
新寒砭體覚秋清　新寒、戒めの如く体に覚え　秋清し
檻窓《かんそう》一夜聞松籟《しょうらい》　檻窓の一夜、松に吹く風音を聞く
月照滝旧時江戸城　月照り、往時の江戸城に涙す

この「獄中詩」とは対照的な武揚の獄中長歌「ないない節」が、京都市の霊山歴史館に保存されている。内容から、武揚が辰ノ口牢獄に入って間もない明治二年八月末ごろの作と思われる。

堂上たちには腹がない　鍋島さまにはしまりがない　参議の者にはいくぢがない　そこでなんにもしまらない　今度のご処置はたわいない　官軍朝敵差別ない　死んだ者には口がない　攘夷〳〵ととめどない　開港してもしまりない　大蔵省には金がない　弾正無茶には仕様がない　することなすことわけがない　所々の恋女はつまらない　盗人年中たえがない　世上安堵の暇がない　そこで万民命がない　とんと日本もおさまらない

ないない節　一くだり　榎本武揚酔墨

文中、堂上とは宮中に出入りする公卿であり、鍋島さまとは肥前藩元藩主で開拓使の初代長官、参

議の者とは西郷隆盛や木戸孝允ら、また弾正とは警察を指す。武揚は、発足したばかりの新政府の面々を俎上に上げ、今度の処置はたわいない、官軍朝敵差別ない、と決めつけ、下田、箱館（函館と改称）に続いて新潟を開港しても、なお攘夷、攘夷と唱える動きを嘆き、世上は安堵の暇もない、万民の命もない、日本もおさまらない、とこき下ろしたのである。

「武揚酔墨」と認《したた》めたこの「ないない節」から、死を覚悟した武揚が新政体のお粗末さを鋭く指摘し、後世に残そうとしたのではないか、と筆者は判断している。もし、助かる可能性が少しでもあるなら、相手の神経を逆撫でする、こうした表現は使うまい。いや、助かる気など毛頭なく、この際、言いたいことをはっきり残しておこう、と考えたのではないか。「酔墨」としたのは、武揚独特の洒落っ気

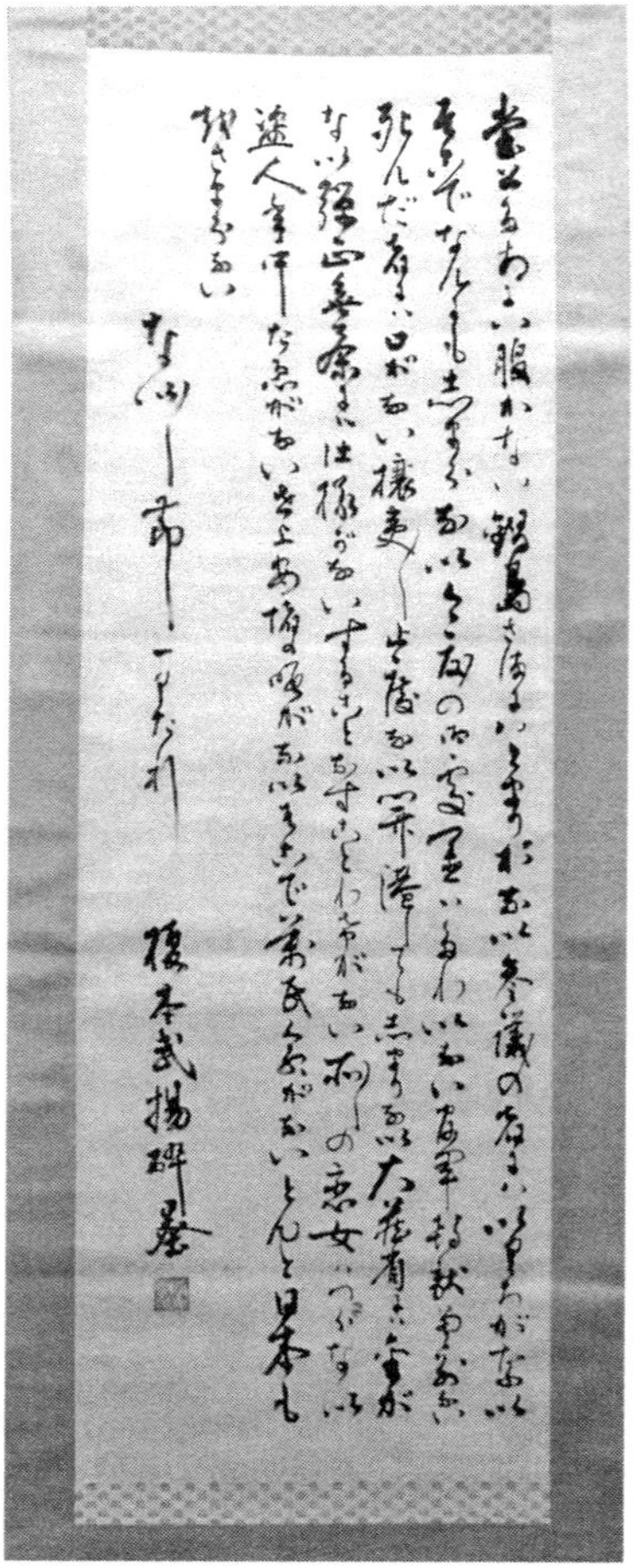

榎本武揚が牢内で書いた「ないない節」
（京都府・霊山歴史館蔵）

からきたものであろう。

ところが「遺書」にも匹敵するほどのこの長歌は、しばらく人目につくことがなく、後年になって霊山歴史館に寄贈された。もし早い時点で公開されていたなら、黒田の助命嘆願など実を結ばなかったのではないか、と思う。

福沢諭吉が偽の嘆願書

武揚の母ことが助命嘆願書を提出したのは九月二十三日。武揚が「ないない節」を書いたころになるが、実はこれ、福沢諭吉の偽作なのである。諭吉の妻の実家土岐家と武揚の母の実家林家が遠い親戚にあたり、縁戚関係だったので、ひと肌脱いだというわけ。

この時期、黒田清隆は知人である福沢諭吉に、「海律全書」の翻訳を頼んでいる。加茂儀一『榎本武揚』によるとこうである。

諭吉は、黒田から「海律全書」の翻訳を頼まれると、初めの四、五頁だけ訳しただけで、黒田に返却し、こう回答した。

「この万国公法は海軍にとって非常に重要である。しかし本当によくこの本を訳することができるのは、講義を直接聴いた榎本以外にない。誠に惜しい宝書であるが、榎本に頼めないようでは邦家のため残念である」

黒田は思わず頭を抱え込んだ。「海律全書」の頁をめくっても、読めない横文字ばかり。この宝書をみすみす持ち腐れにしてなるものか。国際法を西欧で学んだ武揚こそ、これから必要な人材、と黒田は感じ取った、というのである。

黒田の思いを察知した諭吉は、何とか武揚を助けようと、母の名を騙《かた》った嘆願書を書いた。このことを黒田は当然、承知していた、と筆者は見る。

嘆願書の前段は、牢内の武揚が病気になったと聞き、次のように書いている。

つらつら過ぎ去り候事を相考《あいかんがえ》候得《そうろうえは》、私事は当年六十九歳に相成、釜次郎は三十四歳、私の口より申上候は奉恐入候《おそれいりたてまつりそうろう》御事に御座候得共、同人事《どうにんこと》は幼年の時より心ばえやさしく、手習学問《てならいがくもん》出精仕追々成長に及び処々え遊学等いたし、若年の友達も多く、付合広くいたし候事に御座候得共、かりそめにも家の事を忘れ不申《もうさず》、かりそめにも両親の心にそむき不申《もうさず》、十ケ年前夫円兵衛病死の節も、数十日の昼夜おこたらずかん病仕、乍憚《はばかりながら》両便の始末までも釜次郎並に兄勇之助両人にて引受、実に若年の者に出来がたき介抱いたし候事も有之、円兵死去ののちはおらんだへ伝習罷越し、帰国の後、旧幕府に而《て》身にあまり立身仕《つかまつり》、家来共も不自由なきよふ召使居候得共、毎日登城より帰り候得ば、何事もさし置き、先ず私をなぐさめ、ともども食事いたし、私事は老年の儀に付よひも早くやすみ候得ば、眠り候まではかたこしをさすりくれ、如何なる暑中寒夜たりとも一夜もおこたり候事無御座、実に私の口より申上候は恐入候得共、釜次郎事は孝行者に相違無《あいちがいなく》御座。

私の口から言うのははなはだ気がひけるが、夫の円兵衛病死の後は、毎夜、老いた母の肩や腰をさすり、慰め、これほどの孝行者はいない、と情に訴えているのである。武揚の断罪が、もうどうにもならないところまできていたことを示すものだろう。
黒田もまた、武揚の処断が動かぬものと知って、最後の手段に出た。頭を丸めて新政府に出府し、おのれの頭を叩いて、この通りだ、と訴え、武揚の助命を願い出たのである。この時の有名な黒田の写真が現存する。だが処置は容易に決まらなかった。

武揚の便り

辰ノ口牢獄の武揚が東京の家族に出した最初の便りは、入牢から四カ月ほどになる明治二(一八六九)年十一月二十七日付の姉、観月院(らく)宛ての便りである。

坊主頭になった黒田清隆(左)
(北海道大学附属図書館蔵)

このころになると書籍や日用品の差し入れが自由になり、武揚の手元には紙、筆墨、硯なども置かれていた。前段を省略して掲げる。文中の揚《あが》り屋とは牢獄を指している。

七、八日前、箱館表より一友人、当揚

り屋江入り候者の話に、御兄様御事彼表にての至って御すこやかにて徳川仙台の藩士并《あわ》せて六百人位同居、いづれも当時学問試業いたし追々蝦夷地江開拓に遣わし候由、佐藤陶三郎其の外四五人御兄様と同居の由に候。佐藤は少年に付謹慎差し免され候処、同人申し候には惣督榎本始め未だ落着き相済み申さず上は、彼壱人《かれひとり》のみ謹慎差し免され候理これなくとて相断り候由感心の心掛けに候。

彼地《かのち》謹慎所《きんしんどころ》は台場中にて、日々湯も相立ち庭抔《ばかり》歩行もいたし、至って手厚《てあつく》の取扱の由、諸人一同其の恩に服し候様子、且つ蝦夷地開拓を一同悦び居り候由。私并《なら》びに松平等におゐては、最初官軍と掛合候通り万事相成り、先々安心仕り候。右等はいづれも薩州人の周旋により候趣、薩州人は至って我々を親切にいたし呉れ候故、前は申し上げず候得共、余程親切人これあり候に付、多分其の中《うち》御面会も相叶ひ申すべくと心待ちいたし居り候。

偖《さ》て皆様江よろしく御傳声願ひ奉り候　已上

十一月二十七日　　夏木金八郎

観月院様

尚々別紙壱通伊東玄伯方江御届け下され候様相願ひ申し候

鈴木観月院様　　釜次郎

武揚は文中、函館（箱館を改名）から辰ノ口牢獄へ移ってきた囚徒の話から、函館の台場に留置されていた旧脱走軍の仙台藩士らが蝦夷地開拓に就くことになったのを悦び、そのうえ牢内の状況にも触れ、薩摩人の斡旋で親切にしてもらっている、いずれ面会も叶うものと心待ちにしているなどと書いている。松平等とあるのは、松平太郎はじめ、荒井郁之助、永井玄蕃、沢太郎左衛門、大鳥圭介、松岡磐吉ら牢内に一緒に繋がれている幹部たち六人を指す。別紙一通を届けてほしいと頼んだ伊東玄伯は、オランダ留学の仲間の医師である。

署名を二度書いているが、前段の夏木は榎本の榎を、金八郎とは釜をそれぞれ解体したものと判断できる。いかにも武揚らしい洒脱さを感じさせる。後段は釜次郎と正しく記している。

明けて明治三（一八七〇）年三月十六日、武揚は母と姉に、次のような便りを送った。牢内の様子が書かれていて、思わず笑みがこぼれる。その部分を掲げる。

さて私事は爾後《じご》弥《いよいよ》壮健《そうけん》罷《まか》り在り候間、決て御心配下され間敷《まじ》く候。何事も不自由これなく、揚り屋内諸人《もろびと》も皆弟子の如く家来の如く所謂《いわゆる》牢頭《ローガシラ》様にて消光《しょうこう》罷《まか》り在《あ》り候もおかしく存ぜられ候。

武揚が最初に入牢したのは雑居房だった。牢名主が「その新入り、娑婆《しゃば》で何をやったのか」と訊ねたので、武揚が「箱館の榎本だ」と答えると、牢名主はうず高く積んだ座布団から下りて両手を突いた、という逸話が伝わっている。武揚自ら「牢頭」と記しているから、そんなドラマのような事実があったのであろう。

明治３年３月16日の母、姉への便り（榎本家蔵）

後段に赦免のことが書かれている。しかしこの時点では、そうした動きはまったくないので、単に想定して書いた、と判断できる。

天朝役人衆共《てんちょうやくにんしゅうども》親切にいたし呉れ、既に正月中迄両人の会津家来を私手元に遣し置かれ、日々の事供も彼等にいたさせ置き、将又《まさに》病気中は昼夜医者を賜り、私容体毎日軍務局江注進いたし候程にこれあり、御手厚の事にて感泣仕り居り候。

松平、永井、荒井、沢、大鳥、松岡一同も相替り候事これなく、時々会面仕り候。箱館表にて私写真像盛《さかん》に売れ、外国人争ひて買求め候由、近来箱館より参り候人申聞き一笑仕り候。

私義、是迄の艱難配意等は、とても御面会仕らず候はでは紙筆に尽くし難く候。去乍ら《さりながら》一語にて申上げ候へば、衆に代し生命を棄て候段、士道に背き候事これなく候間、此の事御安心下さるべく候。御赦免等の事はいつころやら此の方にては相分り申さず、尤《もっと》も其の事をさまで歎き候理《ことわり》にもこれなく只々天命に任せ申し候。

一、伊東氏より贈り呉れ候西洋書物にてつれ〳〵を慰め、内密にて筆硯を買ひ、天下の為に相成り候事供を著述いたし、既に昨暮より四五札《ママ》も出来仕り候。これ等の故を以て近来は恰《あたか》も塾に居り候同様にて、日々少年の者供には漢学洋学を教へ込み居り申し候。

前段に出てくる武揚の写真が箱館の外国人の間で売れていると聞き、みんなで大笑いしたとの内容は、その時代の空気を伝えて興味深い。

後段に出てくる伊東はオランダ留学時の伊東玄伯で、先の便りの中の「別紙一通」が、西洋書物の差し入れ願いだったことがわかる。またこの後の文面には、オランダ仲間の内田恒次郎、それに福沢諭吉、肥田浜五郎らの名前が見える。

武揚は牢内で著述を続けるかたわら、毎日、少年たちに勉学を教え、まるで塾のようだと書いている。牢内にも罪を犯した少年がいたのであろうか。それとも近所の者を集めて教えていたのであろうか。

妻、多津への思い

武揚はこの後も牢内から母、姉、妻、それに兄鍋太郎武與ら家族に宛てて数多くの便りを出している。現存するのは二十七通にのぼるが、最初のころは英語やオランダ語の舎密書《セーミンしょ》の原書の差し入れをしきりに頼んでいる。

その一方で、「小子、テレガラーフを刷新工夫致し、牢内にて内々拵《こしら》え申し候へども、これは他日差上げ申べく候」と伝えている。小子とは私、テレガラーフとは電信、電報のことだが、ここでは電話を意味する。武揚はオランダで購入してきた電信機をそばに置き、日本にはまだ現存していない電話を牢内で製作していたのである。

武揚は姉宛ての別の便りで、「殊にセーミ学（化学）は未だ日本国中に小生にならぶ者これなきと、高慢《こうまんなが》乍ら存じ居り候」と書き、「一日も早く御広《おひろ》め有り度く候と小生の心願に候」と続けている。このあたり化学者としての面目躍如たるものがある。

妻の多津に宛てた便りは明治三（一八七〇）年十月十五日のものが初めてだが、妻からの便りに対する返信である。

過日は冬服壱ツ御贈り下され、かたじけなく落手致し候。冬服は随分沢山これあり候間、此の方より御たのみ申し候迄は御贈りには及び申さず候。林御両親様には時候の御障《おさわ》りも有らせられず候哉、御ま衛《え》よりよろしく御申上げ下さるべく候。江連お歌孕身《にんしん》の事其外とも委敷く御申越しにてはっきり相分り申し候。

さて手前始め此の方一同には御しょちも遠からず、何とか方付申すべき儀は此の方にても慥《たし》かの事承知いたし居り候。去乍《さりなが》ら元よりいつと定めがたく候間よしや当年中々方付申さず候とも、御まえには心配これなき様、もし自由の身に成り候はゞ、壱年や半年位遅くとも早くとも格別とんちゃくこれなく、却て出牢の後の事迄も一同にて申談し居り且つゆっくりと諸事の見込みもつけ候、助けに相成り申し候。

手前自由の身に相成り候はゞ、御ま衛《え》にも是迄《これまで》の種々心配を相かけ候事に引かえ、はれ〳〵としたる生涯を遂る事もこれあるべく候。気長に御待ち下さるべく候。

○過日みそ漬の魚、誠に結構にて、数日相用ひ申し候。

○末乍《すえなが》ら研海君御夫婦其の外赤松子親子江、御まえより然るべく御傳言下さるべく候。以上。

釜次郎

十月十五日

御堂川とのへ

尚々折角時候御いとい、風抔《かぜなど》引かぬ様御同様に候。

前段に出てくる林御両親様は多津の実家の林家両親、最後の行の研海君御夫婦は、妻の多津の兄で、武揚がオランダ留学を共にした同輩、赤松子は同じくオランダ留学生の赤松大三郎である。江連お歌は江連眞三郎に嫁いだ武揚の妹うたのことである。

文面は多津への優しい思いが溢れている。まだ処分が決まっていないのに、「御しょちも遠からず」

と書き、「御まえには心配これなき様」「壱年や半年位遅くとも早くとも格別とんちゃくこれなく」と励ましている。宛て名の御堂川は妻の多津を指しているのは明らかだが、どう解釈すべきなのであろうか。

化学者の目

武揚が兄や姉などに宛てた便りには、すでに述べたように化学者としての視点が溢れている。さらにオランダで学んだ西洋の学問や物産技術に触れ、石鹸や西洋蝋燭《ろうそく》の作り方をはじめ、石炭油を使った灯火の作り方、ジャガタライモや砂糖蜜を使った焼酎の作り方、テール油や白墨《はくぼく》の作り方、硝子（ビードロ）鏡の作り方、ガルバーニ鍍金鍍銀の薬水製造方法などを折に折りに綴り、その模型まで作っている。

明治三年十二月二十五日の兄武與への便りはなんと、アヒルやニワトリの卵を孵化させる方法を絵図入りで次のように述べている。

一、卵箱ノ底ハ矢張《やはり》紗ノ切レヲ（切レトハ俗語ヲ用ヒ候ニテ即チ布ヲ云フナリ）用ヒ候ヘトモ、其紗ノ上ハ卵ヲ納ル、数丈《かずだ》ケ細キ木ヲ以テ一面ニ格子《コーシ》（元来架）ヲ作リ、其格子ノ中エ卵ヲ載セル竹筒ヲシッカリトハメコミ、而《しこう》シテ其竹筒ノ縁ハ卵ノハマル形丈ケニ切欠ヲ付ケ其切欠ノ処丈ケ萌黄羅紗ノ切レヲ張付ケテ卵ヲシテジカニ竹筒と触レザラシムベシ

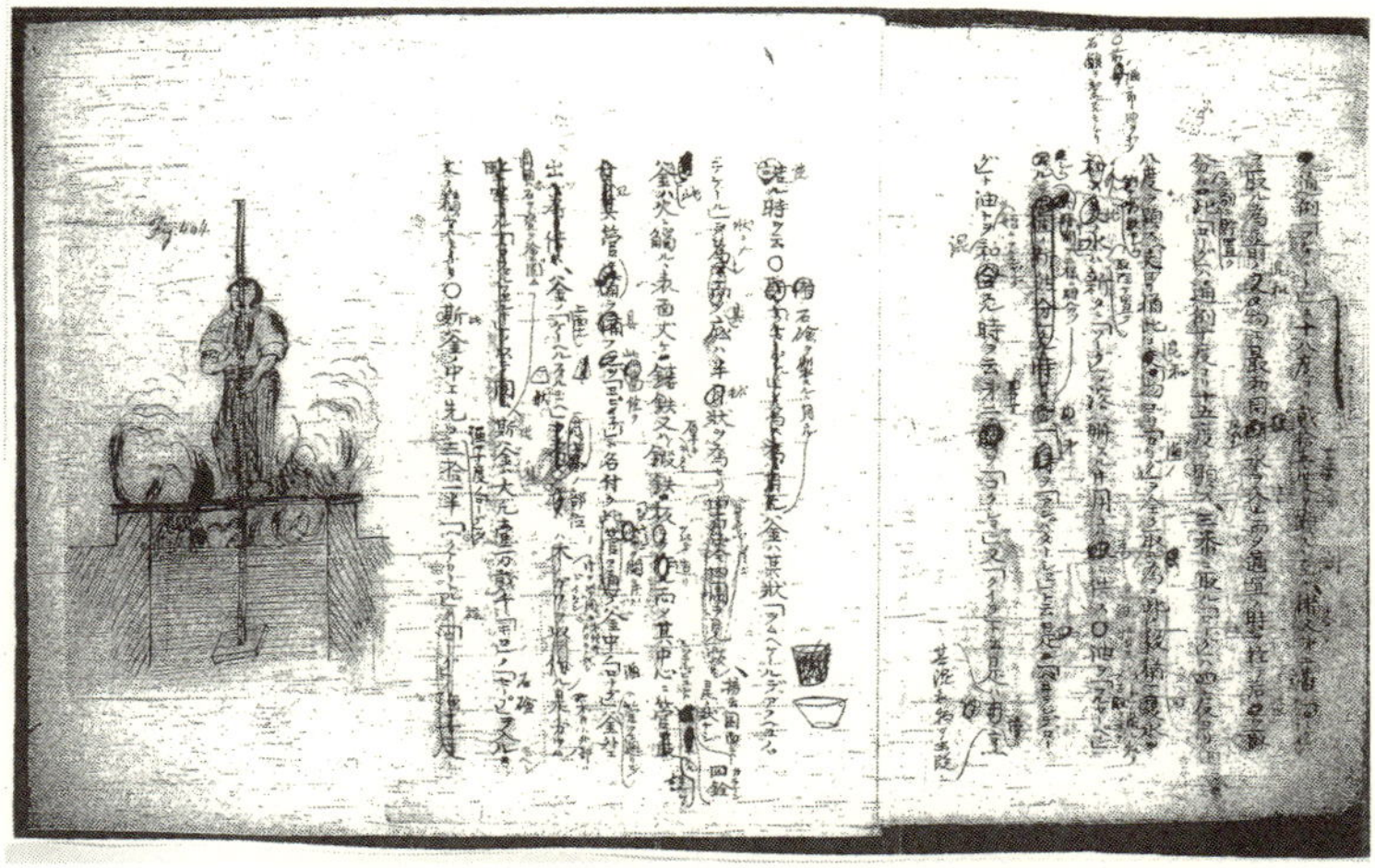

武揚が牢獄内で書いた文書「石鹸製造法」（榎本家蔵）

その一方で武揚は福沢諭吉に化学書の差し入れを頼み、入手したのだが、その書物があまりにも幼稚すぎるとして、十二月二十八日の便りでその旨を記し、返却している。生か死かの瀬戸際に立たされた男の便りとは到底思えない。

　さて福沢子よりの書は同人方江戻し下さるべく候。右の書は福沢位の学者のほんやくする書にして、小子抔《など》の筆を労する迄のものにはこれなく候。去乍《さりなが》ら同人事無遠慮種々申聞き候事こふまんちき《高慢ちき》とて一同大笑いたし候へども、正直なる人物と相見え候。

この文面から武揚は時折、牢内で永井や松平、大鳥らと会い、歓談していたことがうかがえる。

武揚がこうした日々を送っている明治三年初頭、

朝廷は大教宣布に関する詔書を発布して、神道を国教とする方針を一段と強めた。

一方、この年五月に新設されたばかりの樺太開拓使の専任次官になった黒田清隆は、何としても武揚を救済しようと最後の努力を続けていた。黒田はそれまで兵部省にいたが、長州の山形狂介（有朋）と競り合って外された。だが、形の上では二階級進級の厚遇だった。

新ポストに就いた黒田は、すかさず内政問題と樺太問題に関する建議書を提出し、樺太へ赴いて現地を視察した。そこでロシア兵の横暴ぶりを目のあたりにして、わが国の無力さを実感し、樺太開拓使の廃止を建言したのだった。

明年早々に欧米へ向かうことが決まった黒田は、その前に武揚の処分の目処をつけようと十二月五日、岩倉具視に対して「榎本釜次郎是非死一等ハ御宥免之処置又奉願候」と要請した。暮れの押し迫った二十九日には、三条実美に同様趣旨の陳情をしたうえで、武揚救命を含む三策を上奏した。上奏とは天皇への意見などを述べることをいう。この文面のうち武揚に関する部分を掲げる。


榎本釜次郎処置之事、彼固《もと》より薩長を憾《うら》み王師に抗し箱館に拠る。其罪大なり。然れども聖上《せいじょう》寛仁《こうじん》の徳に感じ終に軍門に降伏す。既に其降を受け、是を東京に護送し、又是を殺せば、即ち条理を失ひ、千歳青史《せんざいせいし》に愧《はじ》るあり。故に死一等を宥《ゆる》め、朝典をして欠失なからしむを適当とす。

この時期、新政府は、武揚が残したプロシア人ガルトネルとの租借契約をめぐり、紛糾していた（本書一〇七頁参照）。七重村の土地三百万坪を九十九年間租借する権利がこのまま続けば、国際問題化する恐れがあるとして交渉を重ね、六万二四〇〇ドルの大金を支払い、租借地を買い戻したのである。この土地は開拓使の所有となり、以後、北海道開拓の重要な拠点となっていく。現在も渡島森林管理署の「ガルトネルブナ林」の標識が立っていて、歴史の変遷を伝えている。

明治四（一八七一）年一月四日、年賀気分も醒めない中、開拓次官の黒田らを乗せた船は横浜港を出帆し、アメリカへ向かった。同行の留学生は山川健次郎（元会津藩士）など七人。アメリカを経てイギリス、ロシアをめぐるのである。黒田は北海道開拓を進めるうえで、欧米の意見を聞いてまとめねばならず、その視察中に出るであろう武揚の処分が気になり、複雑な思いだった。

母ことの死

欧米に向かった黒田は、まずアメリカで大統領に会い、開拓顧問を招聘したいと希望を述べた。大統領は農務局長ケプロンに諮ったが、結局ケプロン自身が日本へ行くことで話がまとまった。喜んだ黒田はその後、欧州を回るが、そのあたりの記録はさして重要な内容ではない。開拓の指導者を得て安堵した、とも取れる。

黒田が勇んで帰国して一カ月後の七月七日、開拓使顧問となるケプロンはじめ幹部のアンチセル、ワーフィールド、エルドリッチなどが、膨大な資材類とともにやってきた。アメリカの大臣級の来日だけに、国内は驚嘆した。

政府はケプロンを芝増上寺に住まわせ、三条太政大臣以下閣僚が参加して盛大なパーティーを開いた。明治天皇はケプロンを召見して、北海道開拓を懇嘱する勅語を授けた。何もかもが異例だったが、黒田の得意や思うべしである。

七月十四日、廃藩置県の詔勅が出され、その直後に大学校を文部省と改める官制改革が行われた。改めて太政大臣に三条実美、右大臣に岩倉具視が就任した。木戸孝允を除く全参議が辞任し、鹿児島に戻っていた西郷隆盛が参議に復帰して、西郷・木戸体制ができあがった。

日本の近代化のため新知識を学ぼうと、岩倉が欧米使節の特命全権大使に任ぜられ、副使に参議の木戸をはじめ、大久保利通大蔵卿、伊藤博文工部大輔、山口尚芳外務大輔の四人が就任した。十一月にはこの岩倉使節団が出発することになった。だが武揚の処置はまだ決まらない。黒田は焦った。

国内も新しい風が吹き出していた。この年の明治四年には新貨幣条例により、円、銭、厘の十進法になり、旧貨幣の一両は一円に変わり、大阪（大坂から改名）に造幣寮が設けられた。東京―横浜間に電信が開通になり、神戸にスキヤキ店が登場した。散髪・廃刀の自由が認められ、洋服屋が大繁盛し、華族・士族・平民間の婚姻が許された。

その一方、樺太ではロシア人による紛争が相次ぎ、政府は開拓長官東久世通禧を帰京させたうえ、黒田の建言を容れて樺太開拓使を廃止、北海道の開拓使と合併する措置をとった。

長官を退いた東久世が侍従長になったので、樺太専任次官の黒田が開拓使の次官となり、長官職を代行し、事実上開拓使のトップに立った。

武揚の母ことが亡くなったのはこうした最中の明治四年八月二十六日である。一カ月後に姉の観月院からの便りでそれを知った牢内の武揚は、男泣きに泣いた。九月二十四日付で認《したた》めた姉観月院、妻多津宛ての便りを、重複を避けながら掲げる。

母こと

姉鈴木観月院宛て

今朝御細書落手仕り、御母上様御病体並びに御逝去、其の後の事迄も逐一《ちくいち》仰せ下され、一字ごとになみだながれてやむ事あたわず、去乍《さりなが》ら何程悲しみ候とも詮なき事、殊に小生一旦御別れ申上げ候節より、もはや御目通りはとても相叶い申さず積り決心いたし居り候上の儀に御座候えば、此の度の大変にて自分病気抔《ばかり》引き起し、此の上尚更御まえ様の御厄かいを相掛け候抔《ばかり》の儀は心得もこれあり候事故《ことゆえ》かならず〳〵御心配下され間敷く候（中略）。

今日迄海山たとえん方なき御心配相掛け候条、無拠《よんどころなき》次第とは申乍《もうしなが》ら、不幸のつみ今更胸を断程《タチほど》にこれあり候。去乍ら御ま衛様には始終御孝行御遂げ遊ばされ、何一ツ御母様御不自由なく御老体を御送り成され候事、此上なきと存じ居り申し候。

妻多津宛て

御逝去の由を承り候より、不孝の罪を顧み、何共残念いわん方なく天地に対して只々歎息いたし居り候。然《しか》るにせめてもの事には御まへ事、手前にかわり手あつく御世話いたされ、御母様にも御悦び成され候事、御姉様の御手紙にてくわしく相わかり、さて〱かたじけなき次第言語につくしかね候。時之不幸《ふしあわせ》に御であい候とは申しながら御まえ事は壱日も安心の日これなく、さぞ〱こゝろぼそき事もこれあるべく実にさっし入り申し候。しかしながら其の中には赦免の沙汰もこれあるべく候間、只々御身をたいせつになされ候事此の上の願に候。（中略）

末乍ら林御母様には昨今御出府遊ばされ候由、御まえよりよろしく御申上げ下さるべく候。研海兄には御母様御ゆかん迄も御世話下され候由、何とも御礼の申上げ様もこれなく、御まえより厚く御礼申上げ下さるべく候。

姉にはおのれの罪深さを嘆き、母への孝養に感謝し、妻には、母への孝養と、義兄の研海が亡き母の湯灌をしたくれたことに謝意を述べている。文中、赦免について触れているが、この時期になると、釈放が間近らしいという噂が流れていたと推測できる。

福沢諭吉の策謀

岩倉使節団の出立を間近にして、使節団の副使となる大久保利通が、「皇国全力を以て海外に当り候、大規模を以て、断然御決定有之様」という内容の異例の建議を行った。

この文面の真の意味は、挙国一致体制を確立するため、牢内の武揚ら人材を挙用すべきであるというもので、黒田の粘り強い動きを黙って見ていることができなかったのであろう。もとより西郷の後押しがあったのはいうまでもない。

国内の世論も武揚の処置をめぐって揺れていた。断罪を主張する意見が高まる中で、アメリカの南北戦争における寛大で迅速な措置を例にとり、処分を遅延させるのは日本の後進性を露呈するものとの批判の声さえ出ていた。事実、いまここで武揚の首をはねたら、欧米を訪問する岩倉使節団は、外国の物笑いになるだろうとまでいわれた。

さすがに強硬だった長州、土佐出身の参議らも矛を収める形になった。黒田の執念が稔ったのである。武揚らが朝議により罪一等を減じられ、赦免と決まったのは、使節団が出帆する寸前の明治四年十月半ば、と判断できる。だがその決定は、牢内の武揚らへはすぐには伝えられなかった。

ところで武揚を救済するために動いた諭吉が、後に意味深長な言葉を吐いている。

福沢諭吉
(1835-1901)

「事前に榎本の命の助かるように、いわば伏線の計略を運《めぐ》らした積もりである」

黒田の奔走や大久保の建議などの陰で、諭吉が密かに策略を仕掛けていたのをうかがわせる言葉だが、そう考えると、母の偽便りもさることながら、黒田の坊主頭をたたく写真も、どこか芝居じみて見えてくる。

そういえば諭吉は、黒田から「海律全書」の翻訳を頼まれた時、「この本を訳することができるのは、榎本以外にない」と答えているが、これも諭吉の策略に思えてくる。

実はこの「海律全書」、黒田は、武揚を牢獄から救出した後も、武揚に翻訳を頼むことなく、そのまま長く海軍省の書庫に置かれたままだった。時移り明治十(一八七七)年、武揚が海軍卿に就任した時、たまたま同書庫に眠っていた「海律全書」と再会、懐かしさの余り、請うて自分の手元に置いた。武揚没後、改めて宮内省に収められた。

黒田の「海律全書」の扱いなどを考え合わせると、黒田自身、諭吉の策謀をとうに承知していて、それに乗って助命に動いたともいえる、などとあらぬことまで考えてしまう。

話を戻して明治四年晩秋、牢内の武揚は、永井玄蕃や荒井郁之助、沢太郎左衛門、大鳥圭介らと隣り合わせになった。武揚らは顔を合わせると夜中まで話し込んだ。そのうち武揚が中心になって、後世に残す全国各地の金銀鉱山の開発を進める書物の執筆に取りかかった。日本が世界と対抗していくうえで、金銀がどれほど重要かを熟知している武揚は、何としてもこれを書き残して置きたかったのである。

そして妻多津に次のような便りを送った。

右著述一件はたとへ公然に差許《さしゆるし》これなくとも、是非とも内々にてもいたし候積りに付、研海君に相願ひ書籍類拝借致し候。

たとえ出版の許可がおりなくても、妻の兄である林研海にもお願いして、内々でも出版したいという思いがのぞく。これは後の便りで、

著述一件も願ひの如く相成る様評議一決いたし候由、或る役人内々申通じ呉れ申し候。併乍《しかしなが》ら未だ表向《おもてむき》申渡しはこれなく候へとも、いづれ近日の内と存じ奉り候。此の儀相叶ひ候上は、著述の書も上聞に相達し申すべく候間、出牢の大助けに相成り申すべくは勿論の儀と存じ候。

とあり、いずれ許可がおりることをうかがわせる。

このころと思うが、松岡磐吉が牢内で病死した。蟠龍丸艦長のむなしすぎる最期だった。武揚の海軍伝習所の同期であり、以後人生をともにしただけに、愕然となったのはいうまでもなかろう。

暮れになって意外な情報が飛び込んできた。欧米訪問中の岩倉使節団の木戸孝允らが、武揚らの処置の参考にするため、西洋ではこのような場合、どんな裁きをしているか、内々聞き質している、というものだった。

武揚は十一月二十一日、姉観月院、妻多津への便りで、こう記した。

昨今或る役人の話に、木戸参議等西洋に参り候序《ついで》に西洋と我輩の如き罪科をさばき候所置を問

合せ、其上《そのうえ》にて御所置振り相定《あいさだ》め申す由、内々申聞き候。右はあまり奇《キタイ》なる右様の場合に立ち至り候も斗《はか》り難く候。

開拓次官の黒田が、いまなお助命に動いているのを牢内の武揚らが知ったのは、黒田が帰国してかなり後と推測できる。十二月一日の姉観月院宛ての便りにそれが見える。

黒田氏彼此《かれこれ》周旋いたし呉れ候由、相替らず忝《かたじけな》き人物と一同感じ居り候。

武揚はこの便りの署名に「梁川《りょうせん》」を使っている。武揚は箱館戦争を戦った時、折りに触れてこの雅号を使っているが、牢内ではこれが唯一のものである。武揚の心境に微妙な変化があったのであろうか。

出牢、開拓使へ

明治五（一八七二）年一月一日早朝、辰ノ口牢獄の武揚のもとに、姉の観月院から大晦日の新聞が届けられた。そこに出獄を知らせるニュースが掲載されていた。牢内は沸き上がり、武揚はじめ松平太郎、永井玄蕃、荒井郁之助、沢太郎左衛門、大鳥圭介らは差し入れの麦酒（ビール）で祝杯を上げた。

武揚は急ぎ、姉と妻多津に便りを送った。妻宛てのものを掲げる。

大晦日の新聞、元旦に拝見、一同大悦びいたし申し候。且つ麦酒《ビール》沢山に御贈り下され、昨日も今日もたっぷり相用ひ、うきくと春を迎へ申し候。御まえにも相替らず御丈夫の由、手前も寒さの障《さわ》りもこれなく罷《まか》り在り御同様同慶の至りに存じ候。いづれ此度こそは多分近々に一壱ツ所に朝夕をくらし候様相成り申すべく御待受け下さるべく候。末乍《すえなから》林御両親様並びに研海兄江も御まえよりよろしく御申上げ下さるべく候。以上

正月初二

釜次郎

御たつとのへ

日付の「正月初二」は正月二日を表す。元旦早々飛び込んだ赦免を報ずる新聞に、ビールを飲みながら喜ぶさまが目に見えるようだ。武揚は姉宛ての便りで、「永井老人は極々酒ずきに付尚更大よろこびにて頂戴仕り候」と書いている。

一月六日、特命がくだり、松平、永井、荒井、沢、大鳥らは二年半に及ぶ牢獄暮らしから赦免された。士籍を削り平民にしただけの処置だった。武揚は出牢してそのまま親戚宅にお預けとなり、謹慎した。

松平、荒井、大鳥らが相次いで開拓使に五等出仕として入った。もとより黒田の引きによるものである。このうち荒井は東京・芝に設置される開拓使仮学校掛（校長）に就任することになった。札幌学校と改称して札幌に移るのは明治八（一八七五）年、これが札幌農学校、北海道大学の前身である。

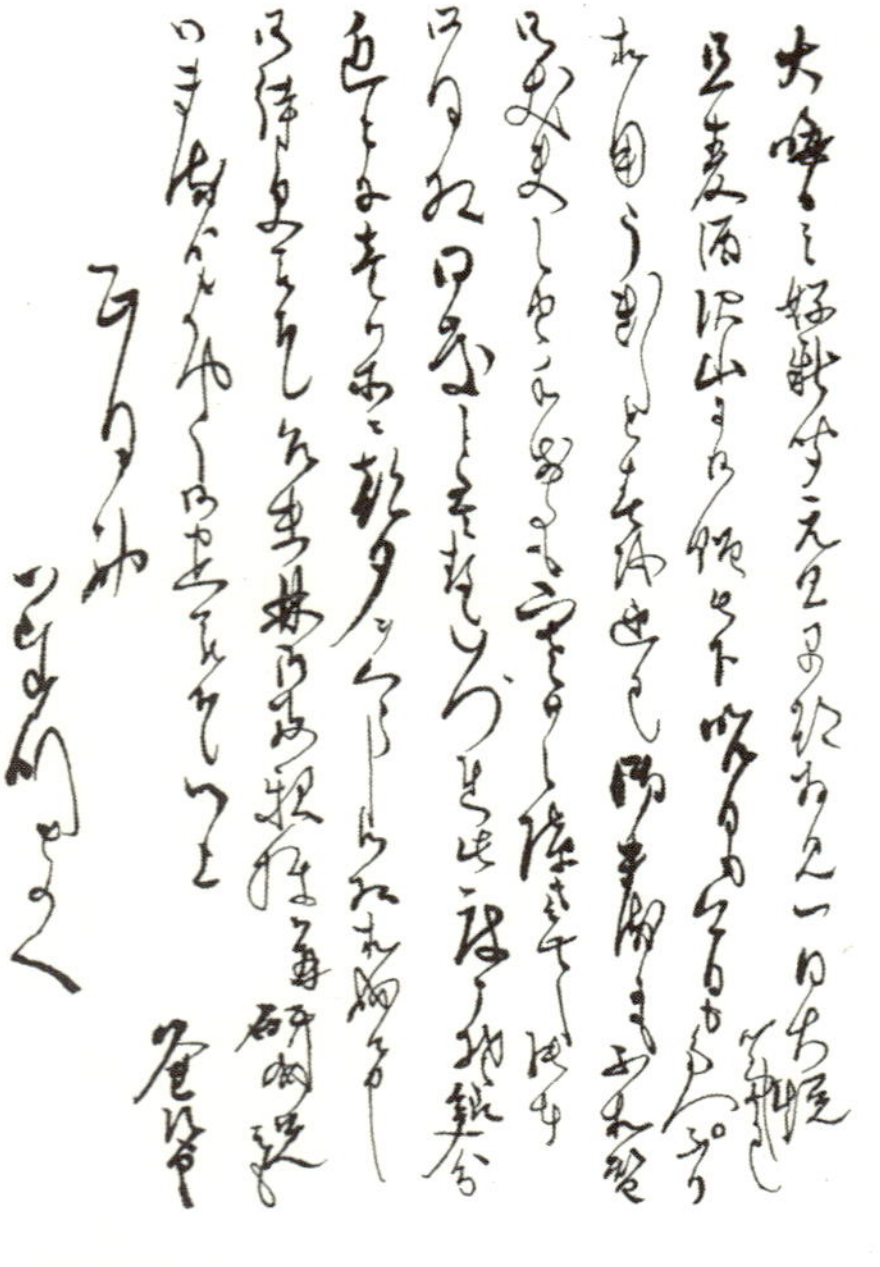

武揚の妻多津宛て明治５年１月２日の便り
（榎本家蔵）

このころ親戚宅で謹慎中の武揚は、どんな思いを抱いていたのであろうか。それを知る手がかりとして、牢内で書いた文書の一つに、

君恩に未だ報いず

の文字が見える。この「君恩」の文字の横に、ルビをふるように「国益あるいは国為」と書いてある。これは何を意味するのか。

武揚は朝廷や政府軍総督に対する嘆願文などで一貫して主張してきたのは、主家のため武士として恥じるような行動は取っていないこと、朝敵にはされたが、主家を守るために武士道をひたすら貫いた、というものである。だがこの戦いで多くの命を亡くした責任は重い。松平らが新政府の誘いに応じて開拓使に登用されたが、自分だけは、応じるわけにはいかないと考えていた。

だが、事態は逆方向に動いていく。黒田は親戚預かりの武揚に、開拓使入りを勧めた。武揚はかたくなにこれを拒んだ。「二君にまみえる」のを潔しとしなかったのである。その反面で、命を救ってくれた恩人の黒田に対して、これでいいのか、という煩悶が続いたのは想像に難くない。

その末に出した結論こそ、「君恩」の文字のそばに書いた「国益あるいは国為」であった、と思えてならない。

わが国がこれから欧米列強と伍していくには、新しい産業を興し、国を豊かにしなければならない。いつ斬首されるかわからない牢内で、自分が培った化学技術を伝えようとして書いた書物も、便りも、家族から同胞、国民へと連なっていくと信じたうえのことだったのではなかったか。

主家の徳川幕府も国家であれば、明治政府も国家である。一つの国家が解体され、新しい国家が生まれ、そこに自分の知識や技術が役立つならば、「国益」「国為」のために、喜んで馳せ参じねばなるまい。それが助命に奔走してくれた黒田への恩返しにもなる、そう考えたのではないか。

この徳川幕府も国家、明治政府も国家という意識は、当時の日本人には容易に理解できるものではなかったろう。事実、武揚の救命に務めた福沢諭吉は、後に『瘠我慢之説』で武揚を追及することになる。これは後述するが、ここに武揚の時代を超えた思想性を見ることができる。

武揚が放免になったのは三月六日。いまかいまかと待っていた黒田は、すかさず武揚を呼び出し、八日付で開拓使四等出仕、東京出張所在勤とし、北海道の鉱山検査を命じた。四等出仕とは長官、次官、判官に次ぐ高級官僚である。武揚はその好意に感謝の言葉を述べ、それまで拒絶していた態度を改め、北海道行きを約束した。東京出張所在勤だから正しくいうと北海道に出張して調査に携わるというものである。

以後、武揚は黒田の影となり、支えとなり、ある時は黒田に代わって政治の表舞台に立つのである。
北海道立文書館に保存されている明治五（一八七二）年六月五日改めの「開拓使官員名簿」の冒頭のみを掲げる。

開拓使

開拓次官	従四位	黒田清隆
開拓判官	従五位	岩村通俊
	従五位	松本直温
	従五位	杉浦　誠
開拓使四等出仕		榎本武揚
開拓権判官	正六位	長谷部辰連
	正六位	堀　基
	正六位	大山　重
	正六位	北垣国道
	正六位	榎本道章
	正六位	西村貞陽
	正六位	田中綱紀

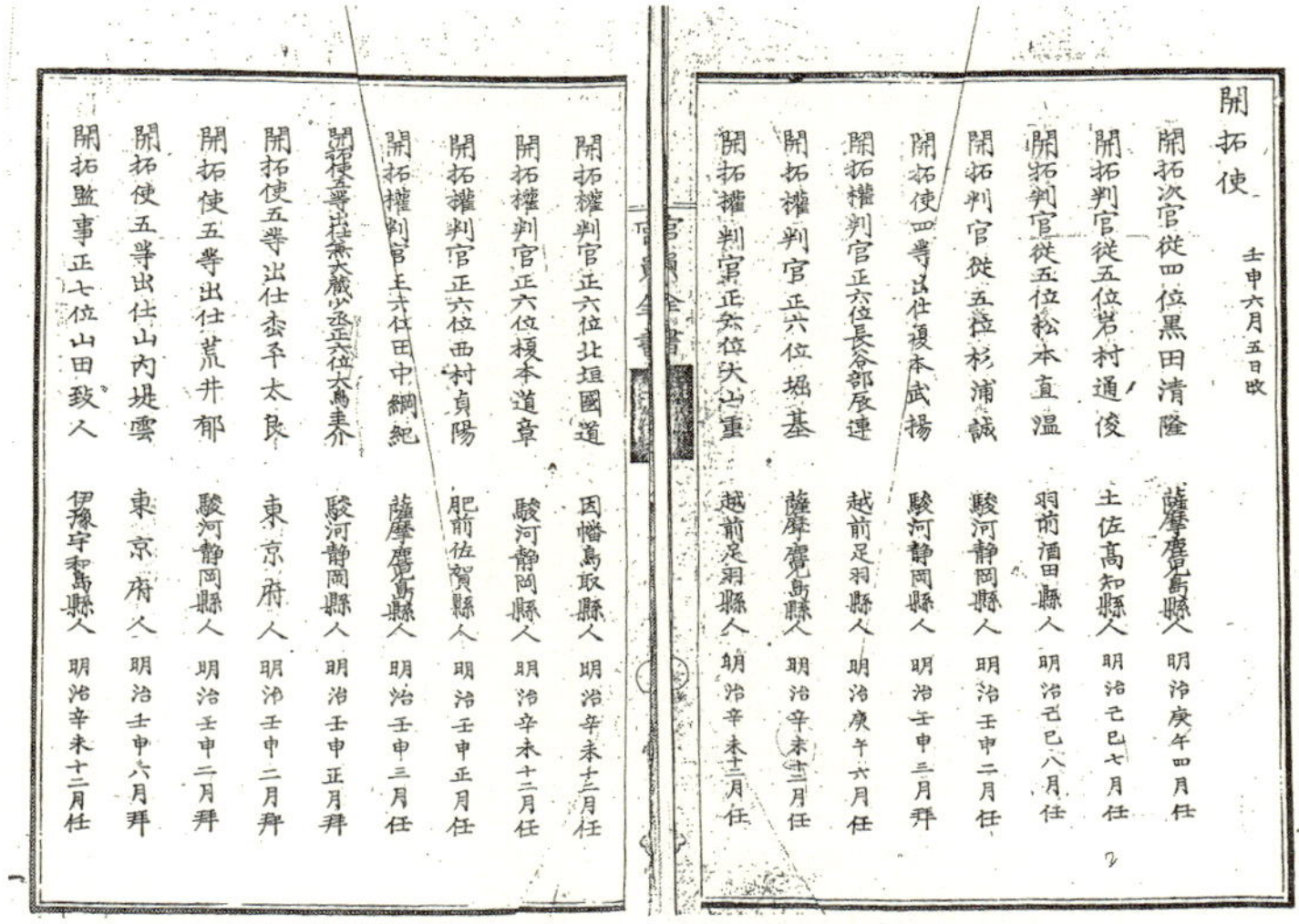
開拓使　壬申六月五日改
開拓次官従四位黒田清隆　薩摩鹿児島縣人　明治庚午四月任
開拓判官従五位岩村通俊　土佐高知縣人　明治己巳七月任
開拓判官従五位松本直温　羽前酒田縣人　明治己巳八月任
開拓判官従五位杉浦誠　駿河静岡縣人　明治壬申二月任
開拓使四等出仕榎本武揚　駿河静岡縣人　明治壬申三月拝
開拓権判官正六位長谷部辰連　越前足羽縣人　明治庚午六月任
開拓権判官正六位堀基　薩摩鹿児島縣人　明治辛未十二月任
開拓権判官正六位大山重　越前足羽縣人　明治辛未十二月任
開拓権判官正六位北垣國道　因幡鳥取縣人　明治辛未十二月任
開拓権判官正六位榎本道章　駿河静岡縣人　明治辛未十二月任
開拓権判官正六位西村貞陽　肥前佐賀縣人　明治壬申正月任
開拓権判官正六位田中綱紀　薩摩鹿児島縣人　明治壬申三月任
開拓使五等出仕兼大蔵少丞正六位大鳥圭介　駿河静岡縣人　明治壬申正月拝
開拓使五等出仕松平太郎　東京府人　明治壬申二月拝
開拓使五等出仕荒井郁　駿河静岡縣人　明治壬申二月拝
開拓使五等出仕山内堤雲　東京府人　明治壬申六月拝
開拓監事正七位山田致人　伊豫宇和島縣人　明治辛未十二月任

明治５年６月改め開拓使役人名簿（北海道大学附属図書館蔵）

以下、五等出仕、監事、六等出仕、権監事、七等出仕、大主典、八等出仕、権大主典、九等出仕、中主典、十等出仕、権中主典、十一等出仕、少主典、十二等出仕、権少主典、十三等出仕、史生、十四等出仕、使掌、十四等出仕と続く。

ここで目を引くのが、次官、判官、権判官など職位の次に記されている「従四位」や「正五位」などの文字である。朝廷より賜った位階だが、こうして高級官僚の部分だけをみると、武揚だけが位階がなく、いかにも不自然に見える。これ以下でも五等出仕の松平太郎、荒井郁之助ら旧幕幹部は位階がない。だが大鳥圭介は大蔵小丞を兼ね、大蔵少輔に随行し渡米しており、この時点で正六位の位階を授かっている。ここに、旧幕臣でも有能な人材は使おうとする黒田の心情を読み取ることができる。

三度目の北海道

武揚が開拓使七等出仕の北垣国道、八等出仕の石橋俊勝、中少主典の加藤義乗ら役人、通訳、それに従僕の大岡金太郎らを含め総勢十五人とともに横浜を出航、函館に向かったのは明治五年五月二十七日。黒田が直々に見送った。黒田がどれほど武揚に期待をかけていたかわかろうというものだ。

同行の北垣は旧鳥取藩士。文久三（一八六三）年秋、公卿沢宣嘉を擁して生野に挙兵。戊辰戦争では官軍として戦った。明治新政府に出仕して弾正大巡察に進み、北海道・樺太を巡察後、鳥取県少参事から開拓使に転じた。年齢は武揚と同じ。立場こそ違え、北海道、樺太をその目で見ているだけに、北辺への認識は共通しており、何かと相談し合う仲になった。

一行の中に十二等出仕の大塚霍之丞改め賀久治がいた。箱館戦争の終焉間近、武揚が切腹しようとした時、その刀を素手で止めた若い近習である。大塚は武揚の開拓使入りを知って同行を希望し、黒田の配慮でそれがかなったのだった。武揚が感激したのもいうまでもない。

武揚ら一行を乗せた船は丸三日かかって三十日に函館に着いた。思えば箱館奉行堀利凞の小姓として蝦夷地から樺太へ赴いたのが安政元（一八五四）年、十九歳の時。旧幕府脱走艦隊を率いて噴火湾に達し、五稜郭に入ったのが明治元（一八六八）年、三十三歳の時。そして今度が三度目の北海道である。降伏して五稜郭を出て東京へ送られたのが明治二年だから、まだ三年しか経っていない。だが武揚には遠い日の出来事のように思えたに違いない。

函館の埠頭で出迎えを受けた武揚は翌日から早速、北垣国道や大塚賀久治らとともに函館周辺の鉱山調査を開始した。武揚は化学者とはいえ、それは書物の上か、室内の実験をもとにしたものに過ぎない。だがこの地帯だけは熟知していたので、心が弾む思いだった。調査は八日間にわたり続けられた。

この調査時に記した武揚の日記は、後に「明治五年北海道巡廻日誌」と名づけられるが、北海道の新道工事に触れた初日の六月一日の部分を掲載する。新道とは函館―森、そして森から海路を経て室蘭へ、さらに室蘭―札幌間を結ぶ陸路分四十五里弱（一七九キロメートル）を指している。

> 六月朔日
> 朝少雨終日藤陰、早朝馬を騎て北垣君山徳君と共に新道見物す。新道七里浜より始まり横幅五間許両側に溝あり、雨水のはけ口とす。大抵一直路にして格別大なる高低なく處々に三四尺位の水道を横に付て上に枝を駕す。此道未た日本国に於て見ざる程に良途なり。峠下村にて昼休す。夫《それ》より峠下故道に寄らずして新道開き處に起て見物す。峠下村より行くこと半里「ムサワ」に達す。此處に今盛《さかん》に新道を山腹に停て開く薩民八百人にて働く、指揮する者亦薩士に掛る、感心すべき働なり。

新道は一定規格の幅員、勾配、路面構造をもつ本格的な馬車道で、明治五年から六年にかけて突貫工事で行われた。武揚らが見た時期は工事が始まって二カ月後である。

記録によると作業員や職人を伊豆、南部、鹿児島などから集めて、東京で技量試験をして採用した。労働は午前八時から午後四時までの八時間と定め、臨時賞与や負傷者手当てまで決めた。工事は人海戦術による大がかりなもので、作業員は五十人が一隊となり、「御用」の旗をひらめかせ、開拓使の「開」のマークをつけたハッピを着て仕事をした。要所には詰所、休泊所、作業員小屋、病院が置かれていた。函館―森間が開通したのはこの七月だから、着工してわずか三カ月という早さである。室蘭―札幌間も翌年夏に開通した。わが国では前例のない素早い道路建設工事であり、後に札幌本道と呼ばれる。

筆者の手元に「北海道新道一覧雙六」が現存する。函館を「振り出し」に亀田村、桔梗野、大川村、七重村、富山郷、そして峠下村と続く。この先が鷲の木村蓴菜沼《じゅんさいぬま》で、宿野辺《しゅくのべ》、赤井川、馬立場、清水川、追分を経て森村へ至る。「上り」は札幌で、開拓使庁舎が描かれている。函館から森にかけては箱館戦争の戦場跡である。武揚は大がかりな道路建設工事をどんな思いで見詰めていたのであろうか。

二日は泉沢(木古内町)の油微(石油が地表に滲み出ている場所)を訪れ、調査し、翌日以降は茂辺地(北斗市)の耐火レンガ用の粘土を調べ、亀田川辺の粘土を採取し、壺を試し焼きした後、三森山の鉛鉱を探索。湯の川(函館市)から亀田半島東端の恵山(函館市)、さらに駒ケ岳、濁川(森町)などを調べた。

この時のことであろう。武揚の指示で、森村の埠頭の杭に防腐用の黒い原油が塗られた。武揚がこの原油を見い出したのは箱館戦争時で、噴火湾沿いに湧出しているのを見て、いずれ重用できると考えていたという。いかにも化学者武揚らしい逸話だが、これがわが国における木材防腐工法の始まりである。

ところで武揚が函館に着く半月前に、開拓顧問のケプロンが第一回北海道巡検のため横浜を出航し、函館に着くとすぐ道内の巡回を始めている。記録によると帰京したのは十月十六日とあるから、約五カ月間、北海道内に滞在したことになる。

武揚の鉱山調査は、もとはケプロンの片腕であるアンチセルが担当していたのだが、ケプロンと対立して解雇され、結局、アンチセルは開拓使仮学校教頭に就任した。その後を武揚が継ぐ形になったのである。

だから武揚もケプロンも、現地で会う必然性はあったはずだが、そうした形跡はない。この両者が後に北海道開発をめぐり、激しく衝突し、黒田を悩ませることになる。

第五章　開拓使で鉱山調査――一八七二―一八七四年

武揚の見た茅ノ澗

開拓使の高官として北海道函館周辺の鉱山調査を続けてきた武揚は、明治五（一八七二）年八月、北垣国道らとともに岩内郡茅ノ澗《かやのま》村に赴き、茅ノ澗の石炭山の調査に取りかかった。テント張りの住み込み作業は一カ月にも及んだ。旧暦なので北海道はすでに秋の気配が深まっていた。

その「茅ノ澗石炭山取調書」を見てみよう。提出したのは後段に書かれている文面から、翌明治六（一八七三）年五月ごろと推測できる。

文面は、石炭山の所在、概略に始まり、石炭の品位試験、本坑、水抜き坑、大沢石炭脈の地位及び其の惣（総）高、運搬、開採の方法、掘り出し高並びに出納比較表、総論、の七項目に大別されているが、その記述は詳細をきわめる。

以下に総論を示すが、技術者としての視点の確かさを知ることができる。

北海道石炭を産するの地頗《すこぶ》る多しと称す。而《しこう》して其尤《そのもっと》も著名なる者は、曰《いわ》く久遠《くどう》、曰く岩内、曰く増毛、曰く厚岸、曰く釧路、曰く浦川（河）等にして、而して其開採に従事するものは僅に岩内、釧路の二山に過ぎず。（中略）夫《そ》れ石炭は砿物中の魁《さきがけ》にして、百般の工業製作より民生日用の需に至る迄、概《おおむ》ね皆之に頼らざるを得ず。推して之を言へば、人知開化の度、民生貧富の機も之に関するもの大なるを以て、国の石炭を産する多きは実に其民の幸福と謂《い》ふべし。然《しかり》と雖《いえ》ど

武揚が足を踏み入れた明治６年の札幌市街地（北海道大学附属図書館蔵）

明治６年の函館の町（北海道大学附属図書館蔵）

も其の之を大に開採して、以て民生の資に供せんと欲するに方ては、次の三事に着目せざるを得ず。一に曰く運輸、二に曰く品位、三に曰く分量、而して運輸を以て最とす。蓋《けだ》し運輸便ならざれば、品位良と雖とも分量多しと雖とも、啻《ただ》に大益を興す能《あた》はざるのみならず、甚だしきに至ては所得不足償所失ものあり。

茅ノ澗石炭山の如きは海岸を距《へだて》る直路三十丁に過ぎず。故に之を山元より海岸に輸出するは便に非ずと謂《い》ふべからず。然れとも其岸絶て、秋夏二季間好風日をト《ぼく》するに在らざるよりは、大船を寄せ艜船を以て積取る能はず。（中略）其港口暗礁散布し、加るに港内極て狭きを以て絶て良港に非ず。是れ一大不便と謂《い》ふ可《べ》し。其品位を論ずるときは、現今採出する所の物は所謂《いわゆる》汽炭の頗《すこぶ》る可なるものなりと雖とも、概して之を言ふときは高島唐津に及ばず、然れとも亦之を磐城の石炭に比すれば遙《はるか》に其上に駕せり。其分量に至ては、極て多きこと前文記する所の如し。彼を以て此を計り其短長を取捨するときは、此地の石炭を開採するに数十万の金を出し、以て一大造築を興さんとするは策の得たるものに非ず。

文章を要約すると、北海道には石炭山が数多いが、開採しているのは岩内の茅ノ澗と釧路だけ。石炭は砿物の中の王様であり、人々の暮らしを豊かにするものだ。しかし茅ノ澗の石炭山は海岸に近いが、港内は暗礁が多く、しかも狭いので良港とはいえない。石炭の質は九州の高島、唐津には及ばないが、福島県の磐城よりはいい。分量も多い。だが開採の施設に膨大な費用をかけるのは間違いであ

完成したばかりの開拓使札幌本庁（北海道大学附属図書館蔵）

る、というものである。

武揚は最初に調べ上げた茅ノ澗を、なぜこのように否定的に書いたのか。実はこの後、札幌の開拓使に赴き、早川長十郎という者が石狩国イクシベツの石炭山で発見した石炭を見て、これぞ、と確信を抱いたことによる。

この石炭を持ち込んだ早川から聞いてまとめた「石狩河枝流トネベツ河岸石炭山紀聞」が、茅ノ澗石炭山の取調書の後段に書かれている。つまり武揚は、二つの石炭山を取調書にまとめて開拓使に提出したのである。

「上等ノ汽炭ト称スベシ」

武揚の文面によると、早川は明治五年六月、石狩川上流の支流に石炭が露出していると聞き、作業員三、四人を連れて札幌を発ち、途中一泊。対雁《ついしかり》（江別市）から丸木舟に乗り、約三里（一二キロメートル）

逆上った枝流のホロムイ（幌向）川に入った。一里半（六キロメートル）先のイクシベツ（幾春別）川から七、八里ばかり（三〇キロメートル前後）のぼるとトネベツという小さな川があり、一行はここで一泊。翌朝、沢伝いに十五、六丁（千五、六百メートル）進むと、渓谷の底及び左右の山腹に石炭脈が数条にわたり延びているのを発見した、と書かれている。

武揚がすかさず石炭の品位試験を行い、それを明らかにしたうえ、次のように論じた。

石狩（即チ「トネベツ」）石炭品位試験表

一　比重　一二四三

一　水分　百分ノ四

一　可燃揮発物　百分ノ四十

一　固形炭素　百分ノ五十一八

一　灰　百分ノ四二

一　コークス　百分ノ五十六

一　硫黄　一千分ノ四一

雑質

一　「ラミネーション」一二三分乃至四五分、質堅硬にして容易に砕けざること岩内石炭に愈り、而して大に唐津上等石炭に類せり。

一　色は純黒にして光沢あり。磨て粉と為すときは少しく赤色を帯ぶ。
一　然るとき相粘着することなく、焔長く且つ明に焼後の灰は茶褐色を為す。此色は其灰中に含める酸化鉄の所為なり。
一　此石炭灰分極て少なきを以て上等の汽炭と称すべし。而して又硫黄を含こと少を以て、製鉄其他金属熔解の為に直ちに用ひ得べし。

武揚は文中、「此石炭灰分極て少なきを以て上等の汽炭と称すべし」と述べたうえで、この後に、高島産と磐城産の石炭の品位を示した。この品位比較によりトネベツ、つまりイクシベツの石炭は、九州の高島炭と比較しても劣らない品質であることが明らかになった。以下、この石炭山はイクシベツ石炭山と統一して記す。

余談になるが、開拓使へ「石炭を発見した」と持ち込んだ早川の話は、いささか眉唾ものだった。実際にイクシベツ石炭山を見つけたのは対雁の立花亥之丞と篠路の知人二人で、その話を聞いた早川が立花に「ぜひ連れていって欲しい」と頼み込み、石炭山まで案内してもらい、露出している炭塊を持ち帰り、開拓使へ持ち込んだのである。そのころ石炭は〝燃える石〟と呼ばれていたが、開拓使の役人はどれほどのものか判断できず、倉庫の中に放り込んでおいたのだった。

武揚、ケプロンと対立

武揚がイクシベツ石炭山に着目しだしたころ、黒田は開拓使の本支庁主任らを札幌に招集し、三日間にわたり会議を開催した。「札幌会議」と呼ばれる。この会議で、次官の黒田と札幌主任の岩村通俊が開拓使の経営方針をめぐって衝突した。

同じころ、開拓使顧問ケプロンは、解雇したアンチセルに代り、ライマン、モンローの二人に鉱山調査を命じた。ケプロンは、ライマンらに全北海道を調査させ、必要に応じてアメリカの資金を投入し、開発を急ぐ考えだった。

これに反対したのが武揚である。武揚は国費による官業を主張し、外資導入に歯止めをかけようとした。

外国の動きを熟知する武揚は、幕末から維新にかけて、欧米列強がアジア各地を虎視眈々狙っていたのを知っていた。たとえば幕府の軍事顧問団の教師の一人で、維新後も日本に残ったフランス人法学者のG・ブスケは「産業資本の少ない日本は、ヨーロッパの財布に助けを求めるべきである。ヨーロッパはインド、オーストラリア、ブラジル、その他の地で行ったように、どこか新天地にその活動を広げることをこよなく望んでいる」と植民地政策論を述べている。大蔵省に雇われたイギリス人A・A・シャンドも「資本蓄積の乏しい後進国が工業化を目指すには、外資依存は当たり前で、外国債が必要」としている。

驚くべきは幕末に会津藩がプロシア（ドイツ）の公使に、蝦夷地（北海道）を抵当に軍艦の購入を求める交渉をしている。武揚は、外国資金にすがるのを極力避けねば、日本の将来はないと確信していたのである。

ケプロンは、日本有数の知識人である武揚に介入されては、自分の開拓方針が歪むとして、ライマンらに調査を急ぐよう命じた。帰京してそれを知らされた武揚は、その動きに憤然となった。

明治五年の暮れは慌ただしい。十二月三日をもって太陽暦が採用になり、明治六（一八七三）年元旦になった。

武揚の妻多津が男の赤子を生んだ。榎本家が沸き立ったのはいうまでもない。武揚はその子に金八と名づけた。釜次郎の「釜」の字を分解して「金」「八」としたのである。武揚の茶目っ気は変わらない。

一月十七日、黒田は「札幌会議」で衝突した岩村を罷免し、後任の大判官に根室の松本十郎を任命し、四等出仕の武揚を中判官に昇進させた。

自らの足場を固めた黒田は、すかさず太政官に対して、ロシア人の横暴が収まらない樺太を放棄すべきである、と建言した。この建言は秋にも重ねて行われることになる。

一方、開拓使の開拓計画を練る黒田、ケプロン、武揚の三者会談が、正月から三月まで五回にわたり東京の開拓使庁舎で開かれた。ライマンが同席し、山内堤雲が通訳した。武揚はイクシベツ石炭山の開発計画を早くまとめるため、更迭されたアンチセルの再登用を黒田に諮った。黒田は承諾し、ケプロンに同意を求めた。だがケプロンは、

久保守画「開拓計画を練る」。左側の指をさすのが黒田、
中央がケプロン、右端で腕を組むのが武揚（『現代視点　榎本武揚』旺文社より）

「机上学問の徒であるアンチセルを、官費をもって実地訓練させる気か」

と激しく皮肉り、反対した。

ケプロンは、自分の日本派遣をアメリカ政府が重要視しているのを十分承知しているだけに、鼻息は荒かった。

石炭山の開発に一日も早く着手したい武揚は、ライマンの的確な調査ぶりを讃えたうえで、アンチセルと二人が協力すれば、もっと早く実現する、と主張した。だがケプロンは応じず、かえって武揚に対して、この調査に介入すべきでない、と拒絶した。

これによりケプロンと武揚の対立は決定的となった。黒田が「日本の至宝」と呼んでやまないケプロンと、開拓使の中判官に据えていよいよ活躍が期待される武揚の二人が、真っ向からぶつかってはどうにもならない。黒田は頭を抱えた。

北海道庁赤れんが庁舎に、昭和四十三（一九六八）年、開道百年を記念して描かれた「開拓記録画」の中に、百五十号の油絵「開拓計画を練る」（久保守画）が掲げられている。机の上に北海道地図が広げられ、左側に黒田が右手指で指しながら説明、その右側にケプロン、ライマンが座り、右端に武揚が腕を組んで悠然とした態度を取っている。後方左側に立つのは通訳の山内であろう。

この一枚の絵から、首脳陣の緊迫したやり取りがうかがわれて興味深い。

イクシベツ石炭山

北海道に再び渡った武揚は七月初め、爾志《にし》郡熊石の石炭山を調べた後、八月二十七日から九月中旬にかけて、イクシベツ石炭山に入った。このあたり幾春別川と幌内川にはさまれた山稜地帯をイクシベツと呼んでいた。現在の三笠市幌内を指す。ちなみに幾春別《いくしゅんべつ》の地名も現存するが、これはイクシベツの地域が広大だったことによる。

すでにライマンが調査に入った後で、後塵を拝した形の武揚だったが、それを知りつつ調査した。武揚の「明治六年北海道巡廻日記抄」の中から、重複する記述もあるが「石狩国イクシベツ石炭調書」を掲げる。

文中、二人の開拓使役人のうちの甘利は、武揚がオランダから帰国後に、オランダ語で書いた書を贈った相手の「AMARI」と思われる。同名の人物が武揚の周辺で登場する場面がほかにないので、そう解釈した。文中、ホロム井《い》の表現がまちまちだが、そのままにした。

一、八月二十二日札幌着野宿、二十日前後の用意を為し、同二十七日大塚、甘利二役の外傭人十五人、丸木船五艘を以て「イクシベツ」石炭山に発向し、対雁より石狩河を溯《さかのぼ》ること二里半許《ばかり》にして右岸の一枝流「ホルム井《い》」と名〔づ〕くる一小河畔に登陸す、此処より東東南陸路一里半強にして正に石炭山に達せり。蓋《けだ》し札幌より「ポロム井」迄ハ道程約十五里に過ずと雖《いえ》とも「イクシベツ」河流水極めて多きを以て札幌より三日半にして漸《ようや》く「ポロナイ」に着せり。「イクシベツ」河は河底甚だ浅く加之《これにくわえる》に流木盤錯《ばんしゃく》して舟行に便ならざる一証は、「ライマン」氏の来りし時は同行程を七日にして漸く達するを得たりし由。

一、石炭山着後逗留九日にして、近傍《きんぼう》諸山数十条の石炭脈を検査し了る。石狩河口より石炭山迄舟行十九里、直線十一里前後に過ぎず。

一、抑も此地の石炭山は其分量を論ずるときは、岩内石炭山に倍し、下文其の略を記す其品位を評するときは良好の「ビテコミナウスコール」にして、唐津石炭よりも愈れること下表の如し。実に一大宝山と称すべし。只惜むべきは運輸の路甚だ迂遠なるに在り。

一、此地石炭脈数十条現出すと雖とも、其良脈と称すべきものを撰ぶものは凡《およ》そ九条にして其厚さ平均五尺に及び而《しこうして》共に一点の土石を交えさるものなり。

一、脈路は太古地震の力に由《よっ》て間或は反対するものありと雖も、概して之を言ふときは東北より西南に亘《わた》り、而《しこう》して其層の勾配は平均二十度に過さるもの稀なり。故に之を開採する便利な

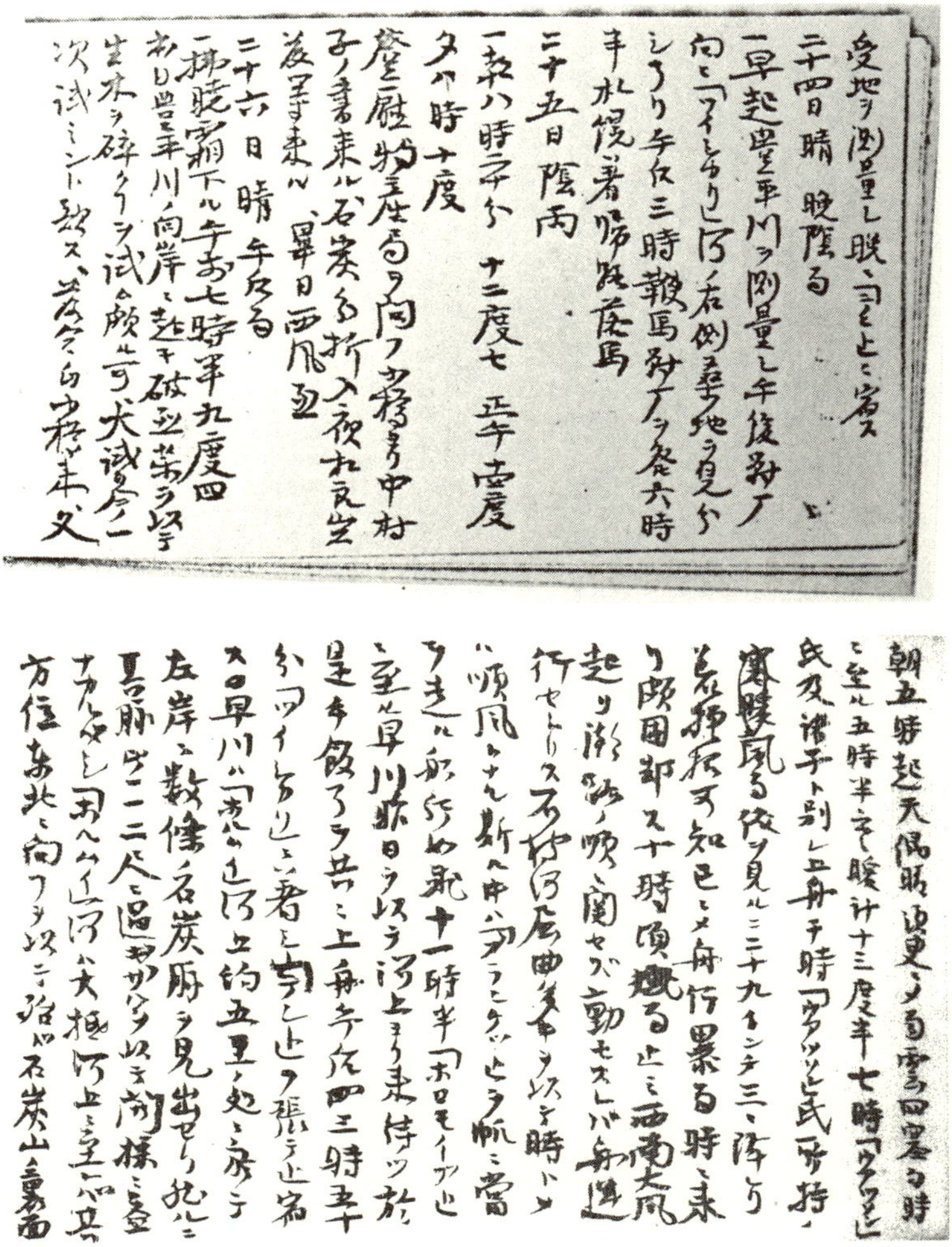

武揚が記した「明治６年北海道巡回日記」の一部（原田一典氏蔵）

ること岩内石炭山に愈れりとす。

一、此地石炭脈路の長さを其発見せる所に就て概算するときは、東北より西南道路四里に及ふ可し。何となれば予「イクシベツ」左岸の沢奥「ノッパウマナイ」に於て数個の石炭脈を見、又、「ホルム井」河上六里半余の処に於て石炭脈を見出したればなり。此二ヶ所は東北より西南道路四里に及べり。

ここから武揚は、先行調査したライマンに触れ、「地質学に老熟する一班を見る可し」と讃え、こんどはライマンが「千歳新道の方より鉄道を開きて石炭山に繋ぎ、以て之を室蘭港に運輸せん」とするのを、「此説頗《すこぶ》る漠然に属するに似たり」と批判し、「石炭山よりホロム井河口迄鉄道を開き、以て其石炭を河口迄出し、夫より直チニ艜舟を以て石狩河」沿いに運び出すべき、とした。石炭を運び出す港をライマンの室蘭説にするか、武揚の小樽説にするか、この段階ではまだ定まっていない。

空知川岸に石炭山発見

武揚はイクシベツ石炭山の調査を終えると、滝川から石狩川と分岐する空知川を逆上った。これにより新たな石炭層を発見する。「北海道巡廻日記抄」の中の「石狩枝流空知河石炭山」を紹介する。

一、予、空知河石炭を産するの説を一士人より転聞するにより、其虚実及ひ品位の可否、運輸の難易如何なるを見んか為に「イクシベツ」石炭山検査ありて後、直ちに「ホルム井」河口に出、夫《それ》より石狩河を溯ること猶三日半にして漸く空知河口に達せり。然るに其日より暴雨三日降続き河流猝《にわか》に漲《みなぎり》て舟前進する能はず。

ここに出てくる士人とはアイヌ民族を指す。当時はほとんどがこの表現を用いていた。この時に詠んだ七言絶句が、市立函館博物館に現存する。

蘆州朝見跡将空　蘆州朝に見れば　跡まさになし

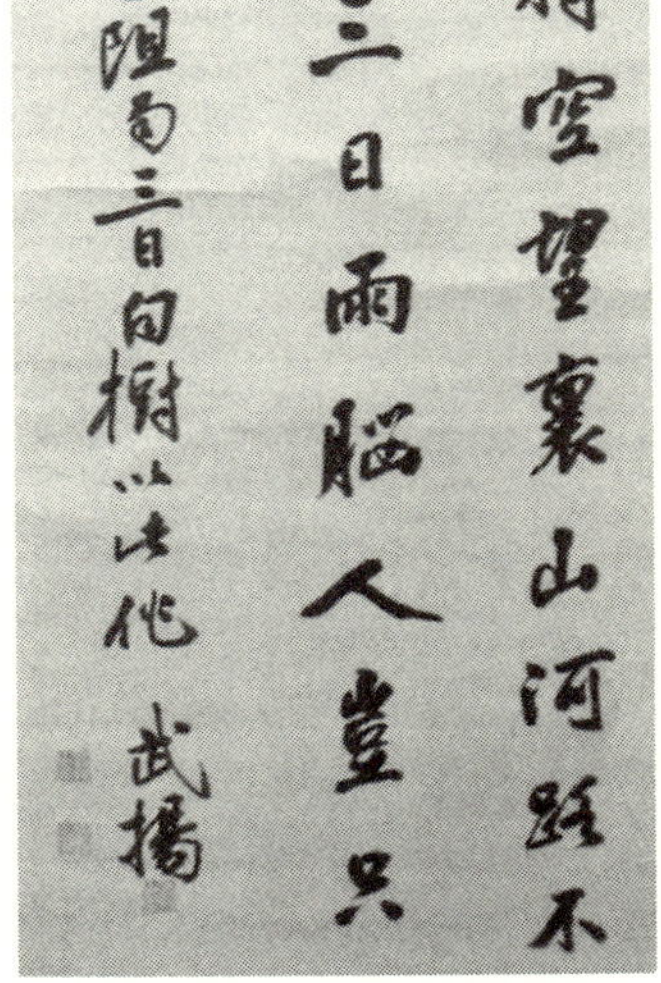

空知川探索の時に詠んだ七言絶句
（市立函館博物館蔵）

望裏山河路不通　裏山を望むも　河路通ぜず
一道長江三日雨　一道の長江　三日の雨
悩人豈只石尤風　人を悩ます　あに石尤風のみならんや
　空知河口阻雨三日白樹以此作　空知河口雨に阻まる三日、白樺をもってこれを作る

最後に見える石尤風《せきゆうふう》とは、中国の故事に出てくる尤（夫）と石（妻）の話から取っている。夫は妻の止めるのを聞かず、遠方へ行商に出かけた。妻は、病に伏し、いまわのきわにこう言った。これから同じ思いをする者がいないように世の夫人に代わって向かい風を起こし、発船を拒むだろうという内容である。以来、発船を阻む風を石尤風と呼ぶという。武揚の文章を続ける。

　時に食糧僅に三日を余すを以て、進退谷に及はんとするに、幸《さいわい》雨止み、水徹退きしを以て、僅に一日路空知河上に遡り、以て其両岸に現出する石炭脈を検査するを得たり。（中略）
一、石炭脈は河口より一里河上に現出し始まり、夫より三里間細脈断続して左右岸に顕《あらわ》れ、遂に一大脈に連る此一大脈は河口より約四里の両岸に現出し、其層の勾配平均四十度、其厚さ及品位に至りては太さ不等と雖も、就中《なかんずく》其好脈は称すべきものは三条ありて、其厚さ四尺より七尺に至り共に土石を挟まず、此等の脈共に河岸に現出するを以て極て開採し易し、其品位は「イクシベツ」炭と頡頏《けっこう》スベシ。而して瓦斯燈《がすとう》にも汽船にも共に用ひ得べき真に良好の石

炭なり。

武揚は細部にわたる検査結果を示したうえで、以下のように結論づけた。冒頭に見える木村万平は開拓使の管理下に置かれている運輸会社木村万平商会で、仙台藩の所領から北海道へ移住する人々を船で運ぶ仕事をしていた。

一、木村万平の手代は予が此地より斎し来りし石炭を、且つ其容易に採得ることを側聞し、其午船を以て掘採らんことを思立たり。何となれば此地の石炭は其品位良好なるを以て、之を小樽港に致すときは、一屯《とん》に付八円以上の価あればなり。

武揚はこの文面の最後に、「空知河石炭山に至っては土人の外は予が此度の検査を以て鑑觴《らんしょう》とす」と記した。鑑觴とは物事の始まりを意味する。ここにも土人の表現が見えるが、要するにアイヌ民族を除き、和人でここまで至ったのは自分が初めて、と書いているのである。

武揚の脳裏に、掘り出した石炭を小樽港まで運び、船で本州まで運搬するという構想が鮮明に描かれたのはこの時であろう。これがイクシベツ石炭山、空知川沿い石炭山と小樽港を結ぶ鉄道建設計画へと発展し、やがて北海道が石炭王国として脚光を浴びることになる。

だがケプロンは、この武揚の報告書さえも疑ってかかり、黒田への明治六年九月三日付の書簡で、武揚を次のように誹謗した。

彼ノ未熟ノ徒輩、徒《いたずら》ニ山川ヲ跋渉《ばっしょう》シ、甲処《こうしょ》ニ石炭ノ一小塊ヲ拾ヒ、乙処《おつしょ》ニ黄金ノ一小粒《しょうりゅう》ヲ採《と》ルガ如キ粗略《そりゃく》ノ調査ヲ以テ、鉱業ヲ施スハ甚ダ愚ナリ。

ところで武揚のこの日記は、武揚の死後に発見されたものである。北海道開拓については長くケプロン、ライマンらお雇い外国人の功績とされてきたが、武揚の調査結果こそ再評価されるべきではないか、と考える。

さらに重要に思えるのが、外資導入の排除を貫いたその姿勢である。井黒弥太郎は『現代の視点 榎本武揚』の中で、こう述べている。

アメリカはケプロン派遣をもって第二のペリーと意気込んでいた。現職大臣であるケプロンはペリーをしのぐ大物であった。今アメリカでもその評価が低いのは、アメリカ資本にも、日本官業にも寄与することが余りに微小であったからである。

北海道開拓をアメリカ資本の投入で、すべてに優位に立ち回ろうとしていたアメリカの思惑は完全にはずれた。ケプロンの「寄与が余りに微小だった」原因が、武揚の存在にあったということを肝に銘じねばなるまい。

小樽に土地を入手

このころ武揚は、対雁（江別市対雁）の土地十万坪（三三万平方メートル）を、また北垣国道と共同で小樽内（小樽市）の土地十万坪をそれぞれ有償で払い下げられた。これは明治五年六月、札幌管区諸郡だけに布達された土地払下規則に基づくもので、開拓使は開拓の実績を上げるため、「一戸十万坪、十年間免税」という好条件で、官吏にも勧めて土地を所有させた。

武揚の「明治六年北海道巡回日誌」（日記詳とは別物）」の明治六（一八七三）年十月五日の項に「本日、対雁仮地券ヲ請取、地代十万坪手付五十円ヲ納ム」とある。また「明治八年公文録」の「石狩州札幌郡対雁村地面図」を見ると、豊平川と石狩川の合流点近くに、武揚の使用人、大岡金太郎名義の土地が示されている。そのすぐそばに大鳥圭介の土地十四万坪が三カ所にわたって記録されていて、同時期に入手したことがわかる。

小樽内の土地は、高島郡稲穂から忍路街道にかけてで、現在の小樽市稲穂、富岡地区の中心部及び東西は手宮鉄道線路から旭山奥、南北はオコバチ川（妙見川）、色内川間という膨大な地域だった。武揚はこの地の一隅に土地管理組合の北辰社を設け、大塚賀久治を支配人に据えた。大塚は再三述べたように、武揚の箱館戦争以来の側近である。

このあたりは色内川近くの色内の浜に小さな波止場があるだけ。払い下げられた共有地は峻険な丘

榎本武揚像（小樽市・龍宮神社境内）

榎本武揚馬上の像
（北海道江別市対雁・榎本公園）

稜地が延びるまったくの未開の原野で、同僚らはここを見て唖然としたという。当時、北海道に土地を求めようとする者はほとんどなく、武揚は率先して購入した。北辰社は開墾の仕事と並行して海産干場を設け、賃貸などで収益を上げた。この益金は箱館戦争で敗れた人々の生活費に当てたとされる。北辰社はその後、体制を強化し、共有地を造成するなど意欲的に活動し、小樽発展の基礎を作った。

小樽の古地図を見ると、色内川沿いの土地に、調所広丈、北川誠一ら官吏の名が見える。武揚に倣《なら》って入手したのであろう。だがこれが後に松本十郎らから「高官による土地投機」と指弾されることになる。

小樽は以後、特別輸出港として急速な経済発展を遂げ、商都の中心街は「北のウオール街」と呼ばれるようになる。武揚がそれを確認するかのように、稲穂から忍路街道にかけての土地を国に寄付したのは二十余年後の明治三十二（一八九〇）年、ちょうど区制を敷いた年に当たる。この寄付に対する政府の感謝状が榎本家に現存する。小樽の稲穂商店街がいまも、武揚を商店町のシンボルに、町おこしに用いているのもうなずける。

小樽に比べて対雁の方はまったく計算がはずれた。大岡金太郎名義で入手直後に、開墾主任に雇われた早川長十郎がわが国で初めてとされる爆薬開墾をするなど、積極的に開発を進めたが、結果的に膨大な借金を背負ってしまう。返済できなくなった武揚が、知人に送った詫び状が残っている。

早川について若干触れておく。早川は武揚が開拓使を去った後の明治八（一八七五）年夏、開拓使物産課勤務の雇に採用される。イクシベツ石炭山の実際の発見者である対雁の立花亥之丞は激怒し、「早川を石炭山に連れていったのは発見者の私である」として「石炭山発見之儀申上候書付」を開拓大判官松本十郎に差し出した。開拓使はすかさず立花と早川を呼び出して対決させたところ、早川はグーの音も出ず、改めて立花ら三人に褒金を与え、早川は免職となった。

この榎本農場は武揚の死から十年後に、長男武憲と小作人九人との間で農場解放が行われた。この地帯は現在、榎本公園になっていて、馬に乗った武揚像が天を突いて立っている。だが北海道内でもそれを知る人は意外に少ない。

武揚は同じころ、江差にあった龍宮神社の宮司と話し合い、神社を小樽の高台に移設している。武揚と宮司が知り合ったのは箱館戦争の最中と思われる。武揚は北海道の開拓を進めているいま、開拓のシンボルとなる神社を、との思いを抱き、ここに移して榎本家の遠祖である桓武天皇を奉祀した。

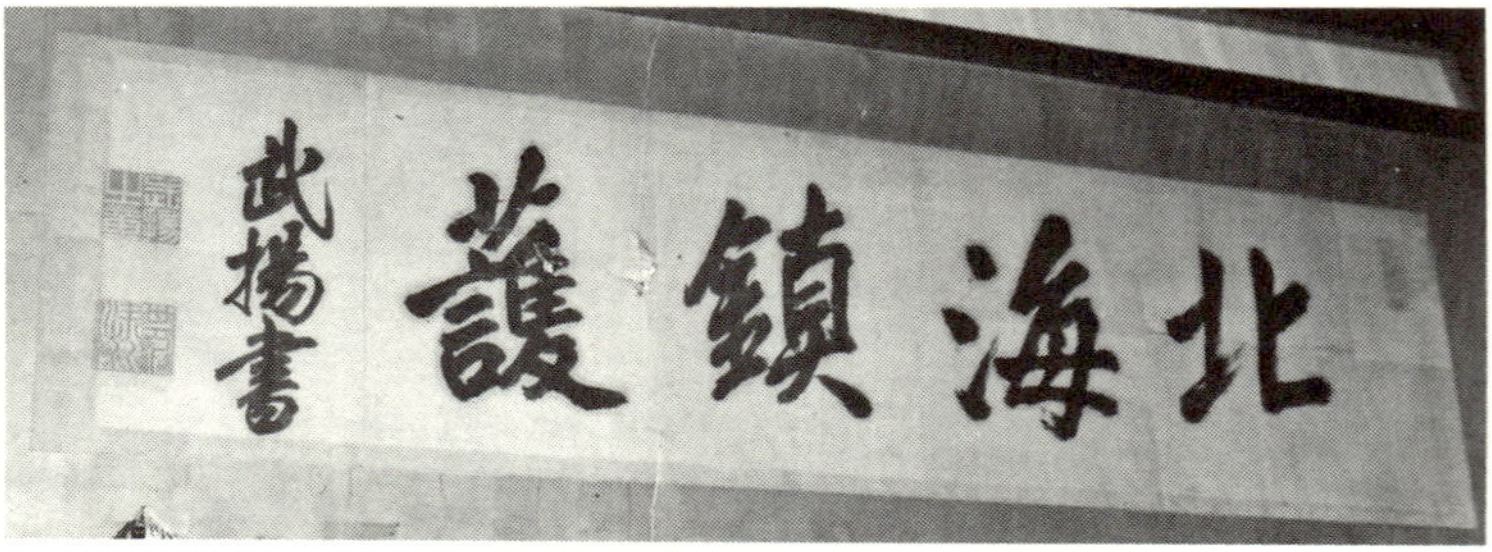

「北海鎮護」の掲額（小樽市・龍宮神社）

神社の「宮誌」の神社建立の項に、友成安良、太田美弥太と並んで大塚賀久治の名が見える。神殿には武揚が書いた「北海鎮護」の書が掲げられている。

宮号が正式に認可になったのは明治十四（一八八一）年、移設して九年後になる。同神社境内に立つ榎本武揚像は、武揚没後百年を記念して建立された新しい像である。

北垣国道と再会

話を戻して、空知川沿いの調査を終えた武揚は、石狩川を下って石狩浜まで出、北海道の東部を回り、各地の鉱山調査を記録した。この経過を記したのが「明治六年北海道巡回日誌」である。

日記の冒頭に、樹木の名前が四頁にわたり書かれている。北海道に産する樹木の樹皮の効用を研究していたのであろう。この後に、前述の空知川の漢詩が書かれているので、その時期の記載であることがわかる。

日記は九月十六日から始まり、十二月一日まで二カ月半に及ぶ。最初の三日は小舟で石狩川を下る。「過日の雨にて石狩河両岸四尺程上の漲《みな》ぎり」、周辺は荒れ果てていた。川筋を経て札幌に至り、豊平川の調査などをした後、銭函から小樽に出、札幌へ戻って再び出立したのが十月七日午前十時。「（午後）六時半千歳着、本日大塚、石川二子（氏）同行」した。

一行は勇払（苫小牧市）から鵡川を経て日高に入り、シブチャリ川（静内川、新ひだか町静内）に着いた。この近くに藩籍奉還直後に本藩と支藩の争いとなった「稲田騒動」のあおりで北海道移住を余儀なくされた旧徳島藩淡路州本城家老、稲田黒兵衛家臣団の入植地があった。武揚はその開墾地を見て、「土着人農に塾せず、土味厚からず。開墾も四、五十町歩に過ぎず、見込なし」と感想を記した。

シブチャリ川の上流に石炭山があると聞いた武揚は、舟で逆上った。「此石炭山はシブチャリ河の左岸にありて本流の枝流なるエプチェイ河の周囲にあり。本流迄は石炭山より約半里許《ばかり》」と記し、以後かなりの紙幅を使ってその状況を書いたうえ、「此石炭山は陸河の運搬に遠く且つシブチャリは湊にあらざるを以て方今開採すべき見通なし」と断念の考えを示した。

十月十四日、北垣国道が武揚を訪ねてやってきた。北垣はこの四月十五日付で浦河支庁主任官に異動しており、久々の再会だった。肝胆相照らす仲の二人だけに話が弾んだ。日記には「八時半　十一度、北垣子（氏）来訪、抔話及《はなしばかりにおよぶ》」と書かれている。

武揚は北垣の案内で浦河を発ち、海岸沿いに調査をしながら進み、様似山道に入った。徳川幕府が安政二（一八五五）年、松前藩から蝦夷地を上知させた直後に、急ぎ開いた最初の官道である。「上下五回路甚嶮ならず。只下り路近きに至て悪き石路あるのみ。山道の長さ約二里」と記した。

再び海岸に出て、幌泉（えりも町）着。北垣と別れ、様似、沙流《さる》を経て、荒々しい海岸線を通る。十勝の広尾に着いたのは二十日夜。翌朝、海岸沿いに大樹の砂金場などを調査しながら東へ進み、二十八日、大津に着いた。寒さが次第に募ってきた。

ここで武揚は、松浦武四郎が安政年間にこの地を訪れたことを書き、そのうえで大津は広尾と並ぶ好漁場であり、「秋味千石を獲ることあり、而して《しこう》其鮭は大なるを以て百石（六千尾）に付大凡《おおよそ》百五十石の目方あり」と絶賛。さらに「十勝郡は毎年度皮三千枚許《ばかり》を出すと云ふ」と驚きを込めて書いた。

武揚らは次に白糠に入り、海岸線に露出した六千石に及ぶ石炭層を調査するが、「品位悪しくして見込なし」と結論づけた。

釧路の海岸線に石炭層

釧路に入る。三十一日の日記には「釧路河は一大河にて幅は四十間余に及び、深さは河口内十尺に及ぶ。商船冬囲ひを為す所なり。河口以外は昆布、秋味を積取に来る船の掛る所たり」と書いた。

武揚はここから馬で東へ向かうが、釧路の春採の沢の奥で石炭脈が現出しているのを見つける。だが石炭脈が海中深く没していて調査ができず、「明年仔細に探索する」として炭塊を持ち帰った。その先の海岸線にも石炭層の露出しているのを見て、意を強くした。後の太平洋海底炭の発見である。

途中、遙かに雄阿寒岳、雌阿寒岳を望み、十一月四日夕刻、厚岸着。

五日朝、厚岸を出発した。氷点下二度と寒気が厳しい。武揚は、浜中は秋味《あきあじ》よりむしろニシン、イワシがよく獲れる、霧多布では秋味が河に上る前に海岸で獲るなどと書いた。秋味はサケを意味する。ここから遠く国後島のチャチャノボリ（茶々山）が見えた。七日、根室に入る。ここも他に劣らぬ好漁場で、漁獲量は膨大である。

ここで武揚は、外国船が択捉島に数多く入港し、日本人を水夫にしてラッコを獲りまくっているのを知らされ、十一月八日の日記に次のように書いた。文中のスループとは一本マストに縦帆を張った西洋式帆船である。

一、〔ラッコ猟の〕船は百噸《とん》乗組四、五人乃至十一、二人の者より大なるを妨く。
一、新暦四月中旬頃より五、六、二ケ月を以て良とす。
一、銃は十六八辺の元込を用い、猟主は外国人にメ「スループ」三艘を用い、百五十間乃二百間の距離に開きて鼎足状に船を行りて逐うを常とす。撃斃すれども浴まず。
一、昨年、亜《アメリカ》船一隻試漁を為し大利を得しを以て、本年は七隻にて漁せり内二度は破船せり。古船なるによる七、八、二ケ月にて此根室に来りし船は七十八頭を撃たり。平均三頭にて金二百両の価なり。（中略）
一、水夫は日本人多し。毎月金十五円、「コック」は二十円、「ボ〔ー〕イ」は八円なり。
一、本日、米船一隻は五百頭、一隻は三百頭を猟せし由。

武揚は根室に二日間滞在し、医師の林洞斉と再三会い、千島列島の話を聞いた。この林洞斉のことを、名前が似ていることもあって、「妻の父（林洞海）」とする記載が諸書に見えるが、誤りである。その洞斉の紹介で、武揚は歯舞諸島の多楽島から戻ったばかりの支配人に会い、産物について問うた。支配人は、色丹島の昆布もサケ、マスもよくないが、多楽島などは昆布が良質で五、六千石も獲れる、色丹島はトドマツやエゾマツが繁茂し、キツネも多く棲んでいるが、黒ギツネは百分の一しかいない、気象はよろしからずなどと述べた。

十一月十一日、根室を発ち、往路をたどって戻る途中、シカが海中に落ち、イヌに襲われるのを見て、「一奇観たり」と書いた。十八日夕、浦河着。北垣と再び会い、滞留中に官宅にも出かけ、調査結果を話し合った。北垣は武揚に教えられて作った葡萄酒やシカ肉のロークフレース、サケのローケンなどを馳走した。胸襟を開いて喜び合う二人。化学者・武揚にとって心地よい一時であったろう。出立する武揚に北垣も同行して海岸線を進み、シブチャリ（静内）で別れたのが二十五日。ここから室蘭まで戻った武揚は、乗船する船シンビ丸の修復を待ちながら十一月二十九日、札幌の大判官、松本十郎に宛てて書簡を認《したた》めた。だが十二月一日になっても出発できず、武揚は「修復未だ成らざるを以て依然逗留、無聊《ぶりょう》殊に甚し」と書いた。日記はこの文面で終わっている。

以上のように武揚は、立ち寄った土地の模様を日記に克明に書き、鉱石の現況、漁獲量の現状と展望から、開墾による農産物の収穫量予想にまで触れている。この調査結果が北海道開拓のその後の方針に反映されたのはいうまでもない。

松本十郎への書簡

ここに開拓使中判官として松本十郎に送った書簡を掲げる。この書簡こそ、武揚の開拓使官吏としての最後の「復命書」となるのである。文章は六千字に及ぶ長文なので、適宜簡略化した。最初に前段を記す。冒頭の東地は東北海道で太平洋側を指し、西地は西北海道で日本海側を指している。

東地沿道見聞之概略左に申上候。

一、東地は西地と異り海岸通大約皆所謂《いわゆる》水成《ネプチュニック》の地、而已《しこうして》多く其火成《プリュトニック》の地と称すべき者は日高州様似と幌泉等にて余は十勝州広尾郡以東釧路根室海岸一円水成の地質たり。十勝州広尾郡以東根室迄一帯平遠ノ高原《プラトー》を以て海岸に連り、鉱物を見ること稀に唯々白糠より厚岸迄之間に石炭脈断続して通するを見るのみ。

一、白糠石炭山は脈路水平にして極て開採に便利なりと雖とも、品位極悪汽船汽車等の用に供スへカラズ。加之《これにくわえて》海岸荒浜、運輸不便にしてとても下手すへき坑に非ず。釧路「ヲソツナイ」石炭坑を検するに、石炭之品位は白糠よりも愈り、岩内石炭と伯仲間に在と雖とも、可惜《おしいかな》其脈路十度の勾配を為して西の方海底に入るを以て、一大「ポンプ」を備ふるにあらざれば開採しかたし。（中略）

一、厚岸港内「センホージ」元番屋近辺に現出する石炭は其脈細く、且《かつ》中絶するを以て決して下手すへからず。

厚岸より浜中漁場迄更に見当るものなし。浜中より山道根室に達せるを以て海岸を見すと雖とも、此辺之地質山質を見るに、金属之鉱類は絶てなかるへし。十勝之大理石は浦川〔浦河〕「ホロベツ」河奥に産する品よりも好と雖ども、此種の物産は此辺出すところの鹿皮百分の一の利もなかるへし。（中略）

幌泉近辺及び広尾には何れも百万坪より多き良好の畑地あり。雑穀及び麻、油菜等皆能く生長すべし。広尾より尺別辺迄之郊原は実に大なる者と雖とも、其草樹の生立を見るに、風力の為めに疲屈して生気すくなし。此の郊原中に鹿の多きには実に驚入たり。

厚岸は大抵皆能く雑穀の生長するを確知せり。釧路詰合土屋子《し》の経験と比較するに、到底厚岸の方は釧路よりも土地気候共に良好なるに似たり。厚岸の沼中に其実沼にあらず一個の製塩所となるべき好き場所あり。此の沼の塩気は地中海之海水よりも少しく淡しと雖ども「アソー海」の海水より濃し。（中略）

根室州の気候は支庁に於て貴兄の御手帳にて其略を承了せり。

ここでいう貴兄は松本十郎を指す。松本はこの年一月まで根室支庁に在勤していた。武揚は文面で松本の勤務ぶりを讃えたうえで、管轄の厚岸、根室などは将来、漁業が盛んになり、船舶の出入りも多くなるので、外敵の侵攻に備えて海軍提督府を置き、砲台を設置すべきとし、十勝、日高は平穏なので「殆ど一人の番兵もいらぬ国なり」と書いた。

さらに筆を進めて、石狩国は広大で地味も豊かなので、運輸の道を開きたいが、開港場となるのは、室蘭と小樽のほかないとし、その両方の運輸の方法を示したうえで、「室蘭は実に将来繁昌郷となるへし」と書いた。

室蘭に市立武揚小学校が現存するが、これは武揚の意志を継承して開校した学校とされる。

後段は千島列島のうち北方四島に触れている。

一、僕、根室逗留中、千島国の物産高より諸島の港湾及気候を問ひ、其略図等を得たり。蓋《けだ》し千島州は人煙極少、音信も亦《また》年に二、三次に過ぎざるを以て、其形勢を確知し難し。只意外なるは昨年来「エトロフ」島東浦の「ラツコ」猟の一事たり、抑《そもそ》も「エトロフ」島「ラツコ」猟は是迄土人の手に在り。官之を集て以て本府或は東京に出せしは、貴兄悉しく御承知の通りにて而《しこう》して土人の猟法は棒を以て之を打殺すに過ぎずとか聞けり、然《しか》るに昨年夏、米国「スクーネル」船一隻、同島東浦に至り、始めて之を猟して二百尾余を得て函館に帰れり。大約「ラツコ」三尾にて金貳百円の相場たるを以て此事乍ち四方に露布し、遂に本年は米船六艘、英船一艘、都合七艘にて同島東浦に来り之を猟し、各数百尾を得たり。(中略) 米国より来りし六人の乗組なる小船は「ラツコ」五百尾を猟し、直ちに「エトロフ」より本国「サンフランシスコ」に帰れりと云う。(中略)

「ラッコ」と「アザラシ」「トド」等を見分けるは熟猟者の眼力の外なし。異人等もし誤て「アザラシ」を撃つときは之を海中に棄つと云ふ。

一、本年の景況を以て考ふるときは明年は外国「ラッコ」猟船の「エトロフ」島に来るもの猶増加すべし。既に過日無印鑑にて東地を通行して引戻されし孛人米人二名は、愚考に據《よ》れば亦「エトロフ」島に赴て、「ラッコ」を猟せんと目論見し者なるべし。我方にても明年より「ラッコ」を銃撃して大に之を猟するを要す。我は「スクーネル」等船を要せず、猟師をつのり陸路「エトロフ」島に至りし之を猟するのみ。僕、帰京の上此件を以て次官殿〔黒田清隆〕に謀らんとす。

右数件等、筆に任せて一、二の所思を陳述するものにて、前後御判考御覧可被下候《ごらんくださるべくそうろう》。

十一月廿九日　認ム　　室蘭旅屋ニ於テ　榎本武揚拝

松本盟臺閣下

書簡の最後に「本日西風烈敷《はげしく》折々風雪、出航に難きを以て逗留、多分明後日は「シンビ」丸出船の由」と書いた。

突然、海軍中将に

武揚が北海道内の調査を続けているころ、本人の知らぬところで、その運命を左右する動きが渦巻いていた。征韓論に敗れた参議の西郷隆盛、副島種臣、板垣退助、江藤新平らが下野し、岩倉具視、大久保利通らの主張する日露の領土境界線策定が緊急課題になっていた。日露雑居の地である南樺太で、ロシア兵による事件が続発し、手に負えない状態に陥っていたのである。

だがわが国の外交面は極めて弱体だった。多くの政府高官は薩長土肥の出身者で、外国との交渉などまったく経験がない。そこで黒田は、この難題を解決するには武揚を当てるのがもっとも適切と考えた。実は黒田は、箱館戦争で武揚から送られた「海律全書」を見てど肝を抜かれた。大国ロシアと対等に交渉ができるのは、数カ国の外国語をこなし、国際法にも通じる武揚をおいてほかにない。折しも武揚は、開拓使顧問ケプロンとの対立が決定的になっていた。黒田といえども、天皇から勅語までいただいて派遣されたケプロンをないがしろにできない。

黒田は腐心の末に、この話を密かに武揚にもちかけた。だが武揚は首をタテに振らない。業をにやした黒田は断然、太政官に人事を提起したのである。太政官は武揚のロシア駐在特命全権公使の推薦人事を内定した。

海軍中将の正装をした
榎本武揚
（北海道大学附属図書館蔵）

黒田から、急ぎ東京に戻るようにと指示を受けた武揚は暮れの迫る十二月二十二日、帰京願いを提出して北海道を去った。これが開拓使との別離になる。わずか一年半の短い北海道との関わりだった。

新しい年、明治七（一八七四）年一月十二日、天皇臨席による閣議が開かれ、武揚のロシア駐在特命全権公使が正式に決まった。

　武揚は開拓使に入る時から、強く決意していたものがあった。新政府は幕府に代わる国家だから、自分の持っている知識をすべて投げ出して尽くそう。ただし軍人にだけにはなるまい。多くの若者を死なせてしまった敗将として、これだけは守らなければならない一線である、と。だが、そんな個人感情など、あっさり吹き飛ばされてしまう。

　十四日になり、武揚は開拓中判官から一転、海軍中将に任ぜられた。中判官の上には大判官の松本がおり、その上に次官の黒田がいた。陸軍も海軍も前年に設置されたばかりで、海軍の最高位は少将である。黒田は陸軍少将だから、陸と海の違いこそあれ階級で黒田を飛び越すことになる。破格の昇進という表現ではたりないほどの大抜擢である。黒田の、何が何でもとの思いがのぞく。

　北海道庁赤レンガ庁舎内の北海道立文書館に、式部寮から開拓使に出された次の辞令が保存されている。

　　　　開拓中判官
　　　　　榎本武揚
任海軍中将
右
宣下候条此段御達也

明治七年一月十四日
式部寮
開拓使
御中

黒田が武揚を全権公使にするうえで海軍中将にこだわった理由はただ一つ。欧米では、国家間の領土問題などの交渉は、将官が行うという不文律があった。武揚に将官の階級を与えなければ交渉が進まない、としての有無を言わさぬ推挙なのであった。

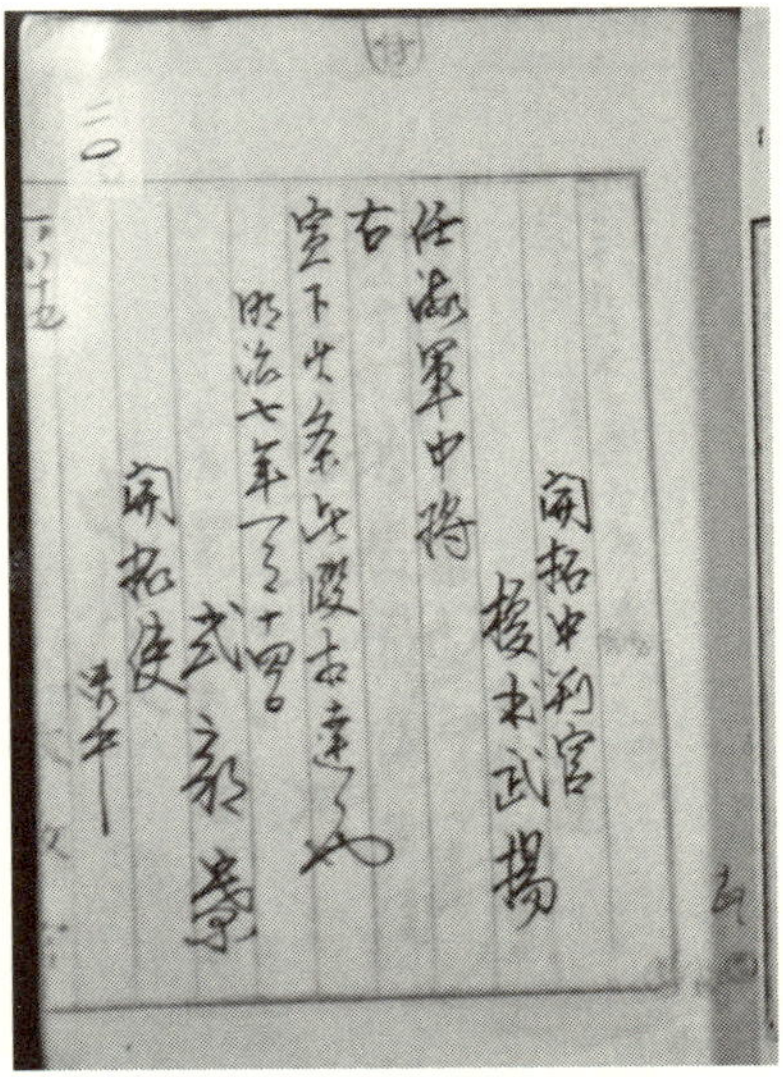
開拓中判官 榎本武揚
任海軍中将
右
宣下候条此段相達候也
明治七年一月十四日
式部寮
開拓使

式部寮が伝えた武揚の辞令
（北海道立文書館）

一月十八日、海軍中将の武揚に対して特命公使を兼任し、対露領土問題処理駐在特命全権公使に任命する辞令が出た。同時に朝廷より従四位に叙せられた。

この時期、国内は徴兵令が発布され、血税一揆が勃発。その一方でマリア・ルス号事件や日清修好条約の批准問題など外国に関わる問題が起こった。折りも折り、条約改正を求めて欧米に赴いた岩倉具視ら使節

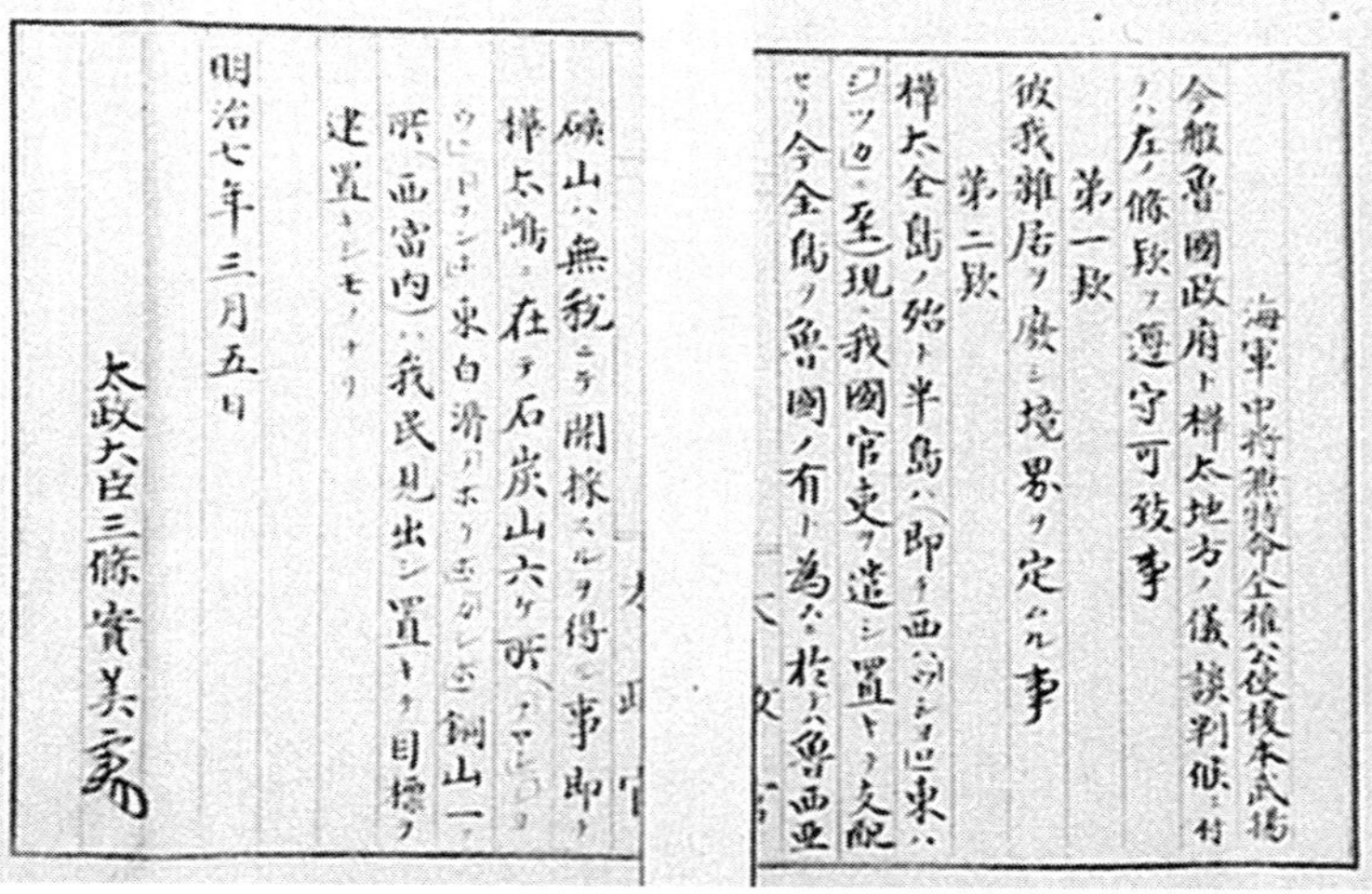

海軍中将兼特命全権公使榎本武揚
今般魯国政府ト樺太地方ノ儀談判候ニ付
テハ左ノ條款ヲ遵守可致事
第一款
彼我雑居ヲ廃シ境界ヲ定ムル事
第二款
樺太全島ノ殆ト半島ハ(即チ西ハ 以東ハ
ジツクトニ至ル)現ニ我国官吏ヲ遣シ置キ支配
セリ今全島ヲ魯国ノ有ト為スモ於ト魯西亜

礦山ハ無税ニテ開採スルヲ得ル事即チ
樺太ニ在テ石炭山六ケ所
東白滑 銅山一ケ
所(西富内)ハ我民見出シ置キ目標ヲ
建置キシモノナリ
明治七年三月五日
太政大臣三條實美

太政大臣三条実美より武揚に与えられた「内訓」（国立国会図書館蔵）

団の派遣が失敗し、「条約は結びそこない金とられ世間にたいしなんといわくら（岩倉）」の狂歌まで飛び出すほど厳しく批判され、外交の難しさが浮き彫りになっていた。

国内外で難問題が続出する中、巨大な歴史のうねりに揉まれながら三十九歳の武揚は、わが国の命運を賭けて新たな任務についたのである。

ここで武揚がロシア皇帝を相手に交渉することになる国際紛争事件の一つ、マリア・ルス事件について触れておく。同事件は「マリア・ルース」、「マリア・ルズ」など表現が様々だが、ここではマリア・ルスで統一して書き進める。

事件が表面化したのは明治五年七月、ペルー船籍のマリア・ルス号が修理のため横浜に碇泊中、一人の清国（中国）人の奴隷が船から逃げ出し、イギリスの軍艦に保護された。引き渡された神奈川県は一応取り調べたうえ、清国人の奴隷をマリア・ルスの船長に戻した。イギリスの代理公使は外務卿副島種臣に対して再調査を申し入れたので、慌てた副島は神奈川県大参事に事件の処理を命じた。大参事は船内の窮状を調べ上げ、国際法に抵触するとして船内にいた多数の清国人奴隷を解放し、清国使節に引き渡した。

ところがマリア・ルスの船長は「日本には娼妓の人身売買がある」として反撃し、ペルー政府は損害賠償を請求して国際裁判を提訴した。この裁判の採決を一任されたのがロシア皇帝アレクサンドル二世だった。驚いた日本政府は、何としてもこの裁判を有利に導こうと、武揚にその難題解決をも背負わせたのである。

太政大臣三条実美が武揚に与えた「内訓」は機密に属する事項の職務命令で、その文面の厳しさに身の引き締まる思いがしたに違いない。

全権公使としてロシアへ

海軍中将・ロシア駐在特命全権公使の武揚が横浜港から船でロシアに向かったのは明治七年三月十日。途中、香港に立ち寄り、インド洋からスエズ運河を通り、地中海に入り、イタリアのベニスに上陸した。ここから汽車でスイスを経由してフランスに到着、パリでロシア皇帝に謁見する時に着る大礼服を誂《あつら》えた。代金は七百円と記されている。当時の警察官の初任給が四円だったというから、その高さに驚かされる。

フランスからオランダに入った。ハーグやライデンの町は、若き日の武揚が開陽丸竣工までの間、夢中になって学んだ地であり、ドルトレヒトは開陽丸を建造した町である。武揚はこの思い出深い町に十日間逗留し、町々をめぐって旧知の人々と再会して、旧交を温めた。

榎本隆充・高成田享編『近代日本の万能人　榎本武揚』の「榎本武揚小伝」によると、六月四日付けでドイツのベルリンから家族に宛ての便りの中に、オランダ滞在中に、多くの人々に会ったことが書かれている。かつての恩師であるポンペには会うことはできなかったが、ヨーロッパに滞在する日本人十数人が面会にやってきたとして、最初に上野宮（北白川宮）に触れている。

上野宮は戊辰戦争最中の上野の山の戦いの折り、「輪王寺宮」と名乗り、幕府側として戦い、後に武揚が船で仙台領までお送りしたこともある。極めて仲がよかったようで、便りに「久し振りに御目に掛かり食事を御馳走になる」と書かれている。

次に出てくるのが庄内藩主酒井左衛門尉（忠篤）と弟・忠宝との出会い。戊辰戦争の時、奥羽越列藩同盟を組織し、幕府側として新政府軍と戦ったが、最後に降伏した。

三番目がベルリン在住の医学生、松本桂太郎と佐藤進。松本桂太郎は武揚の妻、多津の叔父に当たる松本良順（将軍の侍医、初代陸軍軍医総裁）の長男。佐藤進は榎本家と親戚で、順天堂三代堂主となる人物である。

武揚にとって異国での日本人との触れ合いは、心弾むものがあったであろう。

オランダを出立してドイツに着いた武揚は、ここでまた十日間ほど過ごした。

ロシアの首都ペテルブルグに着いたのは六月十日。横浜出港からちょうど九十日かかっている。

六月十八日、駐露公使の武揚は大礼服を身にまとい、ロシア皇帝アレクサンドル二世に会い、明治天皇の信任状を提出した。皇帝は武揚が旧幕府軍を率いて戦った反乱軍の総帥だったことを熟知しており、好意を抱いている様子がありありと見えた。

七月三十日付けの武揚の家族宛ての便りに、それを示す文面が見える。

去る十八日ロシヤ帝に謁見首尾よく相済み、帝には殊の外御親切に御あしらい下され候事、面目之至り御悦び下さるべく候。手前之事は兼て御承知の趣《おもむき》杯《ばかり》御話これあり候。其後二十日に帝と共にコロンスタット〔軍港の名〕と申す処へ帝の御乗船にて参り、軍艦並びに台場等も見物いたし候。此時は帝の御舎弟海軍惣大将「コンスタンテイン」親王も御同船にて、午飯は帝及び親王と一所にいたし、親王より手前に酒を以て酌み下され候程ていねいの扱いにあい申候。

プチャーチン
（1803-1883）

皇帝の乗船する船に同乗して軍港を訪れ、皇帝の弟である海軍惣大将と食事を共にしたことなど、想像を超える待遇だったことがわかる。この後、武揚はプーチャチンとポシェットに触れている。

プチャーチンは幕末期に、ロシアの全権大使として長崎を訪問し、開国を要求した提督であり、ポシェットは海軍中佐で、使節団の副官として同行した。アメリカのペリー来航から遅れること一カ月余り。プチャーチンはペリーとは異なり、紳士的な態度で交渉を続けた。この時、日露境界線について日本側代表の筒井肥前守、川路左衛門尉と話し合い、千島列島の境界線は択捉島と得撫島の間とする、南樺太はとくに境界を設けず、雑居の地とすると決めたのである。

この間に安政の大地震に遭遇して軍艦ディアナ号を駿河湾で失うが、伊豆半島西海岸の戸田村で建造されたわが国最初の洋式帆船ヘダ号に乗り、帰国した。

プチャーチンはその後、文部大臣になり、ポシェットは海軍中将にまで栄進して、現在は交通大臣の要職についていた。武揚は二人について、こう記している。

当時海軍中将「ポシエツト」氏は兼《かね》て「プーチヤチン」と共に日本に参りし人にて、即ち一昨年箱館にて松平に手前之事をあれこれと尋ねたる人にて、当時ペテルブルグに罷在《まかりあり》夫婦とも極《きわめて》親切なる人に候。この人は恰《あたか》も旧友の如くに御座候。

大の親日家である二人が、親子ほども年齢が離れている武揚に親切な態度をとったのは、もと旧幕府（徳川家）の海軍副総裁であり、反乱軍の総帥だった人物が、いまは海軍中将・初の駐在公使として国際交渉の舞台に臨んだことへの興味もさることながら、その人柄に惚れ込んだから、といってよかろう。

第六章

日露交渉と「シベリア日記」——一八七四—一八七八年

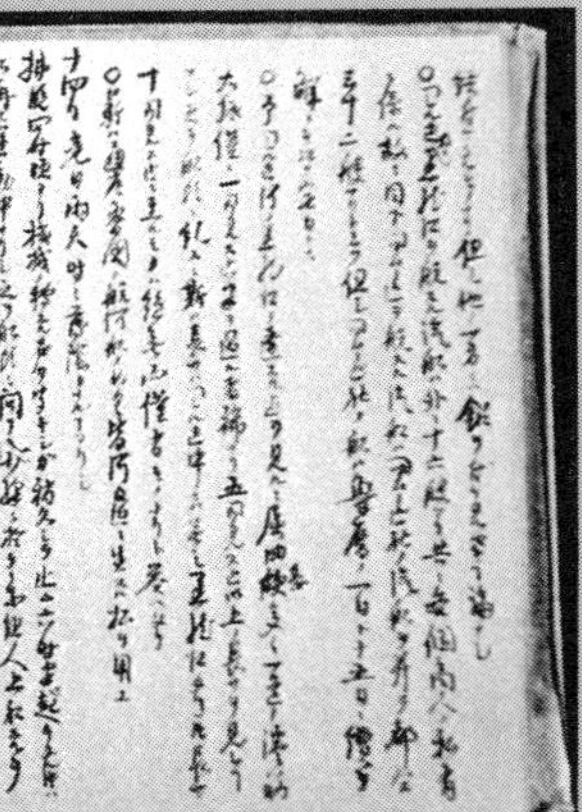

樺太釜泊殺人の談判

武揚がロシアの首都ペテルブルグに着いたころ、日本国内では、江藤新平らによる「佐賀の乱」が起こった。政府に対する士族の反乱である。参議兼内務卿の大久保利通は軍隊を率いて出陣し、一気にこれを鎮圧した。その一方で政府は琉球島民殺害の罪を問うて軍勢を台湾に出兵させ、大久保が清国に交渉に乗り込んだ。この間に参議の木戸孝允が辞職するなど騒然となっていた。

ペテルブルグにおける日露領土問題の第一回交渉は六月二十二日から始まった。この交渉はすでに述べたように領土画定だけでなく、日露間の紛争の解決、国際問題になったマリア・ルス号事件の裁決を有利に導こうという重要な課題も含まれていた。不平等条約に苦しむわが国が、大国相手に対等に交渉する、これが初めてのものである。

このうちマリア・ルス号事件は、一足先にペテルブルグ入りした一等書記官花房義質が、臨時公使代理として皇帝アレクサンドル二世に会い、すでに事前交渉に入っていた。武揚はこの交渉経過をつぶさに聞き、何としてでも勝利しなければならない、と固く心に誓った。

この裁定は以後の展開で、日本有利のうちに進められていく。妻への七月十一日の便りに、ロシア皇帝にお目見得した際、お礼を述べたとあり、裁定が良好な経過をたどっているのに対するお礼であることをうかがわせる。

マリア・ルス号問題と並行して九月二十二日から南樺太で起こった紛争事件に関する交渉が始まっ

た。このうち最大のものは釜泊の日本人漁民三人殺害事件である。この事件は二年半前の明治五年一月七日、ロシアの罪人四人が逃亡して釜泊に至り、日本漁民三人を殺害したうえ器物を盗み、番屋に放火した。犯人はロシア官憲に捕らえられたが、ロシア側の処分が日本側に伝わらず、問い合わせにも応じなかった。

この交渉経過を記した公式文書が北海道大学附属図書館に現存する。日本側は武揚、通訳は市川文吉、ロシア側はバロン・ラステンリーケン。武揚の発言は黒文字、ラステンリーケンの発言は赤文字で記されている。

武揚はまず、「我無辜《むこ》の民三人同時殺害に逢ひ、容易ならざる事」と述べたのに対して、ラステンリーケンは、其罪人の姓名無之《これなき》により、其処刑済之人名、其外二度の人殺し罪人裁判は何程迄捗《はかどり》取居候哉」と返答した。

ロシア時代の榎本武揚

武揚が「貴方にて御分り無之候はゝ拙者は其事柄の書類も所持致居候」と詰め寄ると、ラステンリーケンは「当省にては右事件を裁判するの権無之、総て樺太島に於て生せし事柄はプリモルスコイ、ラプラスチ鎮台にて一切引請居候」と述べ、「当局にては亜細亜《アジア》各国境界に関係せる事柄を取扱候而已にて候、故に罪人の罪科処刑等の事は彼地より届出不申候」と答えた。

プリモルスコイ、ラプラスチとは、ロシア国の新領である満州海岸よりアムール省ニコラエウスキ地方に至る総称で、ウラジオストツクを首府としていた。
ここから武揚とラステンリーケンの問答が以下のように続く。

武揚　手前方にては無辜の民三度迄も貴国の民に殺害せられ、右を貴国公使に及御懸合候てより既に二ケ年にも相成候に、今に判然たる御返答無之により、甚以て当惑致候。依之当省にて右裁判御分り無之候はゞ、シベリア惣督方へ御申遣しに相成候はゞ直ちに御分り可相成歟と被存候。

ラステンリーケン　御尤《ごもっとも》の御談判に候へ共、東シベリア惣督へ申遣候より、ウラジヲストツクへ申遣置候間、却て分明に相分り可申候。将《まさに》貴国在留の我公使職掌は雙方の政府上に関係せさる事を取扱候者にて、樺太島に於て生せし人民どうしの事は公使に於て取扱権は無之、只其事柄の結局を早く渉取らする周旋を致候迄之処、貴下御承知之通、プリモルスコイ、ラプラスチは隔絶の地にて音信往復不容易により、我公使に於ても無処永引候儀、御気の毒に候。

武揚　樺太島に於て生したる事件は、我国官員と貴国官員と談判の末、貴国官員はニコラエウスキ方へ是迄御申遣に相成候へ共、其事柄之返答一度も無之に付、彼地在留我官員より我外務省へ申出、右を外務省より貴公使へ御依頼申儀にて候。

ラステンリーケン　然らは此度樺太島に於て生したる事柄は彼地在留之我首長より事の早く片付候様可申遣候。

武揚　左様有之候。且貴皇帝陛下より御勅命有之に於ては、拙者御示談及置候事柄も発揮と致可申存候。

ラステンリーケン　尤《もっとも》皇帝陛下の勅旨は右等の事柄に付て而已の義には無之、惣体彼地在住の者共、貴国人民と平和を専一と致すへきとの御意にて候。

これを読むと、ロシアを相手に一歩も引かない武揚の論述ぶりが見えてくる。この交渉で皇帝の意向が好意的であると判断した武揚は、速やかな回答を求めて談判を終えた。

武揚は交渉が一区切りつくと、本国の寺島宗則外務卿宛てに緊急電信を打ち、経過報告を認《したた》めた便りを出した。便りが着くまで二カ月近くかかっている。しかし遅いとはいえ武揚のもとへは日本の新聞も届き、家族との便りのやり取りもあり、情報には不自由しなかったようだ。

ここで通訳の市川文吉について触れておきたい。幕府の箱館奉行は慶応元（一八六五）年、市川ら六人をロシア・ペテルブルグへ留学させた。だが慶応四（一八六八）年、戊辰戦争が起こり、「大君殿下国務筋御門《みかど》江相返し候に付」（『幕末維新外交史料集成・6』）、市川を除いて帰国を命じられた。市川はロシア女性のシュヴイロフと結婚、子供までもうけていたため、ロシアに残った。明治六年、新政府の命令により帰国し、外務省に奉職したが、日露領土交渉に赴く武揚に同行したのである。武揚が市川の存在をどれほど心強く思ったことか。

黒田にテンの毛皮送る

武揚は日露間に横たわる複雑多岐な問題に対処しながら、その合間をみてシベリア、千島の歴史、地理、物産の調査を続けた。樺太を放棄して千島を取得した場合、わが国にとって外交的に、戦略的に、経済的に、どんな得失があるかを見定めるのが狙いである。

このころ日本では、開拓次官の黒田が陸軍中将に昇進し、北海道屯田憲兵事務総理となり、八月初めには参議兼開拓長官に任ぜられた。これにより黒田は北海道開拓と北方軍事の両権を握ったのである。

屯田兵の創設は南下政策を取るロシアに対抗するもので、「屯田憲兵」としたのはロシアを刺激しないための措置とされた。憲兵なら軍隊と思われまい、との配慮による。この呼称はほどなく「屯田兵」に変わるが、日本政府がいかにロシアに神経を使っていたかを示すものといえよう。

武揚は日露境界線画定の交渉を前に、その対応に腐心していた。ロシア側は早々に樺太全土を領土にしたい意向を示し、日本政府は南樺太放棄の方針なので、合致点が見えているが、千島のどの地点を国境とするかが重要な課題になっていた。

交渉は始まる直前の十一月一日、武揚のもとに、ロシア軍艦が日本へ赴くので、届け物があれば持参する、と伝えてきた。武揚はすかさず黒田に宛てて次のような便りを書き、黒テンの毛皮を添えて渡した。便りの前段を省略して掲げるが、この文面からシベリアや千島の物産を調査する武揚の、化学者としての一面がうかがえる。

さて今般、魯《露》国軍艦「ボヤン」、日本へも罷越《まかしこし》候《そうろう》趣《おもむき》ニて、乗組海軍裁判役士官「バロン・シリンスバフ」氏、当公使館ニ罷越、野生〔小生〕届物等有之《これあり》候ハヾ持越可《もちこすべく》申段申聞候ニ付、この獣皮壱枚御見合の為め差上申候。

この獣は満州地方に多く有之、樺太島にも相産し候趣、就ては定めて北海道にも可有之と存候。獣皮中の一番高価のものニ御座候間、万一北海道ニ於ても御見出し被成候ハヾ一物産と存候。この皮より黒キ色多きけ（れ）ば、一枚ニて百「ルーブル」又は弐百「ルーブル」の品有之候。一ト通の皮は、其捕へたる場所ニても六、七円より以下の価ニならず候。御承知も可有之候。この皮は重ニ冬衣の裏又は女の挿手筒、又は帽子ニ相用《あいもちい》申候。

一、前文「バロン・シリンスバフ」氏御面謁相願候ハヾ、乍御面倒御逢被下候様相願度候。右得御意度如斯《かくのごとし》ニ御座候。以上

十一月一日　ペテルブルグ

榎本武揚　拝

黒田開拓長官殿　閣下

日露国境策定の談判はこの便りを出した直後の十一月十四日から始まった。相手はロシアの外務大

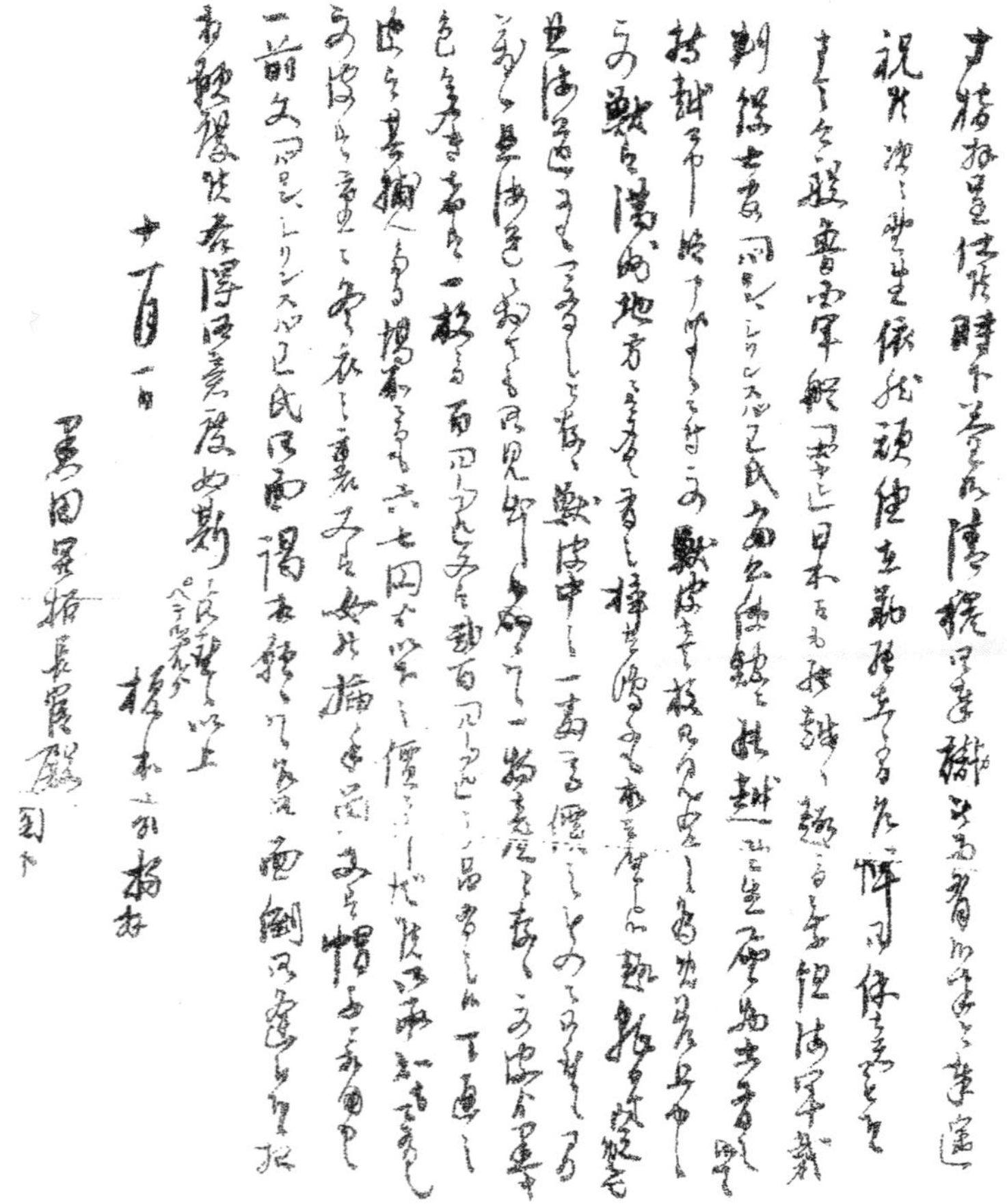

武揚の黒田宛ての便り（榎本家蔵）

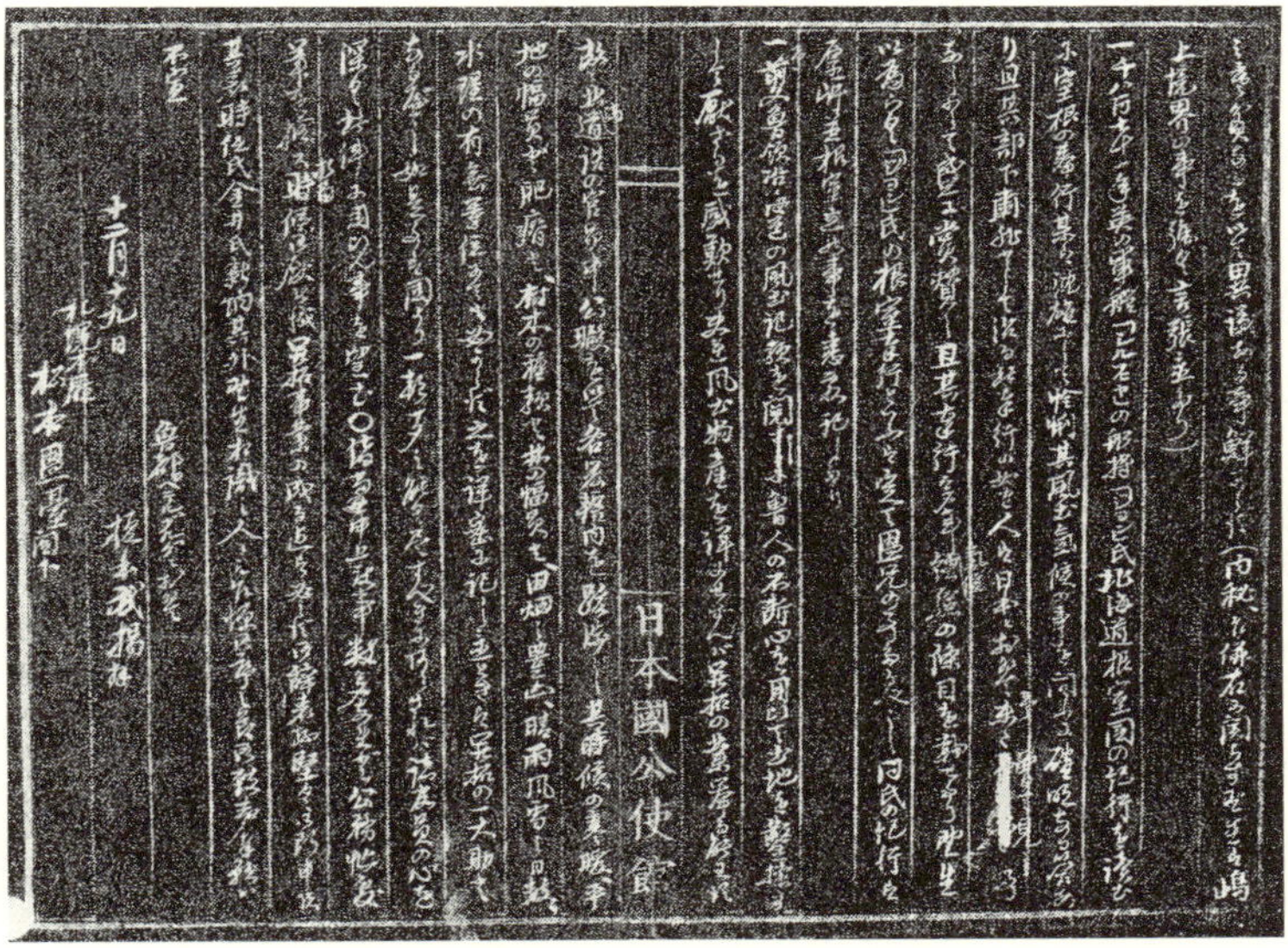

武揚がロシアから松本十郎に送った便り（北海道立図書館蔵『榎本武揚書翰集』より）

輔・アジア局長スツレモーホフである。ロシア側は談判の開始早々、南樺太との交換に千島列島の幌筵《ほろむしろ》島以南を提案した。これに対して武揚は樺太島の島上境界論を提起し、議論を戦わせた。

談判は年内、四回にわたり開かれたが、決着がつかなかった。

この忙しい最中の暮れ近く、武揚は開拓使大判官松本十郎に宛てて、ロシアの南下政策を意識した北海道開拓の重要性を説く便りを送った。最初にロシアが不凍港のウラジオストクに提督府を置き、イギリスと競ってアジアに勢力を伸長させようとしている事実を指摘したうえで、こう綴った。

> 北海道詰の官員中、公暇を以て各官内を跋渉し、其時候の寒暖、平地の幅員と

肥瘦《ひせき》と樹木の種類と田畑之富凶、晴雨風雪之日数、水理の有無等にしても必ず之を詳細に記し置ときわ開拓の一大助となるべし。

この文面のマイクロフィルムのコピーは北海道立図書館にある。黒田への便りといい、松本への便りといい、武揚の配慮の深さに驚いてしまう。

年が明けて明治八（一八七五）年一月二日、第五回の談判が開かれた。この交渉の詳細が『大日本国外交文書』に見える。これによると武揚は樺太島の代地として、

一、得撫島及び近辺の三島を日本領とする

二、ロシア軍艦（隻数は示さず）の譲渡の要求

三、樺太クシュンコタンを無税港にする

以上の三項目を提示した。武揚は脆弱な日本海軍の現状からみて、千島列島全部を領有するより、ロシアから軍艦を取得した方が得策と判断したのである。

ここでいう得撫島及び近隣三島の三島とは択捉、国後、色丹島であり、現在でいう千島諸島を含めた北方領土を指す。ロシアは軍艦譲渡の要求に驚愕し、直ちに拒否した。

武揚は三月四日、交渉態度を変え、

一、千島列島の北端に位置する阿頼度《あらいど》島及び占守《しむしゅ》島、幌筵《ぱらむしる》島を含めた千島全島の割譲

二、樺太のクシュンコタンを無税港に

三、ロシア沿海州諸港の日本への開港と領事館の設置
の三項目を改めて提起した。
ロシア側は沿海州諸港に領事館を置くことに難色を示し、交渉は難航が予想された。

妻へ、いたわりの便り

交渉の最中に、妻の多津から第二子の長女きぬの出産を伝える便りが届いた。武揚は二月十四日、その返信を書いた。前段は産後の妻へのいたわり、後段はロシアに於ける日々を記しているが、妻を安心させたい気持ちからであろう、くだけた感じの文面になっている。

御用向は重き事なれども、つまり人間のする仕事なれば人の思ふほど六ケ敷《むずかしき》事には無之候。当春以来度々帝城の御招にあづかり、殊に去る五日の夜には宮中の踊にて各国公使等其外高貴の役人五、六百人（其以前の時は二千人にて此時も参り申候）親王方の奥方より諸高官の娘達皆立派なる装にて打交り踊有之、勿論かよふなる席の踊は芝居の踊とは違ひて、男女組合あちらこちらをヒヨコヒヨコとはねあるく抔《ばかり》するおどりにて、格別面白き事は無之、まして手前はまるで踊をしらぬゆへ只諸人と共に見物しながら話抔をするのみ、皇太子の奥方には其夜改めて御目にかゝりていねいの御口上等有之候。（中略）

其夜の有様は一々筆には尽されぬほとの景色にて、まづ金銀珠玉をちりばめたる事仙人の住家

かと見まごふ程の宮殿に美事なる燭をもやし、踊の間には蝋燭五千本程つり灯籠にてりかがやき、美石の柱は数を知らず、其美事なる灯の下に魯《露》帝始一同あちこちと歩み、天乙女の如き美女百人余（勿論中にはグルリダカノ、チヨンボリ鼻なるおたふくも随分見へたり。しかしいづれも大めかしなれば、流石に馬子にも衣装とやらで、醜き女子は見へざりけり）ここにあつまりかしこにおどり、我々も大礼服に而《て》にこやかなる顔付をして（勿論自分でにこやかの積）ながめ居たり。

便りはこの後、大広間で宴会になり、豪華なご馳走を食べ、「浦島太郎の龍宮にて姫と住みし時とても斯る金のかかつた御ちそふはあらざりしなるべし」と書いている。

そして、ロンドンにきている沢太郎左衛門から便りが届き、三月十日ごろに帰国するというので、プレゼントの持参を頼んだ。妻には金の時計と金の鎖と指輪、兄鍋太郎武與と姉の観月院には金の鎖、長男の金八には写真鏡と写真百五十枚余、妹の江連うたには金時計と金の鎖という具合に記し、逐一それぞれの金額を明記した。そのうえで指輪は釈迦の生国セイロンで買ったものだが、「手前にはちとみともなき故、用ひず故に、御まえへ江差上候」と書いた。

最後に、アジア地方に疱瘡が蔓延していて、支那の皇帝も疱瘡で亡くなったので、子どもには種痘を受けさせるよう注意を促した。そして、「御まえと金八、御きぬの写真の到来を楽しみに待居候」と書き、「御まえ事、常に内にばかり被居候趣なれど、随分歩行もなければぬときは、からだの為めあしく候。また御きぬに手がはなされぬならバ、毎日庭なりと御あるき被成、丈夫にあられ候事をひたすらいのり申し候」と結んだ。

武揚はこの後も多くの便りを肉親に送っている。長男金八には英文の便りを届けている。どれもが遙かに離れて暮らす家族への心情が横溢する文面である。

樺太千島交換条約を締結

樺太千島交換の談判は『大日本外交文書』から見て、かなり難航したことがわかる。三月八日の談判の一部を掲載する。千島北端の阿頼度《あらいど》島、占守《しむしゅ》島、幌筵《ぱらむしる》島をめぐる白熱した論議である。なお文中、パラムシル、ホロムシロなどが混在しているが、いずれも幌筵《ぱらむしる》島を指す。

武揚　キュリル（クリル、千島）全島を御譲《ゆずるべきこれあること》可有之事。

スツレモーホフ　夫《それ》はかの大島たるパラムシル（幌筵）島迄も御望《おのぞみになり》被成候事に哉《かな》。

武揚　特にホロムシロ（幌筵）島而巳《のみ》ならずカムサッカ迄に連なる島々を悉《ことごとく》皆御譲《おゆずりこれあるべく》可有之と申義《もうすぎ》にて候。

スツレモーホフ　其義に就ては先頃も申入候通、かのパラムシル島以北は其海峡狭隘《きょうあい》にして船隻の通航に便ならずを以て、我国船に常にアンフヒトリツト瀬戸を通航致居候。然るに今、パラムシル及び其他の島をも貴国に御譲申候上は、我船は常に他国に属する瀬戸を通航せざるを得ざるを以て、海軍省にて何分不承知にて候。

武揚　乍去《さりながら》其代りに樺太島は貴領となるを以て、ラペルーズ海峡にて之を補償し得べし。

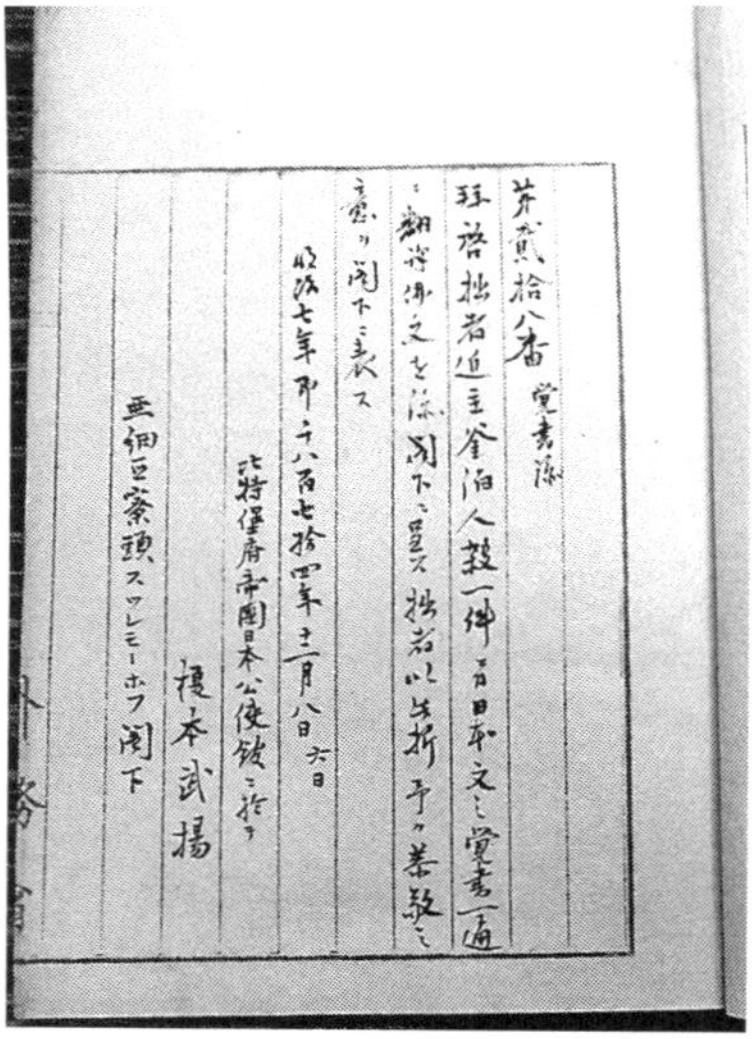

武揚がロシアのスツレモーホフに送った便りの覚書
（北海道大学附属図書館蔵）

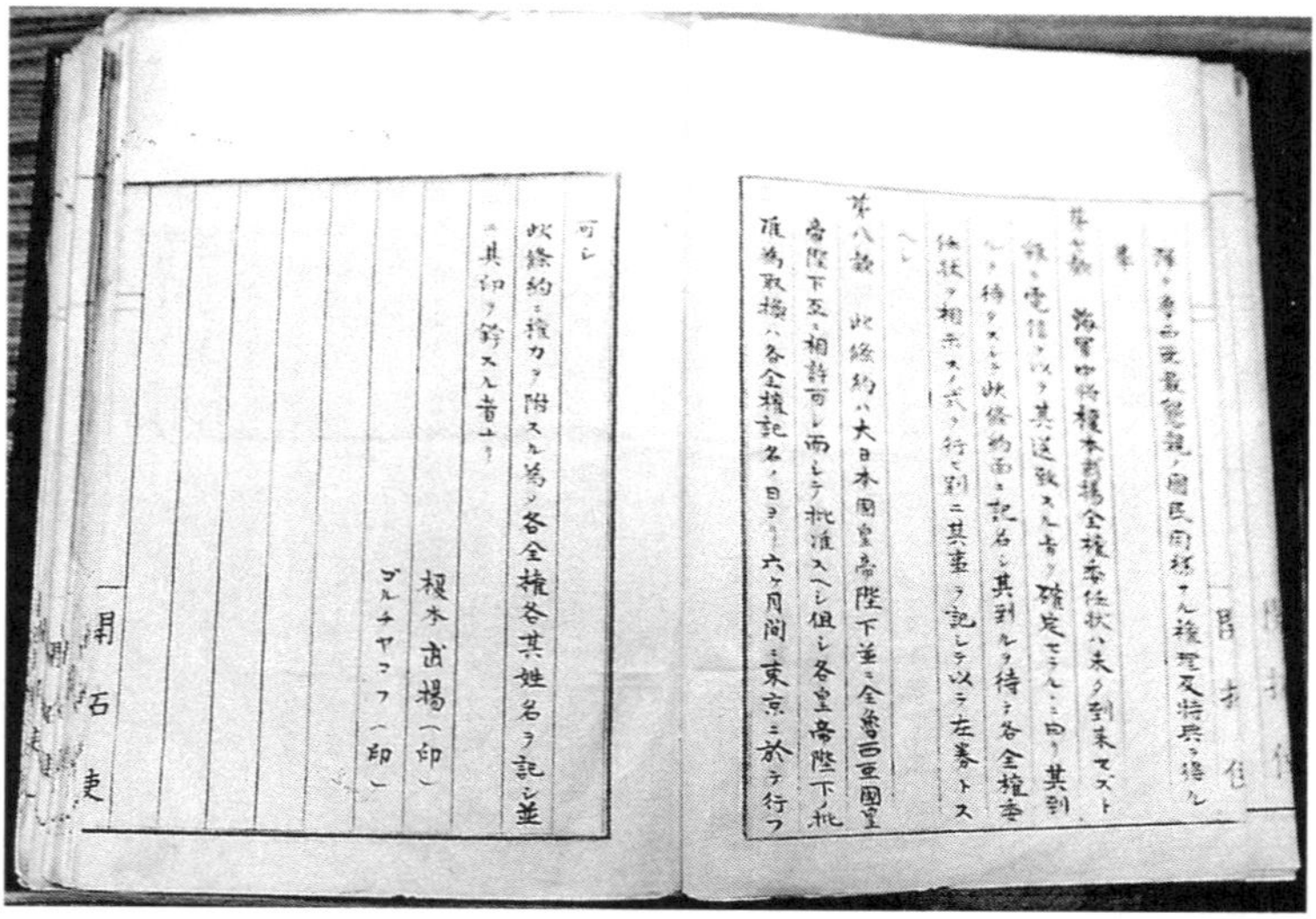

交換条約がまとまり、正式調印を決めた文書（北海道大学附属図書館蔵）

スツレモーホフ　樺太島は我国と貴国との諸領に付、ラペルーズ海峡は是迄とても相持の瀬戸にて、右は他領を通航すると同日の論には無之候。其上パラムシル等島をも御譲申事は拙者訓状に無之候ニ付、御談判いたし兼《かね》候。

武揚　今日拙者の陳述《ちんじゅつ》いたし候は、本国よりの命令を述《のべ》候義にて、即席に貴下の御比論を承るを要せず。御訓状に無之とあらば、尚御評議可有之《これあるべく》其上にて御決答可承候《けっとううけたまわるべく》。将《まさに》パラムシル等島を御譲被成候とて、貴船のアンフヒトリツト瀬戸を通航せらるゝに聊《いささ》か御懸念の義は決て無之事にて候。但し魯（露）政府にてアンフヒトリツト瀬戸を以て境界とせんと主張するの意は、兼て申進候通り、キュリル全島を我に譲るときは魯（露）船の太平洋より亜細亜領地に往来する者は朝鮮海峡を除く外は悉《ことごとく》皆日本所領の海峡を通航せざるを得ざるを以てなり。

談判はその後も続けられ、四月十七日に至り、武揚の主張通り、樺太島と千島列島全島とを交換する、クシュンコタン港は日本船舶に十カ年間港税、海関税を免除する、同港に日本領事を駐在させる、近海での漁業は最恵国待遇とする、などで決着した。わが国が初めて大国と対等に渡り合って得た結果であった。

談判の途中から日本側通訳にポンペの名前が見える。ポンペは武揚らが若き日、オランダに留学した時、何かと世話してくれたオランダ人医師である。ポンペが武揚に的確なアドバイスをし、談判を有利に進めたであろうことは、現存する文書からも容易にうかがえる。

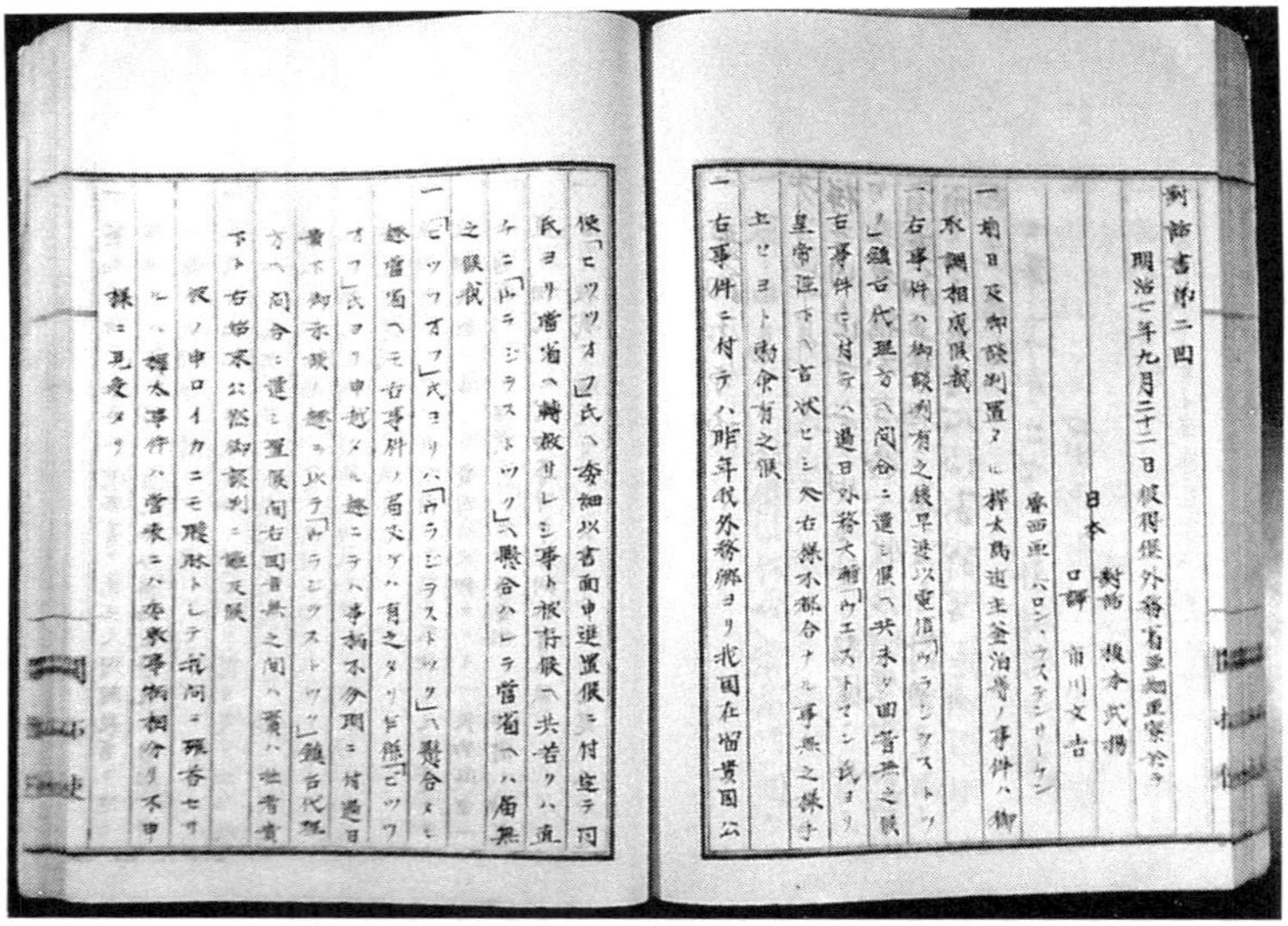

日露の協議内容を示す記録。両国の発言を黒字と赤字で区別

こうして五月七日、武揚とロシア総理大臣兼外務大臣ゴルチャコフの間で樺太千島交換条約が調印された。正式調印はたがいに現地を調査した後、東京で行われることになった。

この交渉結果はすぐに武揚から日本に打電され、国内の新聞各紙は一様に「弱腰外交」による敗北と報道した。不平等条約の改定もままならない政府に対する不信感は募っており、この交換条約でも、千島列島はもともと日本国のものであり、樺太を放棄したのは失敗と指弾したのである。だが日本がこのまま樺太を領有するには軍事力を整えねばならず、この段階ではとうていできない相談であったといえる。

意外なことにロシア国内にも同様、不満の声が上がった。この交換が戦略的に見てロシアに損失をもたらす、というものだった。

交換条約の締結により、樺太、千島の島々に住む人民の処遇が新たな問題となった。「各島に住居する各民は十分の自由を保有して其地に留るを得。只其支配（法令裁判等）は転して新領主に帰すべし。即ち樺太島に在る日本人は魯西亜の支配を受け、千島諸島にある魯西亜人は日本の支配を受くべき事」に基づき、樺太アイヌ民族がそのまま樺太に居住すればロシアの支配を受けることになり、日本に属するなら故郷を離れなければならなくなったのである。多くの樺太アイヌ民族は日本に属することを主張したので、これが後に樺太アイヌの北海道強制移住を惹起することになる

欧州の旅へ

六月十三日、懸案になっていたマリア・ルス事件の裁定が決まった。ペルー国使節が日本国に多額の損害金を要求していたのに対して、ロシア皇帝は、

「日本側の措置は一般国際法にも条約にも違反せず、妥当なものである」

としてそれを却下し、日本国を勝利としたのである。この裁定はロシア皇帝の配慮によるのは明らかだが、ひとえに武揚への信頼がそうさせたといえた。

武揚は安堵し、即刻、外務卿寺島宗則に宛てて電信で伝えた。

その一週間後、武揚は兄と姉宛てに便りを出した。前文を省略して紹介する。このころになると樺太千島交換に対する批判が日本国中に広まり、不穏な動きが絶えなかった。

手前御用向之「マリヤルズ」船一件も弥《いよいよ》去る〔六月〕十三日に魯西亜帝之御裁判相済、日本政府之方全く勝利と相成候条、実に国家之為め、且は手前職掌にとりても無比上面目之至《このうえなくめんぼくのいたり》御慶《およろこび》可被下候《くださるべく》。

ペールー〔ペルー、以下同じ〕国使節と日本政府論判之上、魯《ろ》西亜帝に裁決をたのみたる者にて、昨冬より「ペールー」国使節当表江罷越居《まかりこしおり》、手前と度々手紙のやりとりもいたし、「ペールー」国より魯帝江差出たる書類中には日本政府の為に損を受たる金高として四拾八万円も望み候事抔《ばかり》も有之たるところ、遂に日本政府の方、道理宜敷事《どうりよろしきこと》に相極り、一文《いちもん》〔金銀の単価〕も出すに及バぬ事に相成申候。

又「カラフト」条約一件に就而《ついて》は今般寺嶋外務卿より日本国の為め、後来之害を除き、国柄をおとさず国利も失はぬ取計方格別之骨折なりとホメコトバ申越候間、是又一寸御披露申候。尤《もっとも》この義は手前出立前より決心之上引受候義に付、人がなんといふともかまはぬ事なれど、よくいはるれバ心地よきはあたりまいなり。乍併《しかしながら》世間にはかれこれいふものも可有之《これあるべけ》れど決而《けっして》〳〵御気ニかけ被下間敷《くだされまじく》、黒田長官抔も此度伝言を以て礼を申来候。

「日本政府の方、道理宜敷事に相極り、一文も出すに及バぬ事に相成」と喜びを表しているのに比べ、最後の「世間にはかれこれいふものもこれあるべく」の文面に、武揚の複雑な心境がのぞく。

太政大臣三条実美より開拓長官黒田清隆に、正式に樺太千島交換条約締結を伝えたのは七月二十三日。黒田は、樺太放棄を上申した当人だけに手を打って喜び、武揚が帰国したら盛大な歓迎会を開いてやろう、と考えた。

交換条約批准書の調印はこれより二カ月後の八月二十二日、東京で行われることに決まった。

そんな折、生まれて間もない長女きぬが亡くなったと知らせてきた。武揚は悄然となった。

武揚は、樺太を放棄後、日本にもっとも近くなるロシア沿海州や東部シベリアを熟知するため、ペテルブルグの図書館や博物館に通って学ぶかたわら、ヨーロッパ事情をこの目で見ておこうと、視察旅行に旅立った。期間は丸一カ月に及んだ。

八月二十五日、ペテルブルグを蒸気機関車で出発し、三十四時間かかって翌日夜遅くドイツのベルリンに着いた。駅に出迎えた青木周蔵、松本桂太郎らとともに鉄工場や鉱山を見学したほか、上野宮にも会って、「不相替《あいかわらず》御丈夫ニ而《て》プロイセンの兵隊中に入られ日〻調練、色もクロクなられ、好き士官に可被成《なられるべく》候」と書いた。

この後、フランスのパリに赴き、ホテルに入ったが、ここで単身イギリスからやってきた肥後の旧藩主の弟、細川亮之助に会った。この地で妻の多津や、妻の父の林洞海、山内堤雲からの便りを入手した武揚は九月九日、妻への返信の中で、

「以前之大名も今は独りで西洋を旅するよふになりたるは時勢之変化目出度事と謂ふべし。亮之助子(氏)と同冬中、是非ペテルブルグ江見物に独《ひとり》にて被参候《まいられそうろう》積《つもり》約束致候。明年夏には帰国之積より、

西洋にはもはや四年留学せり」

と維新後の変貌ぶりを驚きを込めて書いた。

欧州各地を回り、ペテルブルグに戻った武揚は、朝鮮半島で起こった江華島事件を知らされ、驚愕した。急ぎ書記官の花房や医師ポンペとともに『朝鮮事情』の翻訳を始め、明治九（一八七七）年一月、早々と完成させた。黒田が朝鮮派遣使節の正使として乗り込み、不平等条約を押し付けて通すことになる直前であり、『朝鮮事情』が事前に読まれたのは当然であろう。

ロシア・トルコが戦争

武揚は来年にも出るはずの帰国命令を待ちながら、千島の開発について調査し、合わせて大陸政策を構想した。折りしもトルコ国の国内が揺れだしたので、近隣諸国の動きなどを含めて日本の外務省に報告書を送った。

この明治九年の年に、妻に一通だけ出した長文の便りが見える。六月六日付のもので、ここでも前段にトルコの情勢を書いてから、化学者らしく鶏卵について以下のように綴っている。


十三日前より仕掛ケ置候鶏卵機械抔《ばかり》も誠に楽しみに候。もはや七日立ち候へハ卵かへり可申《もうすべく》其仕掛ハ先便に申入たる通至而《とおりにて》手軽にて朝夕一度湯を加へ候のみにて、曾《かっ》て東京にてためしたるよふなめんどうな事無之多分よくかへるへくと存候。

九日目の卵を破りて見候処、形もよく出来居候間、「アルコール」へ漬け置候、かく申候へはなにか華族じみてあどけなき事をなぐさみ馬鹿げて見へ候ども、卵の事ニ付而は随分よき工夫も出候。そは別事にあらず、箱根の温泉場に地所一ケ所を買ひ、涌出る温泉を用ひて卵をかへす工夫にて、薪一本も用ひずして何千万の卵をも僅かの入費にてかへし得べく、又其温泉の余りを箱にて室ビイドロ屋根ノの中へみちびき、冬中胡瓜《きゅうり》、茄子《なす》其外野菜類より花草抔をも自由にこしらへる工夫なり。温泉は「セルシユース」寒暖計五六十度の熱サなければならず、依之《よってこれを》箱根湯元へ誰か人を遣し、温泉の暖度と地所を見立置せ度候。

そのうえで「これは金設け抔《ばかり》する為ばかりには無之、下試み之上、日本温泉場へ此事を開きて人民の益をおこさん為なり」と書き、さらに「乍去《さりながら》手前帰国（明年）迄はあまり多くの人に話さぬ方よろし」とクギを打っているところが面白い。

明治十（一八七七）年一月、日本政府から待望の帰国命令が届いた。武揚はこの際、シベリア経由で帰ることにした。なぜ船を避け、難儀なシベリア大陸にしようとしたのかというと、日本人が抱いている「恐露症」をこの際自分が体験することで、ぬぐい去りたい、と思ったことによる。

この時期、妻のたつに書いた便りが、そのあたりを突いている。

一体日本人はロシヤを大いに畏《おそ》れ、今にも蝦夷を襲ふならんなどといふはハシにも棒にもかからぬ当推量にて、なかなか左様の訳には無しこれとは知れど、今手前身分はこの上もなきよき折りからロシヤの領地を旅行して日本人の臆病を覚し、かつは将来の為を思ひて実地を経て一部の書をあらはし候心組に御座候。日本政府もひたすら此事を望み居り候。山県陸軍卿等も頗《すこぶ》るここに注意いたし居り候は、尤《もっとも》の事と被存候。

帰国、延期に

ところが二月、思わぬ異変が起きた。鹿児島の西郷隆盛が「政府に訊問したいことがある」として兵を率いて出陣し、西南戦争を引き起こしたのである。政府は全兵力を九州に派遣し、鎮圧軍の総帥は大久保で、黒田も戦線に出陣する方針ととという。

武揚は思わず腕を組んだ。国内に政府への不満が高まり、士族の反乱が続発しているのを承知していたが、よもや西郷が蜂起するとは想像もできなかったのである。西郷も、大久保も、黒田も、みな薩摩人。それが相討つことになろうとは。

四月に入り、武揚が気にしていたロシアとトルコの間で露土戦争が起こった。日本政府から「帰国延期」の指示が届いた。国内は西南戦争の最中であり、ロシアもトルコと交戦中では帰国も難しい、と判断したのだった。武揚は西郷の蜂起が自分の帰国延期につながったのを、因縁めいた思いで噛みしめた。

武揚は露土戦争の状態を分析しながら、この戦いがわが国やヨーロッパ諸国にどのような影響を及ぼすかを調査し、本国に情報を送り続けた。

この時期、家族への便りが何通か現存するが、四月二十六日朝に妻から届いた便りに対する五月二日の返信を掲げる。文中の寺嶋は寺島外務卿を指す。

（露土戦争は）年内には方付き可申と被存候、乍去《さりながら》時候相後れ候へば「シベリヤ」通り帰朝も難《むずかしく》相成《あいなり》に付、まづ此事は後日戦争之模様次第にまかせ尚又寺嶋氏江可申立事も可有之、其旨を今便同氏迄御用状に而申遣し候、此手紙を御読被成候はゝささそ力を御落し可被成と存候得共、是も又日本国之為なれは無拠事にて手前之病気抔にて帰られぬよりはるしなりと今十ケ月はかりも気永に御待可被成候。

西郷が自決し、西南戦争が終結したのは九月二十四日。露土戦争もやっと収まって、日本政府から改めて武揚に対して明年秋までに帰国するよう命令が届いた。

だがロシアとイギリスの間に新たな戦争の火種がくすぶりだしていた。これは武揚が姉の観月院に宛てた明治十一年三月二十二日の便りの「近頃イギリスとロシアの間柄甚《はなはだ》悪《あし》く恐らくは戦を開くに至るべしと取越しの苦労する者多く有之《これあり》候」からも推察できる。

また四月五日の妻への便りでは「英露二国開戦に至り候へば、シベリヤ通り帰国は出来申さぬの一事に有之候。其の故はウラヂオストック港を英の軍艦にて閉ぢ申すべきにつき」「中亜細亜《なかあじあ》を経、キャフタ〔支那と露の境〕より大砂漠及び所謂《いわゆる》万里の長城を越て支那北京へ到り、夫より帰朝するも未だ相知れ申さず候。この道はシベリアよりも捷道《ちかみち》に御座候」と書いている。

武揚はいずれ帰国する時は思い切ったコースを取ろう、と考えていたのである。

この直後の五月十四日朝、日本国内で驚愕すべき事件が起こった。内務卿大久保利通が二頭立ての馬車で太政官に向かう途中、東京・紀尾井坂で六人組の暴漢に襲われ、殺害されたのである。犯人は斬奸状から西郷隆盛の信奉者であることがわかった。

西郷に次ぐ大久保の死に、ロシアの武揚は呆然となった。

シベリア横断と「西比利亜《シベリア》日記」

武揚の帰国は結局、当初から計画していたシベリア経由と決まった。ロシア皇帝に会いお暇乞いをした武揚は明治十一（一八七八）年七月二十六日、留学生の大岡金太郎、寺見機一、それに通訳の市川文吉とともにペテルブルグを出発した。ロシア滞在は四年二カ月に及んだ。

武揚は鉄道と馬車、そして船を乗り継ぎながら、シベリア大陸約一万三千キロメートルを走破し、ウラジオストクに至るのである。

この間、武揚は大小二冊の洋帳に克明に日記を記した。これが「西比利亜《シベリア》日記」と呼ばれるもので、大型は長さ二二センチメートル、幅一八センチメートル、厚さ二センチメートルほど、小型は長さ一二センチメートル、幅一七センチメートル、厚さ一二センチメートル。このうち大型手帳にはペテル

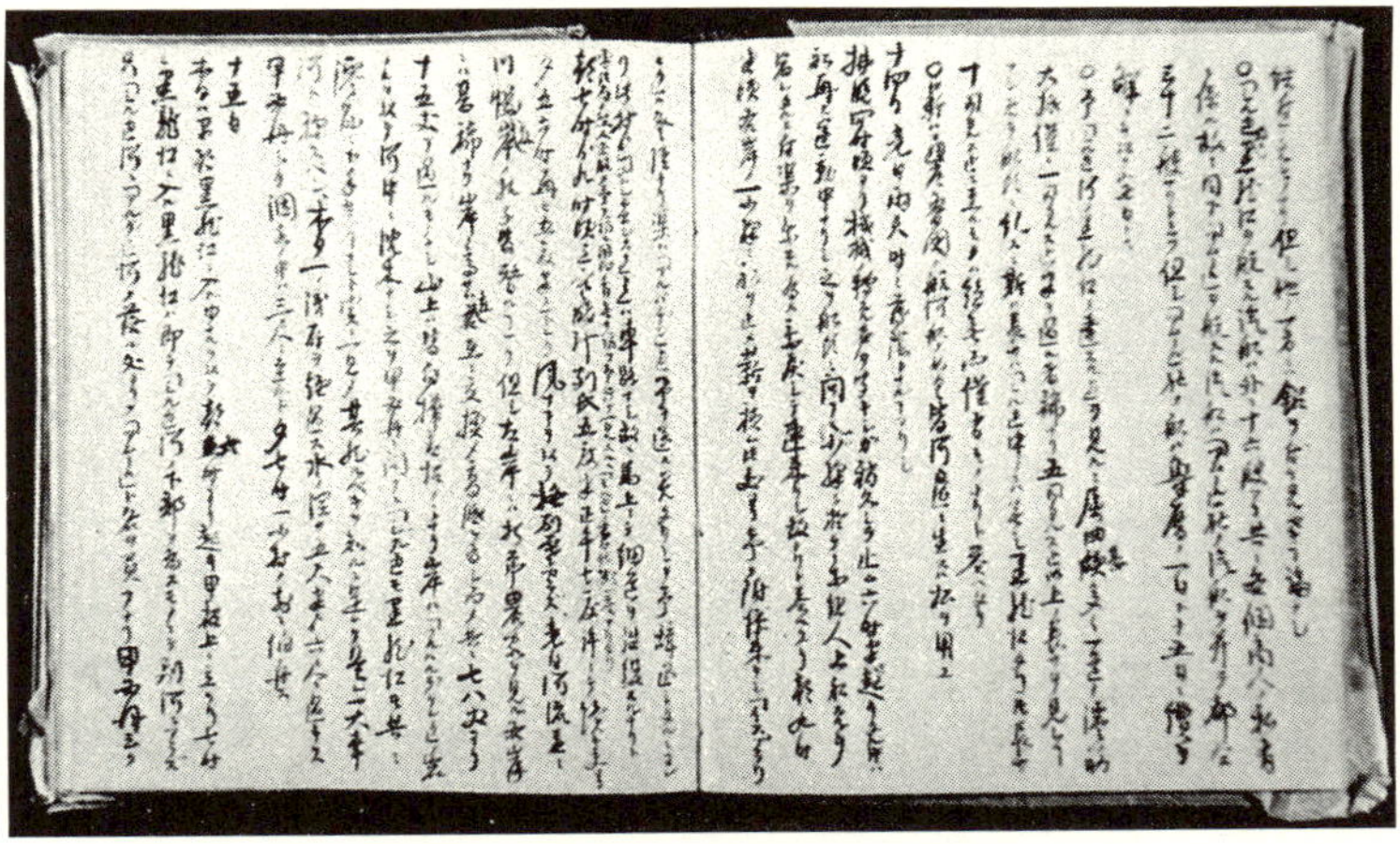

シベリア日記（国立国会図書館憲政資料室蔵）

ブルグ出発から八月九日（前半）のチューメン府滞在まで、小型手帳には八月九日（後半）のチューメン府出発から九月十三日のウスカラ村到着まで、再び大型手帳に移り、ウスカラ村出発から九月二十八日のハンカ湖までが書き綴られている。さらに翌二十九日夕方、ウラジオストク着までが裏表紙に、文章ではなく覚書の形で書いている。

日記は日本語をもとに書かれているが、時にオランダ語、ロシア語、英語、フランス語、ドイツ語、それに中国語、蒙古語などが入り交じっていて、武揚の言語学者としての一面も見ることができる。

この日記は『シベリア日記』として昭和十年代（一九三五―）に三度出版されたが、自費出版であったり、発行部数が少なかったりでほとんど目に触れることはなかった。戦後の昭和三十年代（一九五五―）以降、榎本武揚に関する研究書や伝記が出版され、武揚没後百年に当たる平成二十（二〇〇八）年に、学術文庫として復刊された。ここでは加茂儀一『資料榎本武揚』（昭和四十四年、新人物往来社）より随時、抜粋しながら掲げる。文中、モスクワを表すモスコウ、モスコーの表現が見えるが、そのままにした。出発の日の模様はこうである。冒頭は「明治十一年七月二十六日」としながら、文面は三日前の離別の模様から書き起こしている。

明治十一年七月二十六日

七月二十三日　ツアルスコヱセローの離宮にて一時帰朝御暇乞の謁見相済（み）、同二十六日午後七時十五分の汽車にて彼得堡府《ペテルブルグ》出立。汽駅にはポシヱット氏の命にて鉄道掛の士官出迎ひ、ヱキスタラウアゴン（特別列車）一輛を予が為に出せり。於是《ここにおいて》大岡生（露都にて銅版研究）も亦《また》此中に入るを得たり。

出立前午后二時、バシレフスキー氏、パスポールト（旅券）及内務卿より各県令へ当（て）たるオープンレツトル（公開状）壱通を持（ち）来り、且（つ）云く、内務卿は本日モスコウ府始めシベリヤ各県令鎮台等等へ予がシベリア行を電信にて知らせ、万事周旋すべしと申通したりと。汽車既に発す。車中に於て予が貯置きし日本酒一壜を開けて飲む。甚だ口に適せず。冷気体を侵す。初冬の如し。寒暖計を検するに列氏十一度（摂氏八・八度）たり。夜十二時眠に就く。モスコー迄の汽路は二条にして、殆んど一直線を為す。

二十七日モスクワに着いた。将官の出迎えを受け、市中を回る。翌日、クレムリンを見物し、同夜の列車で出発し、翌朝ニジニノフゴロドに着く。ここから汽船に乗り、ボルガ河を下った。

武揚は行く先々でロシア官憲の接遇を受けながら、その地域、地域の特徴はもとより、使った費用なども克明に記した。旅行の中で一番苦悩したのが、連日のように襲う蚊やブヨの攻撃だった。

武揚らはカザンからカマ河を逆上って、ペルム《ミ》に着いた。

> 八月二日　午前曇　午後快晴
> 竟日《きょうび》甚だ穏なる日寄《ひより》にして、午后三時頃よりしては満天雲なく風も全く微なり。両岸の景は更に昨日に異ならず。河中（の）澪筋《みおすじ》甚だ屈曲せざること亦《また》昨日の如し。処々船を停（め）て薪を積む処には、二十分乃至一時間も止るを以て、必らず登陸して其地味を見るに、皆粘土と沙少しくの交りたる膏腴《こうゆ》の地なり。畑は山上迄能く耕せる処多し。村落は皆丸木製の家のみにして農家は皆貧小なり。タタル人は到（る）処に多し。樹は松多くして良材を処々に見（る）。
> 汽船の止る処毎《ごと》に、魯《ロシア》の村婦群を為してイチゴ灌木の、イチゴ胡瓜、牛乳、パン等を売る。只韃靼《ただだったん》の婦人は観ること甚だ稀れなり。タタルの婦は常に家にありて家事のみを司どり、魯婦の如く外出して稼がず。タタルは一夫数婦を妻《め》とること、トルコ、ペルシャ等に均《ひと》し。

韃靼とはモンゴル系の一部族タタールを指すが、この時代は北方に逃れた元朝の遺裔《いえい》の呼び名でもあった。またタタール族がトルコなどと同様、一夫多妻であることを書いている。

船を降りた武揚らは馬車に乗り換え、ベルムからウラル山中を夜通し駆け続けた。固いがたがた道なので揺れがひどい。八月五日、罪人五十余人がシベリアへ送られるのを目撃する。半髪剃りの者も見えた。罪人の家族が同行しているのを見た武揚は驚きを込めてこう書いた。

婦人の別車にて随行する者あり。罪人のファミリー（家族）なるべし。又婦女の嬰児を抱きて其夫のシベリヤ行に従ふ者あり。坐ろに哀情を発せり。罪人は鎖《くさり》にて繫《つな》くと聞きしが然《しか》らず、只車毎に兵士一名添《そい》居れり。

武揚はその後も、罪人のシベリア送りを何度か見ることになる。

馬蹄過ぐる所砲煙の如し

チュメンに着いた。大きな町で人が群れていた。男性たちが通過する武揚の馬車に帽子を脱いでお辞儀した。

八月十四日朝、アフチンニコフという町に着いた。快晴だが、真夏だというのに気温が低い。朝食に卵を食べ、茶を飲み、午前十時出発する。急に暑さが募ってきた。武揚はその気象の変化に、「炎天燉《やく》（が）如（く）馬蹄過（ぐ）る所、濃烟四起、眉口《びこう》之（が）為（め）皆乾涸《かんこ》して渇《かつ》を催す。然れども不得止車《やむをえずくるまをとめ》帷《とばり》を下して塵を避く」と書いて、漢詩を三詩詠んだ。そのうちの一詩を掲げる。

漠々曠原落眼辺　漠々《ばくばく》たる曠原《こうげん》は眼辺に落つ
更無風景遂居還　更に風景の居を遂うて還る無し
聞説三旬天不雨　聞説《きくならく》三旬天雨降らず
馬蹄所過如砲煙　馬蹄過ぐる所砲煙の如し

翌日、トムクスに着いた。久々にホテルに入り、入浴する。夕食後、ロシア女性が訪ねてきた。長崎在留領事オラロフスキーの妹で、この地の男性に嫁いで六年になるという。武揚はその巧みな英会話に感嘆した。

地元の官憲の話によると、この町は脂穀類、砂金などが豊富で、とくに脂の需要が多く、値段が肉より三倍も高いという。気温は前年冬、マイナス四十二度まで下がり、外出もできなかった。このあたりはクマやオオカミが出没し、よく牧畜を襲う。キツネも多く、珍しい白ギツネもいるなどと聞かされ、この地方の寒暖の差の激しさを実感した。

十六日も快晴。この日も朝から猛烈に暑い。町に出かけて外套や帽子、眼鏡、それにシベリア地図などを買い求めた。値段はごく安い。昼飯に川魚を食べて、夜、月明かりの中を出発した。でこぼこ道の悪路なのに馬車の往来が激しいので、土埃が舞い上がる。寝ようと努力してもさっぱり眠れない。

明け方、風景が一変して山道になった。昼過ぎマリンスクに着き、牛肉のソツプとビロプステーキを食べた。ここから三二〇キロ先に砂金場があり、免状を持った者だけが砂金を採取できるのだという。税金は取得量により納めるが、砂金を政府に売らずにもっと高い相手を探していると聞き、民族性の違いに武揚は目を丸くした。

カラスノレチカ（カラスノヤレスク）は東西シベリアの境界地で煉瓦の標識が立っていた。屯所があり、守備兵七十人ほどが警備の仕事についていた。政府は罪人たちをここに移して土地を与え、耕作させるのだが、事件もなく安穏で、軍隊が派遣されることもないという。土地の娘が罪人に嫁ぐ場合など政府が五十ルーブルを与えて祝福するのだという。武揚は、罪人が家族連れでシベリアに赴く意味を、ここにきてやっと理解できた。

馬車は、蚊やブヨにまとわりつかれながら走り続けた。カラスノヤレスクを経て八月二十七日、ヂミンスカヤに着いた。ここからヂマー河を渡る。左右の草地にイタチのような獣が見えた。シヌルキーという動物と知らされた武揚は銃を取り出し撃とうとしたが、素早く逃げられた。武揚はシヌルキーを「死ぬる気」に引っかけて、「シヌルキーならば何故斯《か》く走るやとて一笑せり」と洒落て書いた。

アザラシの一種を描く

翌二十八日、大河原のアンガラ河原に沿って進み、イルクーツクに着いた。

八月二十八日　快晴

ゲネラール、シーウエルス氏の家に宿す。イルクーツク府は、アンガラ河を渡（り）て向岸にあり。人口三万五千なりと云ふ。河中処々に島あり。予が車河を越るとき、ポリシーメーストルは正服にして迎え出で、先乗（り）を為し、又カザク《コザック》の騎兵二騎にて我等の車前後を擁せり。河を渡り了《おわ》ると府門あり。頗《すこぶる》美なり。此渡口に大学校の生徒十数人白衣を着て出迎（え）たり。又見物人も多かりし。只皆慎《つつし》（み）て一語も吐くものなく、皆帽を脱して礼す。

旅館には、シーウエルス氏及（び）ポウコーニク某氏出迎え（た）り。甚だ美なる家にて、主人の寝所と書斎を予が為めに与えられたり。予市川子〔氏〕と直ちに主人の命じ置きし自家の浴室に入（り）て浴せり。甚《はなは》（だ）快を覚ふ。浴後当府在勤の兵隊の惣長ゲネラール某機嫌嬉々として来る。五時半、主人及（び）ポウコーニク其他同行一同にて食す。美酒佳肴坐に満てり。主人は甚だ真率の性質にて極（め）て親切なり。二人共に日語《ゼルマン》（独逸語）に通ずるを以て予が為めに甚だ便利たりし。

と書いた。

翌朝、午前七時に起床する。この日も快晴。武揚は「流石は顕官の寝所なるを以て毒虫なかりし」と書いた。

朝食を摂った後、海軍の小礼服をまとい、シーウエルス氏らと鎮台をはじめ要所を訪問した。東シベリア陸軍都督との会談でロシアの屯田兵について質問したところ、正兵は六千人、ほかは不規兵、

「明治７年樺太を中心とした日露折衝に関する文書」に見える武揚が描いたアザラシの絵（北海道大学附属図書館蔵）

すなわちコサック兵で、正兵と併せて約三万人ほどと答えた。武揚は、「此屯田兵は平時は悉《ことごと》く調練して居るものにあらず、国境に於て地を得、税無《ぜいなく》耕作を事として居る者なり。故に事あるとき呼寄《よびよせ》て以て兵と為すなり。馬も銃器も衣類も皆自分の入費なりと」とロシアの屯田兵は弱体である旨を指摘した。

この町には中国人の商人が四十人ほど住んでいて、茶や飴などを販売していた。武揚はそれを細かく記入した。中国商人たちは、立派な馬車で乗りつけて、軍服姿のままで記録する日本高官の姿に目を見張った。

シーウェルスの話によると、東西シベリアで産出される砂金はかなりの量にのぼるが、洗金場はヤクツー県にしかないという。武揚は近くの洗金場を訪ねた後、博物館に赴き、鉱石の現状を把握する作業をした。

好奇心の強い武揚は、鉱石だけでなく、鳥、虫、獣などを調べ上げた。バイカル湖に生息するチュレーンというアザラシの一種を、これは珍しいとして絵に描いた。この絵は北海道大学附属図書館の「明治七年樺太を中心とした日露折衝に関する文書」の中に見える。

寺院の仏像、日本と同じ

二日間ここに滞在して英気を養った武揚は、三十日出立、リスウヰチナヤから船に乗り、約六時間かかってバイカル湖を渡った。バヤルスカヤという町で馬車に乗り換え、キヤクタ（キャフタ）を経て九月三日、中国領のマイマチンに入った。首長が蒙古兵の士官を代理に立てて、武揚を出迎えた。ここでラマ僧と知り合い、ヂンギスカンの話などを聞く。その夜、セレンギンスク村で宿泊する。翌朝早く、グウジエー湖のブリヤク寺を訪れようと車で出発した。途中、小さな家が散見され、牧牛羊場に牛や羊が群れていた。ほどなくグウジエー湖に着いた。南北二里、東西二十五丁ほどの大きな湖で、水は碧色で清く澄み、雁や鶴などが群集していた。

向こう岸に建つ仏寺は三楼で美しく、そこで武揚はラマ宗の大僧正と会話する。

以下、この日の日記から寺院の様子を見てみよう。

本堂は釈尊始め各種の仏像及掛物其他一切、皆日本に同じ。只仏経は印度語をツベツト〔チベット〕語に訳せしものにて魯紙へ書きたるなり。予大僧正に衆僧をして予が為めに読経せしめんことを乞ふ、諾す。十六人の僧（日本僧に異なるなし）箕坐《あぐら》して無本にて読み始めたり。其節は日本僧より高く、且《かつ》少しく異れり。ツベット語なり。夫《それ》より大僧正と共に三回〔階〕の楼上に上り、バルコン〔バルコニー〕に出て四方を眺望す。

セレンギンスクに戻ると、ウラジオストクから昨日発信した開拓長官黒田清隆からの電信が届いていた。黒田は武揚の帰国に合わせて箱館丸に乗り、ウラジオストクまで出迎えにきたのだという。行程はまだ四分の三を過ぎたあたりで、ウラジオストクまでざっと三千キロ。馬車から途中、船になるが、休まず走ってもまだ十数日はかかる計算である。武揚はすぐに返信を打ち、その夕のうちに出立した。

夜になり、急に寒さが厳しくなった。翌日の明け方には氷点下五度まで下がった。セレンガ河を渡るとほどなく再びロシア領になる。小さな駅で朝食を摂り、また馬車を走らせた。「道筋悪しからずと雖《いえど》も前車轍と自然道なるを以て車の同様殊に甚しかりき」という状態だった。

九月六日も快晴だが、日没になると寒気が襲ってきた。武揚は次の一首を作った。

故郷の雪より寒ししべりやの
　ゐらふの原の秋の夜の月

チタを経てネルチンスクに着いたのは九月八日。この地の有力経済人プーチンに招かれ、同家に宿泊した。翌日明け方、プーチン経営の砂金場を視察し、その模様を「毎日四万二千プードの土を洗ふ。金は四十ドリに過ぎず。含金土の厚さ一アルシン半。金脈の幅は百乃至百二十サーゼンなり。此処の金は塊石とガラニートの砕沙に和して出づ」とロシア単位で書いた。

ネルチンスクに戻った武揚は、プーチンと貿易について語り合い、滞留を勧めるのを振り切って翌朝早く、寒気をついて出立した。連日、車中から見える風景は寒々としていた。十一日、武揚は次の漢詩を詠んだ。

涅陳城外雪花飛　涅陳《ネルチンスク》の城外、雪花飛ぶ
満目山河秋已非　満目の山河、すでに秋に非ず
明日黒龍江畔路　明日《めいじつ》黒龍江畔の路
長流与我共東帰　長流、我と共に東に帰る

その夕、ストレチエンスクの旅館に着くと、ウラジオストクの箱館丸からまた電信が届いていた。同乗の開拓使役人鈴木大助からで、「黒田は一昨日、日本に出立せり。箱館丸は君を乗せて帰国する為来着を待つ」とあった。武揚は、日記にこう記した。

右は何より一番の好信にして、黒田氏の厚意を深謝するに堪へたり。入夜鶏を買ひ日本料理を

食ふ。味甚佳《はなはだよし》。旅館はレヂカント〔寝台〕なきを以て座敷の板の間へフラネルを敷いて臥せしに、例の虫毒に刺れたり。

天候が悪くこの地に滞留し、十四日朝、汽船で出帆した。十五日朝七時、シルカ河から黒龍江に入った。ロシア読みではアムール河と呼び、左岸はハバロフスクまでロシア領、右岸は中国領である。武揚は「我が船も黒龍江に入りたれば、何となく家郷へ一歩近づきし心地せり」と書き、さらに「年来黒龍江の名を聞きしこと久しかりしが、今日自ら流《ながれ》に順《したがっ》て下り、宿志を遂るを得たれば予が悦び知るべし」と高鳴る心境を綴った。

十六日夜九時半ごろ、船は白山の岸を過ぎた。この岸には石灰層があり、一年中煙っていると聞き、船上より目を凝らして見たが、月が陰ってよく見えない。船長が船を止めてくれた。しばらくして月光に照らされ、雁が空を飛んでいくのが見えた。武揚はその美しさに一詩を詠んだ。

玉兎漾波金塔横　玉兎《ぎょくと》〔月影〕波に漾《ただよう》て、蛇影《じゃえい》横たわる
曜星徐動夜三更　曜星〔星々〕徐《おもむ》ろに動く、夜三更
黒龍江畔仲秋月　黒龍江畔、仲秋の月
思起当年林子平　思い起こす、当年の林子平を

船は大河を東へ東へと進み、ハバロフスクを越えて一気に南下し、途中、別の汽船に乗り換えてスイフン河を走り、レチノイに着いた。ここでロシア軍艦アブレックス号に乗り移り、九月二十九日午後五時半、ウラジオストク港に着いた。出迎えの箱館丸の官員らが歓呼の声を上げた。六十六日間に及ぶ長旅であった。

この地に二日間滞在した武揚は十月二日、箱館丸で出帆し、四日夜、小樽港に到着。札幌に移動して逗留し、再び小樽に戻って銭函にも行き、小樽から函館に出て、十九日に函館を出航、二十一日夜、横浜に着港。同夜のうちに帰京した。

武揚は日記の最後に、シベリア旅行費用計算書を美濃判罫紙十枚に一つ一つ克明に書いている。例えば冒頭のペテルブルグからモスクワまでの部分を見ると、一等蒸汽車一人分二十二ルーブル（日本円で十三円くらい）、同二等汽車一人分十五ルーブル、同汽車車掌二ルーブル、同手荷物等運搬人四十五ルーブル十コペーキ、荷物取扱人二人四十コペーキ、駅茶代並びに雑費一ルーブル五十コペーキ、モスクワ府着の節の荷物取扱人一ルーブル、ウラジオストクへ電信料七ルーブル、二橋書記官見習御用状差立料一ルーブル、同府帝宮案内者二ルーブル、同ホテル諸払い七十九ルーブル、同所ボーイら十二ルーブル、荷物取扱人ら四ルーブル、同所入浴料二ルーブルといった具合である。

これらをすべて日本円に換算すると、ペテルブルグからウラジオストクまでの旅費は千九百六十八円三銭、ロシアから日本までの荷物運搬費は四百五十九円二十八銭一厘、小樽より東京までの旅費は七十三円三十六銭七厘五毛、合計総額は二千五百円六十七銭八厘五毛となる。前述の巡査の初任給は四円から推しても、どれほどの金額であったかおよそ想像できよう。

第七章

降りかかる国家の難題

——一八七九—一八九三年

明治十四年の政変

武揚は帰国して間もない明治十二（一八七九）年二月、条約改正取調御用掛に任命された。これまでに諸外国と結んだ不平等条約を改正するのが狙いである。武揚は外務卿寺島宗則の意見を容れながら、関税自主権を優先する条約案を作り上げた。

ところが交渉相手国の一つであるイギリス公使は、連合談判の基礎となる日本政府の条約案の提出をめぐって態度を硬化させ、結局、寺島は辞任に追い込まれた。外国相手の交渉がいかに難しいかを示すものといえる。代わりに井上馨が外務卿に就任し、武揚は外務大輔になり、武揚は井上を支えることになった。

明治十三（一八八〇）年二月、海軍卿兼任になった武揚は、法権回復を優先する条約改正案をまとめ、井上がそれをアメリカ、清国（中国）を除く各国公使に交付して交渉を始めようとした。ところがこの改正案がオランダ公使から事前に漏れて「ジャパン・ヘラルド」紙に掲載され、日本への不快感が高まった。井上も武揚も困惑したが、どうにもならない。

この時期、武揚は海軍卿の立場で北海道を訪れている。ロシアに対する防衛体制を見定めようとしたと思われる。武揚はその足で、以前、世話になった噴火湾森村の旅館、阿部重吉を訪ね、乞われるままに風変わりな書を書いた。文面はこうである。

北海道森町に残る武揚の「木三馬四幸」の書

木三馬四幸《もくさんばしこう》　梁川《りょうせん》

最初の木三とは森を、馬四幸とは駅を意味し、「森駅」と読む。署名の梁川は武揚の雅号である。森村は現在の森町、武揚が旧幕軍を率いて上陸した鷲ノ木に近く、室蘭と噴火湾を結ぶ重要な地点であった。武揚がどんな思いで書いたのか真意はわからないが、逼迫した場面にいても洒落っ気だけは忘れない、ということであろう。

国内では、国会開設要求を叫ぶ声が日増しに高まっていた。国会期成同盟は「国会ヲ開設スル允可ヲ上願スル書」を太政官に提出したが受理されず、いきり立った同同盟は、わが国初の政党組織である自由党を結成し、政府と対立の構えを見せた。

政府内部も大隈重信の財政政策が深刻な危機に陥り、官営工場払い下げ概則を定めて、内務省、工部省、大蔵省、そして開拓使の官営工場を民営化する方針を打ち出した。開拓使は二年後の明治十五（一八八二）年一月で北海道開拓十カ年計画が終了するので、長官黒田清隆はこれに基づき、開拓使官有物を薩摩出身の五代友厚らが経営する関西貿易商会に払い下げようとした。政府が北海道開拓に注ぎ込んだ費

「明治 14 年の政変」を伝える雑誌「驥尾団子」

用は千四百万円、それをわずか三十九万円という低価格で払い下げる、しかも無利子で三十年年賦とした。

この開拓使官有物払い下げは大隈らの反対を押し切って通り、あとは勅裁を経るだけになった。

ところが明けて明治十四（一八八一）年三月、大隈が国会を開設する独自の建議を左大臣有栖川宮熾仁に提出した。伊藤博文は激怒し、大隈と会見して鋭く対立した。それに絡んで「東京横浜毎日新聞」は七月二十六日の社説で「関西貿易商会の近況」と題して開拓使官有物払い下げ問題を暴露したため、国内は騒然となった。

慌てた政府は十一月十一日夜、御前会議を開催し、大隈の罷免及び開拓使官有物払い下げ中止を決定。併せて明治二十三年に国会開設を決めた。「明治十四年の政変」と呼ばれるクーデターである。

政府に睨まれた雑誌の中には、「新聞汽車（記者）の破裂」と題して、蒸気機関車の凄まじい絵を描き、「蒸れい（条例）に触《ふれ》たちまち管から破裂なし銘々の天窓へ砂い磐（裁判）がバッキン（罰金）と当り」と政府の言論弾圧を激しく皮肉った。

この政変に絡んで武揚は一切文書を残していない。渦中に巻き込まれた黒田を見ながら、何も手を打たなかったとも思えない。実は武揚はこの四月に海軍卿を免ぜられ、宮内庁御用掛に任ぜられていた。天皇のお側近くに仕える身であり、発言を差し控えた、と見るのが妥当であろう。

壬午事件で清国公使に

明治十五（一八八二）年正月早々、「黒田の開拓使か、開拓使の黒田か」とまでいわれた開拓長官黒田清隆が失脚し、政治の表舞台を去った。後任の長官には西郷従道が就任した。ほどなく開拓使は廃止になり、函館、札幌、根室の三県が置かれ、県令の三ポストにいずれも薩摩出身者が就いた。藩閥政治は開拓の途についたばかりの北海道の隅々までも、ぶ厚い網を張りめぐらせていたといえる。

この年五月、武揚は宮内庁御用掛から皇居造営事務副総裁に就任し、皇居造営の陣頭指揮を取っていた。ロシア滞在中しばしば皇帝の宮殿に招かれ、建築物にも精通していたのが抜擢の理由だった。

この最中に武揚は頼まれて、北海道の幌内炭鉱の守護神、幌内神社（三笠市）に次の書を送っている。手宮（小樽）―札幌―幌内（三笠）間の鉄道が開通した年であり、炭鉱の隆盛と安全への願いを込めた

武揚が奉納した「幌内神社」の額、榎本武揚の文字が見える
（北海道美唄市峰延神社蔵）

のはいうまでもなかろう。

幌内神社
明治十五年五月吉旦　正四位榎本武揚

この書は長さ三メートル八五センチの木の看板に金文字で彫られ、幌内神社の本殿に安置され、炭鉱関係者の心の支えになった。だが時移り、幌内炭鉱の閉山により地域は崩壊し、神社は寂れた。近年になって当時の宮司の息子に当たる美唄市峰延神社宮司が三笠市と相談して、峰延神社そばに新しい社を建てて、そこに移した。

話を戻す。七月二十三日、朝鮮の漢城で軍隊の大反乱が起こった。軍政改革反対と米騒動が結びついたもので、親清（中国）派と親日派による対立だった。この年の干支にちなんで、壬《じん》午《ご》軍乱と呼ばれる。

この事件により、武揚は突然、駐清（中国）特命全権公使に任命された。

事件の発端はこうである。この前年、朝鮮の国王と閔妃《びんひ》一族の政権は、日本から堀本禮造少尉らを招いて別技軍という特殊部隊の養成を進め、その代わりに多数の将兵を整理し、残った兵士の給料を引き下げた。しかも給料がわりの米の現物支給が遅配、欠配した。背後で日本商人が米を買い占めたので、米価はつり上がり、手も出せなくなった。国王の父である興宣大院君は、この親日政策に不満を抱いた。

この年の七月になって、久々に兵士に米が配給になったが、その分量があまりにも不足していた。その陰で政府高官が糸を操っていることが露顕し、それに抗議した兵士が処罰されたため、兵士や大衆の不満が爆発した。

反日感情が高まる中で大院君一派の煽動もあって、武衛官の兵士らは警察署や監獄を襲った。さらに市民大衆が合流して官吏宅や食糧倉庫を襲い、別技軍の屯営に攻め込んで堀本少尉を殺害した。日本公使館にも群集が押し寄せたので、公使の花房義質は避難し、済物浦《さいもつぽ》から小舟で脱出したところ翌日、イギリス船に保護され日本へ帰った。花房は武揚がロシア公使当時の一等書記官である。

閔妃の要請で清国の艦隊が三千の大軍を乗せて到着した。日本も花房に軍艦三隻と千五百の兵力をつけて仁川に送り込み、朝鮮政権と対立した。国王はおののき、父の大院君に事態の収拾を委任した。清日清両軍は和戦両面の立場を取りつつ、先陣争いを繰り返すうち、衝突は避けられなくなった。清

多津の兄、林研海
（1844-1882）

軍の馬建忠将軍は日本の要求を朝鮮に認めさせるから、交渉を任せてほしいと申し入れ、その間に大院君を拉致して天津に連れ去った。朝鮮の軍人や群集は清軍と交戦し、それにより大虐殺を惹起する事態となった。

花房は大院君と対立する国王と改めて交渉し、八月三十日、済《さい》物浦《もっぽ》条約に調印し、壬午事件の犯人の処罰、賠償、公使館の駐兵権などを認めさせ、落着させた。だがこの問題は尾を引くことになる。

偶然だがこの同じ三十日、武揚の妻多津の兄、林研海が旅行先のフランスで亡くなった。研海は陸軍軍医本部長から薬局方編纂委員になり、左大臣陸軍大将兼議定官有栖川宮熾仁親王に随行してロシアからイタリアを経てパリに入った時、突然、病に倒れ、入院中だったが、一カ月後に帰らぬ人となった。まだ三十九歳の若さだった。ともに留学生としてオランダに学び、それが縁で知り合い結婚した武揚と多津夫妻だけに、この悲報に呆然となった。

妻子を連れ北京へ

哀しみを振り切るように武揚が清国（中国）・北京に向かったのは九月二十二日。妻多津、次男春之助が同行し、長男金八だけは親元に預けられた。武揚は北京に留まり、まだ騒然としている朝鮮情勢を睨みながら、中国への対応に心血を注いだ。

武揚が中国にいたのは、妻子を残して一時帰国した期間も含めて丸三年間にわたるが、この間、武揚及び妻多津が故郷の兄姉、長男らと交わした便り、夫妻間の便りも入れると現存するだけで八十五通にものぼる。

武揚の中国における暮らしは、家族が同居していただけに、単身のロシア時代とはは違い、ほのぼのとしたものであったのは、これらの便りからも想起できる。

明治十六（一八八三）年一月三日の姉観月院宛ての便りを掲げる。次男春之助の様子が可愛らしく書かれていて、武揚の優しい眼差しを感じる。

当館は各国公使書記官等の年頭祝義往復等にて昨日迄随分忙殺に御座候。去乍《さりなが》ら東京に居り候と較べ候へば、実に節季やら念頭やら殆ど差別なきほどに御座候。（中略）当表春之助事風（風邪）もひき申さず日々独りにて駆けまわり居り候。口は達者に候へ共悪口抔《など》教ゆる人これなく候間、言葉の数は餘り存じ申さず、併《しか》し支那語は少々宛聞覚《ききおぼ》え居り申し候。譬《たと》へば、ヲトウサマハ、オルスカ抔《など》と聞候へば、ヲルスダプウ《不》ザイ《在》、チヤー《家》ダ抔《など》と申し居り候。或は葡萄《ブドウ》は無有《メヨウ》カイ抔と聞き候。メヨウとは無《ナシ》と云ふ義に御座候。又当表に花鯽魚《ホワチー》といふ河魚これあり候。外別る魚類は極少なく春之助事時々食事の時申し候には、向嶋の御池にはモットヲーキナ、花鯽魚《ホワチー》がイタネエ抔《など》と申し居り候。此度金玉糖《キンギョクトウ》を御送り下され候旨申聞き候処大悦にてイツクルカ々々と待ち居り候。

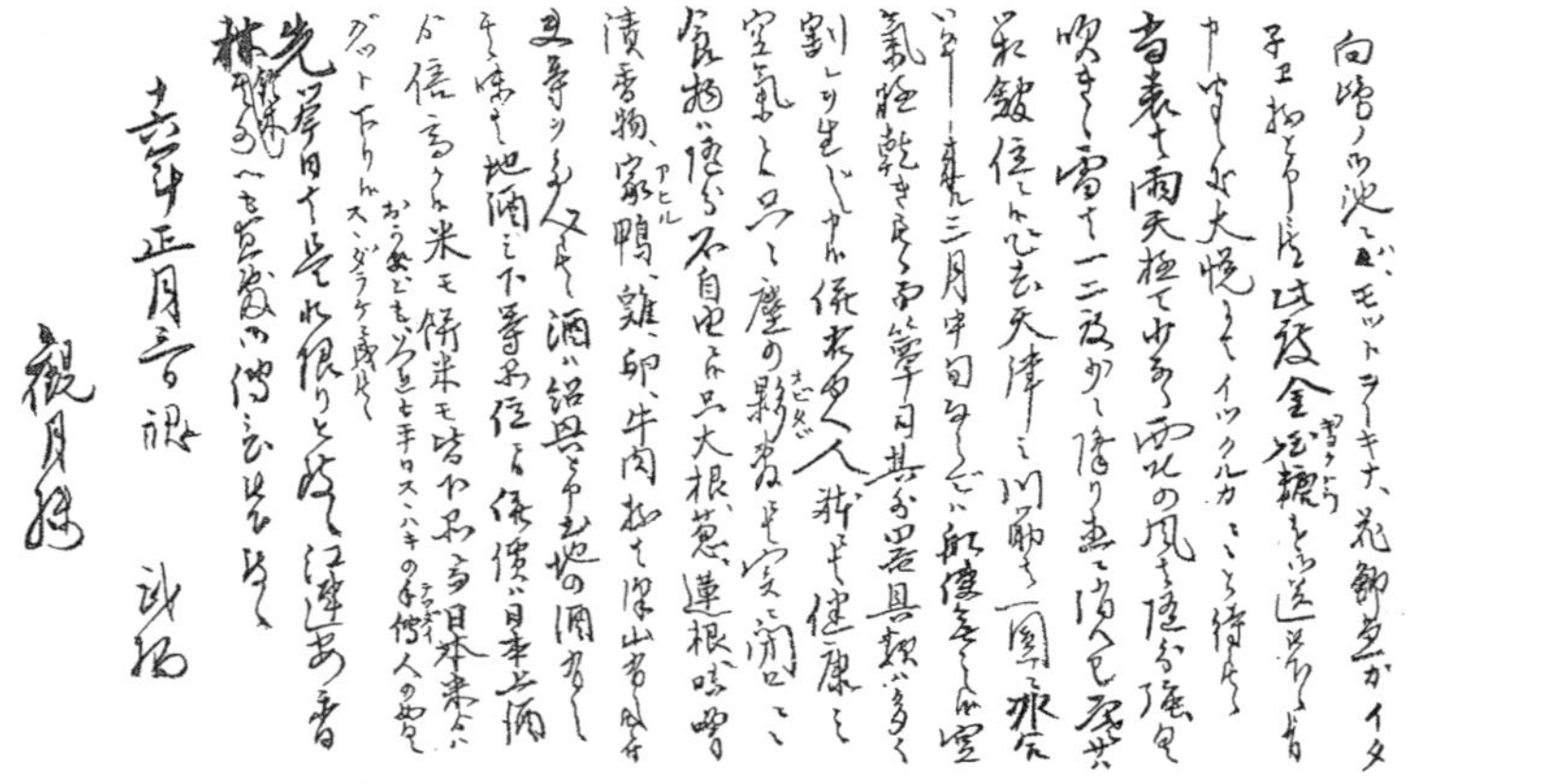

武揚から姉・観月院への便り（明治16年1月3日）（榎本家蔵）

ここに出てくる花鯽魚はフナ、向嶋は武揚の留守宅の東京・向島を指す。

文面はこの後、天気に触れ、「雪は一、二度少々降り直ちに消へ申し候。寒さは箱館位に候。去乍《さりながら》天津の川筋は一圓に氷合いたし、来る三月中旬ならでは船便これなく候」、さらに「空気極《きわめて》乾き居り候て、箪《たん》笥《す》其の外の器具類は多く割れを生じ申し候」「只々塵の夥《おびただし》敷きには実に閉口々々、食物は随分不自由に候」「酒は紹興《しょうこう》と申す土地の酒これあり、其味は地酒の下等品位に候。併し価は日本上酒より倍高く候」「米も餅米も皆下品にて日本米よりグット下り候」などその暮らしぶりをユーモアを交えながら綴っている。

武揚夫妻の実家への便りは月に二回半くらいの割合になるが、内容は細部にわたる。春之助の成長ぶりもさることながら、多津がフランス語を学びだしたことや、北京にコレラが流行しだしたこと、世界恐慌のあおりで為替相場のドルが下落し、暮らしに響いている

勢ぞろいした榎本一族（明治18年ごろ）（榎本家蔵）

ことなど。また長男金八が試験で優秀な成績を収めたことへのはなむけの言葉や、亡き祖母ことの法要には金八が父武揚の名代を務めるように、また叔父の研海の一回忌法要には母多津の名代を務めるようにと、細かく指示している。

北京にきて一年ほど経って、外務卿井上馨から便りが届き、明年三月ごろ帰国し、その後、イギリス公使に赴任してほしいのだが、と打診してきた。不平等条約の改正が主な目的である。この時期、清国とフランスが戦闘になり、日本の新聞記者が清国を訪れるなど緊迫した状態が続いていた。だが武揚は清国への配慮や妻の出産を理由に断った。このことが兄と姉宛ての十月三十日の便りに次のように見える。

過日井上外務卿より親書にて来る三月頃

帰国夫《それ》より英国江転任の事尋ね越し候に付今便に断り置き候。又昨夜電信にて十一月中（白河の凍合前）に病気養生の名目にて一寸《ちょっと》帰国これあり度くと申越し候へ共、手前事只今当表出立いたし候へば支那（中国）政府江餘程疑ひを引起し申すべくに付き、此儀は又再考これあり度き旨只今より電信にて返答いたし候積り。其の上妻を多分十日以内に分娩の見込に付、手前出立は養生抔《はかり》の名目にてはトテモダメに候。尤も井上より又候一寸帰朝の事申越し候はゞ妻出産後迄延し候心組に候。

文中カッコ書きの白河の凍合前とは、白河が氷結する前という意味である。

李鴻章と会い昵懇に

この便りを出して間もなく、日本政府から一時帰国の指令が届いた。妻の多津が三男を無事に出産した。武揚は十二月八日、妻子を北京に置いたまま出立した。天津の日本領事館に着いたのが十日。東京より三通の暗号電信が届いていた。

ここで武揚は、太沽《タクー》にいる外交で世界的にも名高い清国の実力者、李鴻章《りこうしょう》と話し合おうと考え、本人宛てに便りを認《したた》め、同夕、汽船に乗った。

太沽に着いた武揚は翌十日朝、李と会談した。初対面にも関わらず二人の話は弾み、いっぺんに肝胆相照らす仲になった。その模様などが北京の妻への便りからうかがえる。

李鴻章の絵（『図説国民の歴史』国文社より）

十日天晴風なく格別寒からず、午前十時李鴻章を訪ふ。ていねいに面話せり。同氏は頻《しき》りに自分の帰国を惜めり。李氏の周旋にて船都合甚だ敷く只今(午後一時)小汽船にて太沽江出立、直ちに招商局の蒸気船に乗組み明朝九日上海へ向け出帆の手筈に候間、御安心下さるべく候。

この李との出会いが、後に日清間の紛争を解決する天津条約締結の陰の力につながっていく。

上海領事館で数日を過ごした武揚は、帰国のため船で出立した。十二月二十日四国伊予国に到着。二十二日、かねて打ち合わせの通り、道後温泉で待つ外務卿井上と会った。家族連れの井上は、一時帰国した武揚をねぎらってから、新たに外務大輔になってほしいと頼む。

このあたりを翌明治十七（一八八四）年一月二日の妻への便りから見てみよう。

長男金八と二人で（榎本家蔵）

井上氏より今度拙者帰朝之訳柄ニ付折入て種々内話有之。英国転任には無之外務大輔に転任いたし呉れ間敷哉《まじきかな》とクドカレ、是には餘程余儀なき次第有之。もし拙者不承知に於ては内閣に大不都合を引出し候程の事有之趣、懇に内話有之候に付、承諾すと請合候処、井上氏大悦にて奥方を拙者之部屋に招き、薄茶をたてさせ右之趣を話し聞かせ候処、奥方も大悦にて……。

武揚が四国から神戸経由で東京・向島の自宅に帰ったのは一月十三日。兄姉や独り留守をしていた長男らと喜びの再会をした。

武揚は二月になると、北京に置いたままの妻子を帰国させた。この間、妻子と東京を結ぶ便りは数多い。

夏になり、清国（中国）とフランスの軍艦が睨み合って一触即発の状態になった。武揚は七月三十日、また東京を出立し、上海へ向かった。北京公使館からの電信によるとフランス軍艦は福州、上海に錨を下ろし、清国軍艦は封鎖されたままで身動きできず、開戦になったら清軍はたちどころに壊滅されるだろうという。

武揚は上海、天津に留まり、戦いの推移を見守りながら、わが国はどう対処すべきか、日本政府に情報を送り続けた。

この間、東京の家族に宛てた便りのうち、八月二十七日のものを掲げる。武揚と李鴻章が相互に訪ね合い、語り合っている模様がわずかだが記されている。

昨日は李鴻章を訪ひ一時半許りの長話いたし、今日は同氏事参られ二時半餘の長話（差向ひ）いたし候。同氏は拙者の厚意を感じ殆ど涕《なみだ》を浮かべ何事も隠さず打明て話し、北京着の上は勗貝《キョウバイ》勒《ロイ》（是ハ恭親王の跡役即ち総理衙門の親方）を暁《さと》し呉《くれ》よと達て懇願いたされ候。又李氏には朝廷に人物なく己れの建言は行はれず、仏艦は荒れ廻り実に処置に苦む、何とか致し方はこれある間敷く哉と実情を以て相談これあり、実以て気の毒千万に存じ候。其事柄と答振りは長々敷き事且つ宅状に認むべき事にあらざるを以て略す。何に致せ拙者に極機嫌を取り格別手厚にモテナスは素より趣意ある事なるは拙者承知いたし居り候へ共、是は重々拙者上海に於て電信にて総理衙門へ吉田を以て申入れ置きたる事。（此事は内々也）に感じたる真心に発せしと見て可なり。

天津条約締結の陰に

十二月四日、緊迫した雰囲気が続く中、朝鮮で親日派によるクーデターが起こった。甲申《こうしん》事変である。二年前の壬午軍乱の時、大院君を天津まで拉致するという強行手段を取った清国は、以後も朝鮮の内政に強く干渉し、その影響下で閔妃一派の事大党が政権を握っていた。これに対して開化党の朴泳孝、金玉均らは日本公使館などと組んで新政権を樹立しようともくろんだ。

朝鮮から清国の勢力を一掃したい日本はこの事変を好機ととらえ、朴や金らの計画を支援し、京城の王宮に爆弾を仕掛けて爆破、駆けつけた閔妃一派の高官を皆殺しにし、国王を連れだして保護した。その後、開化派が政権を奪い取ることに成功した。

だが閔妃らの救助要請で袁世凱率いる清軍は日本軍を圧倒、開化派政権はたちまち崩壊し、公使は金らを伴い日本へ引き揚げた。

十二月二十一日、全権公使に任命された外務卿井上馨は、総勢六十二人の全権団と軍艦七隻に陸兵二大隊を率いて仁川に上陸した。井上は翌明治十八（一八八五）年一月三日、京城に入り、朝鮮政権と交渉を続けた、九月になって漢城《ソウル》条約が結ばれ、朝鮮国王は日本に陳謝し、死者及び焼失した公使館に対する賠償金を支払うことで落着した。だが日本軍を攻撃した清国の将校の処罰は要求通りにならなかった。

こんどは井上に代わって伊藤博文が天津に赴き、四月四日から交渉に当たったが、清国全権は李鴻章であった。伊藤は李の外交の駆け引きにたじたじとなり、交渉は難航した。この間の四月五日に清仏間の和議が成り、清国側が急に強気になったのも原因と見られる。武揚は李と心を通わせながら、調整を図ろうとしたが、決裂も予想された。

四月十一日の姉宛ての便りに、以下のように綴っている。

着の日直《ただ》ちに李鴻章を訪ひ種々懸合ふ事これあり。本月三日より談判相開き、夫《それ》より五日、同七日、同十日と是迄四度会議これあり。尚明日も午後三時より当領事館に於て会議の筈に候。中々面倒なる事柄ゆへ結局如何は未だ申上げ兼ね候。

昨今は其表に於ては、定て破談に相成たるの説盛に行はれ居り候事と察せられ候訳これあり候。実に破談になる相成るかもしれず、然る節は大使は直ちに東京に帰られ、拙者は北京江戻り、公務卿よりの差図次第国旗を卸《おろ》して引揚げの運《はこび》に相成るべくと覚悟いたし居り候。

よほどぎりぎりの交渉が続いていたことをうかがわせる文面である。

だが武揚の陰の活躍により、四月十八日に至り、天津条約が結ばれ、日清両軍は朝鮮から撤退することで決着した。日本側が要求した清軍将校の処罰は、清軍側の日本将校処罰要求と相殺される形となった。

大国清国を相手にした際どい条約締結だったが、日本国内ではここでも弱腰外交と批判されたのだった。

六月初め、黒田清隆が武揚を尋ねて北京公使館にやってきた。黒田は早くから情勢を把握するため訪清を望んでいたが、それがやっと実現したのである。久々に会った二人が心から打ち解けて歓談したのは想像に難くない。

十日の姉宛ての便りに、意外な文面が見える。酒豪の黒田が毎晩夕食の時に、まったく酒を飲まなかったというのである。その部分を掲げる。

同氏〔黒田〕は今度は一滴も酒を飲まず至極健康に候。毎晩食を共にし黒田云ふ。
　私が酒を飲まずに斯く晩食する様子を宅の者に見せたし
とて笑へり。拙者云ふ。
　惜きかな北京には好《よ》き写真師なきを。

酒を飲まない姿を家人に見せたいという黒田と、その写真を撮りたいが、いい写真師がいないと述べる武揚の、何ともほほえましい光景が目に浮かぶ。

武揚がこの時期、井上馨に出した便りがある。朝鮮をめぐる清国、ロシア、イギリスの動向を見据えたもので、わが国の難しい立場を指摘している。

猶頃日清廷が朝鮮に対する政略は英に協合して露を扞制するに如かずとの一点に相決候に相違無之、右に付巨文嶋一件之如きは乍不本意《ふほんいながら》も姑ラク且つ之を坐視に附し置隠に其心を失ん事を恐居候（タトヘ一応は異議ケ間敷事を唱へしにもせよ）、依之晃鮮を下し候へは異日英露葛藤之日に際し清廷は中立を唱ふるも露より朝鮮江手を出シ候て、（譬《たとえ》ば防英名義にて）清政府は遂に英と合力するに立至可申《たちいたりもうすべく》下心有之候（是とても鍔際に至らざれば保証しがたしとは云へ）、是れ畢《ひっ》竟《きょう》日本とのみ合力するも未た英也露也を防禦するに足るの見込無之に坐すべし。況《いわんや》や日本の政略は危急之秋に至りて真に実力を以て共同利益を保護すべき哉否を洞察する能はざるに於てをやと、拙官以為らく是れ至極尤之儀也。

内閣発足、逓信大臣に

武揚が清国駐在を免ぜられ、帰国したのは十月十一日。ロシア、清国との関係が緊迫する中、難題に一区切りつけた武揚にとって、久しぶりに肩の荷を下ろす気分であったろう。

十二月二十二日、それまでの太政官制度が廃止になり、内閣制度が発足した。初代内閣総理大臣に伊藤博文が就き、武揚は逓信大臣に就任した。黒田は総理候補になりながら、最後に身を引いた。酒癖を指摘されたのが原因といわれるが、無念極まりないものだったに違いない。それだけに武揚の入閣は黒田にとって、願ってもないことであったろう。

以下に閣僚と出身藩を紹介する。

内閣総理大臣兼宮内大臣　伊藤博文（長州）
外務大臣　井上　馨（長州）
内務大臣　山県有朋（長州）

大蔵大臣　松方正義（薩摩）
陸軍大臣　大山　巌（薩摩）
海軍大臣　西郷従道（薩摩）
司法大臣　山田顕義（長州）
文部大臣　森　有礼（薩摩）
農商務大臣　谷　干城（土佐）
逓信大臣　榎本武揚（幕臣）

薩摩四、長州四、土佐一、薩長にあらずんば人に非ず、といわれた時代を象徴するような顔ぶれである。その中で幕臣出身の武揚の存在は、断然、異色の印象を受ける。失意の黒田を慰める意味、とする向きもあるが、武揚の力量が薩長からも高く評価されていたことを示すものであろう。

事実、武揚は名前だけの〝伴食宰相〟ではなかった。外務や大蔵といった重量級ではなく、もっとも低いとされるポストにもかかわらず、電信、電話をはじめ数々の近代化を実現させたのは、化学者としての功績といっていい。

内閣から見放された形の黒田はこの後、「海外漫遊」と称してロシア、トルコ、ギリシャ、イタリア、ドイツ、イギリス、アメリカと三百三日間の世界一周の旅をすることになる。

明治十九（一八八六）年夏、武揚は井上馨外務、山県有朋内務両大臣とともに北海道へ視察旅行した。

井上と山県は夫人を同伴した。妻多津と交わした往復の便りによると、十二日に船で函館に着き、その日のうちに汽船で小樽に向かい、十四日札幌着。豊平館泊。翌日は北海道庁内で長官岩村通俊の要請により、北海道開拓について協議している。

岩村は長州出身。開拓使札幌本府の二代目判官で、黒田と衝突して追われたが、北海道庁の発足とともに初代長官として再び北海道にやってきただけに、薩摩何するものぞの意識は高い。長州出身の両大臣、旧幕臣出の武揚を迎えて岩村の胸は高鳴る思いであったろう。

武揚にとっても北海道は忘れられない土地である。岩村の話に耳を傾けながら、自らの考えを述べたのは想像に難くない。

暑い日が続いていた。翌日は三大臣がそろって札幌周辺の屯田兵村や郵便電信局、諸製造場、監獄などを見て回った。新聞はその模様を書き立てた。

幌内炭鉱の発展に驚く

武揚ら三大臣の一行は、翌日、札幌駅から汽車に乗り、幌内に向かった。武揚は妻多津への便りで、

一同と共に汽車にて「ポロナイ」石炭坑に赴き候。この所は拙者前年野宿して石炭脈《みゃく》を尋ねし処にて、纔《わず》か十年位なるに人家多く、一寸《ちょっ》としたる旅篭《はたご》屋等もこれあり、其景色の変化を一入感ぜり。

幌内炭鉱（明治10年代後半）（北海道大学附属図書館蔵）

とその発展ぶりを書いた。

ここから井上は小樽へ、山県は屯田兵村の見分のため江別へ赴いた。武揚だけは札幌に戻ったところ、総理大臣や外務省などから三大臣宛てに七、八通の電報が届いていたので、すぐ往信の電報を打った。

翌朝、武揚は、かつての盟友である大塚賀久治らとともに丸木舟に乗り、豊平川を下り、対雁（江別市対雁）へ赴いた。武揚が買い求めた開墾地を見るのが目的だった。ところが武揚は、連日の暑さのため体調を崩してしまう。

便りにはこう書かれている。文中の新家とは対雁農場支配人新家孝一を指す。

拙者義、此の日丸木船にて三時間も酷暑に晒されしゆへにや腹少敷く痛み、下痢も

「ツイシカリ」着後四五度これあり（決して酒の為にあらず）、不得止《やむをえず》新家の居宅に打臥《うちふ》し開墾の模様等語らせ（但し開墾の事は届《ラチ》を明かざるにはあきれかへりたり）一泊して翌日午後一時、病気を推し「エベツ」といふ処迄人力車にて赴き、同所より汽車にて札幌へ午後三時帰れり。

下痢をしながら、決して酒の為にあらず、と言い訳しているのが何とも微笑ましい。医者に診てもらったところ、暑さにあたっただけで服薬に及ばず、といわれ、クズ湯を飲んで様子をみた。井上、山県は陸路、根室に向かったので、少し無理をしながら大塚を連れ、汽車で小樽に向かった。小樽の開墾地を見るためだった。正法寺に着いたが、腹痛が起こり、下痢もとまらない。便りを続ける。

小樽に二日間休息し、此間は養生の為ゆへ役所も地所も見廻らず、只々正法寺にゴロッチャラ打臥し居れり。山内、内田等いづれも毎日参り、夜分迄物語り或は碁を囲み抔《ばかり》して大いに心を養へり。平戸の娘の亭主も毎日来たれり。小樽開墾の方はツイシカリの如き馬鹿毛《げ》たるものにあらず。

文中の山内は名を提雲《ていうん》といい、ケプロンの「調査報告書」の翻訳を指揮した。開拓使の煤田《すすだ》開採事務長になり、農商務省大書記官から炭鉱鉄道事務所長になるが、北海道庁発足とともに退官し、幌内炭鉱の経営に心を砕いていた。内田は瀞《きよし》、札幌農学校一期生で、卒業後、開拓使に入り、日高、十勝、釧路の内陸部を探検調査し、北海道庁植民地選定主任として土地選定と区画割りに没頭していた。「毎日参り、夜分迄物語或は碁を囲み」の一文は心置きなく過ごしたことを表している。

やがて全快した武揚が小樽から汽船に乗り、函館に着いたのは二十二日。その足で柳川熊吉宅を訪ねた。武揚がきたというので熊吉は感激して出迎えた。

武揚と熊吉には面白い逸話が残っている。箱館を平定した武揚は、しばしば侠客の親分の熊吉を呼び、得意の「柳川鍋」を作らせた。「柳川、柳川」と呼んだので、熊吉は本名を捨て「柳川」を名乗るようになった。一方、武揚もヤナガワに通じる「梁川」を号とした。よほどウマがあったのであろう。

箱館戦争の末期、熊吉は、放置されたままの旧幕府軍の遺体を見るに見かね、子分六百人を総動員して一夜のうちに実行寺、称名寺、浄玄寺に運んで埋葬した。新政府軍に咎められて、「死んで官軍も賊軍もあるものか」と主張し、相手を黙らせたという。武揚がその話に心を動かされたのは当然であろう。

熊吉はその後、やくざ家業をやめ、旧幕府軍の死体を葬った碧血碑を守って暮らした。久しぶりに会ったその夜、武揚と熊吉は、どんな会話を交わしたのであろうか。

以上は妻多津への便りによる。この便り全文が『歴史読本』平成十三年三月号に掲載され、北海道開拓記念館の三浦泰之学芸員は北海道新聞紙上で、「この三大臣の北海道視察が、北海道開拓政策の転機を示した岩村通俊の施政方針演説をはじめ、政府の開拓政策にも大きな影響を与えた」と書いている。

明治二十(一八八七)年四月、黒田は海外漫遊から帰国すると、静養のためすぐ熱海温泉に投宿した。ほどなく黒田が書いた『漫遊見聞録』上下二巻が武揚のもとに届いた。武揚はご機嫌うかがい方々最近の国情を伝え、追伸として「未だ悉く閲了不仕候へ共、種々有用の材料を見出し必得に相成候」と書いた。この年五月、勲功により子爵を授与。

黒田が第二次伊藤内閣の農商務大臣として入閣するのは同年秋である。

憲法発布の朝、文部大臣暗殺

明治二十一(一八八八)年四月三十日、伊藤内閣が退陣し、伊藤は新設の枢密院議長に就任し、新たに黒田清隆内閣が誕生した。黒田が政権のトップに立ったのである。武揚は心から喜んだ。武揚は逓信大臣のほかに、黒田が担当していた農商務大臣を臨時に兼務した。この兼務はすぐに解かれたが、この間に日本家禽協会会長に就任するなど公私共に多忙な毎日だった。

総理の黒田は超然主義をとなえた。超然主義とは、政党にとらわれず政治を行う主義を指す。黒田は二年前の世界旅行でウィーンに立ち寄った際、スタインという人物に会い、「政府は各党派の上に立ちて総ての党派をすべ、一の党派のみの人を用ゆべからず、若し一の党派に偏するときは是よりして種々の災害を生ずるに至るに付、各党派の人を併せ用て権衡を保つ様にすべし」

と教えられた。

黒田が大隈重信や後藤象二郎のような反対派を用いたのもそのためといわれる。あるいは長州の伊藤が降りて、薩摩の自分が頂点に立ったいま、ある種の達観した心境がそうさせたのかもしれない。だが枢密院の存在は内閣をもしのぐものになっていく。ちなみに枢密院顧問官は十六人。内訳は薩摩、土佐、肥前が各四、長州一、諸藩二、そして、幕臣一は勝海舟である。

明治二十二（一八八九）年二月十一日はわが国初の憲法、大日本帝国憲法発布の記念式典の日に当たっていた。この朝、思いがけない事件が起こった。文部大臣森有礼《ありのり》が訪問客を装った若い男に暗殺されたのである。

事件の概要を述べると、午前八時ごろ、東京・永田町の文部大臣官邸に書生風の長髪の若者がやってきて、秘書官に対して山口県人（長州）であるとして名を告げ、

「大臣の身の上のことで容易ならざる企てを聞き込んだので、お知らせしたい」

と述べた。出発の時刻が迫っていたので、秘書官が、帰宅後にしてほしいと断ったが、若者は引き下がらず、止むなく応接室に通した。押し問答をしているうち、大礼服をまとった有礼が二階から降りて、応接室に入ってきた。

若者はそれを見るなり立ち上がり、隠し持っていた出刃包丁を取り出し、いきなり有礼の脇腹目がけて突き刺し、深々とえぐった。有礼はとっさのことで避けることができず、血みどろになって若者

に組みつき、廊下に転がり出て倒れた。

玄関にいた護衛の巡査が驚いて駆けつけたが、近くにいた文部省属官が仕込み杖を抜いて切りかかり、その首を斬り落とした。

同日夕方、式典を終えた黒田らが見舞いに訪れ、

「安心せい。式典は無事に済んだぞ」

と言うと、有礼は安堵したように微笑んで昏睡状態に陥り、翌朝五時ごろ、息を引き取った。四十三歳だった。

犯人は内務省土木課に勤務する二十三歳の西野文太郎で、懐から「斬奸趣意書」が見つかった。それによると有礼は二年前、伊勢神宮に参拝した時、靴も脱がずに拝殿に上り、杖で神簾を揚げたという不敬行為を新聞報道で知り、憤激して犯行に及んだものとわかった。

この殺人事件は黒田内閣を揺さぶった。黒田は急ぎ、大山巌陸軍大臣を文部大臣兼務としたが、文教の進むべき道が定まらない。黒田は逓信大臣の武揚を文部大臣に横滑りさせて急場をしのいだ。電信事業など科学・化学分野を得意とする武揚にすれば、納得できない配置転換であったろうが、黒田を支えるのが先決だった。

武揚は有礼のやり残した仕事を引き継ぐが、その最大のものが憲法の精神に則した教育の基本方針となる教育勅語の制定だった。

教育の責任こそ大事

このころ武揚は黒田に宛てて、学校教育に関する次の便りを出した。第一回総選挙が近づき、政治に対する指摘や批判が大学内にも及んでいるのを察知し、その対応策を取ろうとしているのがうかがわれる。

拝啓　然《しから》ば近来政論熱漸次《ざんじ》蕃衍《ばんえん》の影響遂に学校部内に侵入の處有之、既に過日大学部内に於て其非を現出し本日も午後一時より法科大学講堂に於て同種の討論会有之候趣、只今聞及候に付、右会差止の為め、茲に後日同様の場合の為め、只今別紙の通大学総長へ致訓令候間、呈貴覧候、尤、本省直轄学校へも在々訓令可致、又各府県公私立学校へは府県知事より改て訓令致候様、取計可申候此段入貴聴候也

明治二十二年十月九日　午前十一時　　榎本文部大臣

黒田内閣総理大臣殿

その一方で武揚は、東京私立小学校組合総会に出席し、次のような演説文を残している。

余は文部大臣、諸君は小学教員、人為の階級こそ差はあれとも、其《その》教育に対するに至りては同

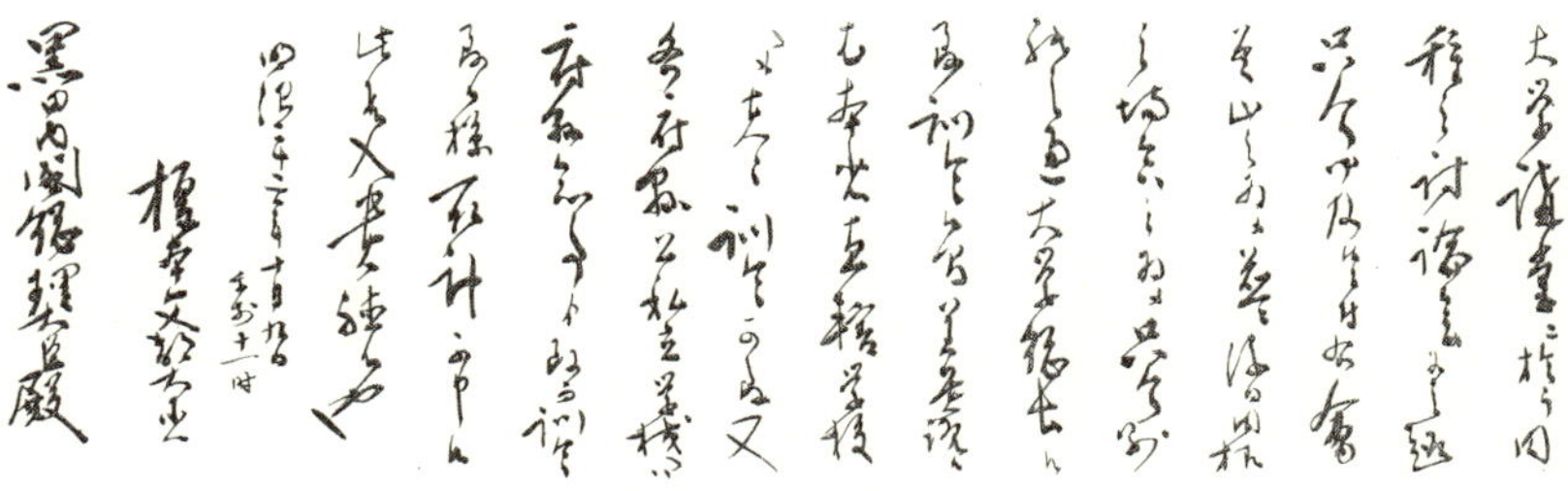

武揚より黒田清隆への便り（明治22年10月9日）（榎本家蔵）

じく共に責任を負ふものなり。同じ鍋の飯を食ふものなり。

教育に対する責任の重さを「共に責任を負ふものなり。同じ鍋の飯を食ふものなり」と述べたあたりに、武揚の決意のほどを読み取ることができる。

このころ内閣は別な問題を抱えて紛糾していた。大隈の対米条約改正案が「ロンドンタイムズ」紙にスクープされ、それが翻訳されて横浜のジャパンメール紙に掲載された。しかも大審院判事に外国人を任用するという規定は憲法違反、と指摘されたのである。世論は沸騰し、閣内でも賛否の意見が対立、枢密院は反対に傾いていた。天皇はしきりに御前会議を開くよう促した。黒田は自信を失い、辞めたいと口走り、酒を浴びるように飲む始末だった。

十月十八日、閣議が開かれ、内務大臣の山県が大隈案に反対を表明、総理の黒田と外務の井上、それに武揚が支持を打ち出したものの大勢は揺るがず、結局、決定を先延ばしにして閉会した。

その直後、事件が起こった。閣議を終えた大隈が馬車で外務省前に差しかかった時、爆弾を投げつけられ、右足に怪我を負い、切断手術を受けたのである。犯人は逮捕されたが、黒田は内閣の辞表をまとめて提出、一年八カ月で瓦解した。後任総理に内大臣の三条実美が就いて兼務し、間もなく山県が総理に就任した。黒田が去っても武揚は文部大臣として内閣に留まった。教育勅語を起草する勅命が下ったが、武揚は学校令の改革に追われて手が回らず、業をにやした山県は五月十七日、武揚を罷免した。

枢密顧問官に任命された武揚は、折しも開催された第三回内国勧業博覧会の副総裁に就任し、博覧会を通じて殖産興業の振興に力を尽くすことになる。

教育勅語が発布されたのはこの年十月。「徳育」を根本に置いたこの教育勅語は以後、昭和二十（一九四五）年八月の太平洋戦争の敗北まで、長くわが国の教育指針として君臨するのである。

明治二十四（一八九一）年春、武揚は東京・飯田橋に私立徳川育英黌農学科を創設した。戊辰戦争で幕府方に与《くみ》し、苦渋をなめた旧幕臣の子弟たちを教育するのが狙いだった。育英黌はやがて東京農学校、東京高等農学校から、東京農大へと歴史を刻んでいく。

ロシア皇太子、斬られる

この年の五月十一日、想像を絶する大事件が起こった。軍艦七隻を率いてインド、シャム、清国など諸国をめぐり、日本に立ち寄ったロシア皇太子ニコライ（後のニコライ二世）が、鹿児島から神戸を経て京都に入った。

この日午後一時五十分ごろ、一行が滋賀県大津市街を通過中、突然、警備中の警察官、津田三蔵が

事件前に訪問した長崎で人力車のロシア皇太子（『図説国民の歴史　5』）

サーベルを抜いて人力車に乗った皇太子に襲いかかったのである。皇太子は後頭部を斬りつけられ、深い傷を負った。犯人の津田は車引きらに取り押さえられた。大津事件とも湖南事件とも呼ばれる。

国賓のロシア皇太子が警備の警察官に襲われたというので、政府はおののき狼狽し、天皇の名代として北白川宮能久親王を京都へ向かわせた。松方総理大臣はじめ閣僚が集まり御前会議が開かれ、内務大臣西郷従道、外務大臣青木周蔵が京都に赴いた。

天皇は「亟《すみや》カニ暴行者ヲ処罰シ善隣ノ好誼ヲ毀傷スルコトナク、以テ朕ガ意ヲ休セシメヨ」と異例ともいえる勅語が発し、自ら列車で京都に赴き、旅館のベッドに臥せる皇太子を見舞い、全快するまで日本に留まるようにと伝えた。

事件が報道されると国内は騒然となり、いまにも強国ロシアの軍艦が報復攻撃してきて戦争になると恐怖の噂が広まった。実は皇太子の来日に絡んで新聞は、西南戦争で死んだはずの西郷隆盛が逃れてロシアに生存しており、皇太子に従い来日すると報道し、不安が高まっていたのだった。

津田は犯行の理由について「ロシア皇太子はわが国を横領する野心を抱いており、生かして帰したら必ず弊害があると思った」と述べた。その反面で、本人は西南戦争に従軍して勲七等に叙せられており、西郷隆盛が戻ってきて政府の要人になれば、勲章を奪われると思ったとも話しており、そこらにも原因が潜んでいたと考えられる。

政府は津田を刑法第百十六条「皇族に危害を加えた罪」を適用して死刑に処すことで、ロシアの感情を和らげようとした。だが大審院長児島惟謙は司法権の独立の立場から一般の謀殺未遂罪を主張し、担当判事七人のうち多数が児島の意見に同調した。驚いた山田法務大臣らが児島を厳しく諭したが、児島は揺るがない。

政府はロシア皇帝への謝罪特使として有栖川宮威仁親王を、その随行に武揚を指名した。だが武揚は固辞した。しかし天皇、皇后から強く頼まれて五月十五日、受託した。天皇が直接、臣下に物事を頼むなどこれまでなかったことといわれる。

十九日、ロシア皇太子が突然、軍艦を率いて日本を離れ、帰国の途についた。国内に不安が広まる中、武揚は出発準備を進めた。ところが二十一日になってロシア側から「謝罪派遣に及ばず」と通知があり、ほっと安堵の胸を撫でおろした。

同日同時間に便り出し合う

だが騒ぎはこれで収まらなかった。大審院法廷は二十七日に開廷され、検事総長は「被告の犯行は刑法第百十六条を適用して死刑にすべき」と論告した。休憩となり、裁判長以下裁判官七人が合議の結果、六対一で検事の意見は不当であると決定。法廷に傍聴人の入廷を許して再開し、裁判長は「刑法第二百九十二条二項の謀殺未遂罪を適用して、津田に無期懲役とする」旨の判決を言い渡した。

これにより児島は「護憲の神様」となっていくのだが、政府内は混迷するばかりだった。二十九日、青木外務大臣が責任をとって辞任、西郷内務大臣、山田司法大臣が相次いで辞任、松方総理も辞任の意向を伝えたが、天皇に慰留された。

青木が辞任した同じ五月二十九日の午後七時に、ともに枢密顧問官のポストにいた黒田と武揚が取り交わした便りが現存する。内容は武揚の入閣についてであるが、ともに国家を憂い、偶然、同じ日の同じ時間に、たがいに便りを認《したた》めたのである。

最初に黒田の便りを掲げる。

拝啓　只今松方首相より老台下弥御拝命之由承り、実に国家之為め奉大賀候。将又《まさにまた》西郷、山田両大臣も本日辞表差出されたる旨併て承り疾《はや》くに御了承とは存候へ共、誠に爾来日々外内御至難に押し移り、最大容易ならざる場合と長大息之至に御座候。只今伊藤伯帝国ホテル江投宿、台下御賢慮之御明接充分同伯へ御申込み被成下儀悃褥《こんじゅく》に不堪《たえず》、此之時宜を失せず大至急に邦家之為め御尽力奉懇願候。返す〳〵も今夜中に願上候。内実者《は》御祝儀旁《かたわら》拝青昇堂　仕度《つかまつりたく》、難去《さりながら》用向有之平《ひらに》御宥免《ごゆうめん》被下《くだされ》候。　此旨忽々　敬具

廿四年五月廿九日午後七時　　清隆拝

榎本大臣殿

松方総理から、武揚の外務大臣の拝命を聞き、「容易ならざる場合」「邦家之為め御尽力奉懇願候」として、「榎本大臣殿」とまで書いている。

次に武揚の便りを掲げる。文中、再三出てくる小子は小生（私）を意味する。

拝啓　昨夜は不相替長坐仕、懇々の御高話鳴謝の至に御ざ候。陳《のぶれ》ば小子、外務大臣任命の件、本日総理大臣を経て（小子は斯る重任に当るべき器にあらず、井上、副嶋等の元老に御任命被為有度旨）陛下へ達、不申上候処、是非共小子に御請可致との再度の勅命有之《これあり》候に付、もはや今日の場合くどくどしく御辞退すべき時にあらずと決心仕、其上昨夜の御高話も有之、旁《かたわら》以て只今親任式有之、御請仕候。皇后陛下ニハ御臥蓐《ごがじょく》に付、拝謁は不被仰付候へ共、三ノ宮を以て左の通なる難有《あだがたき》御伝語《ごでんご》有之候。

今日国家多事ノ折、至重の任を速に御受け致したるは満足に堪へず云々

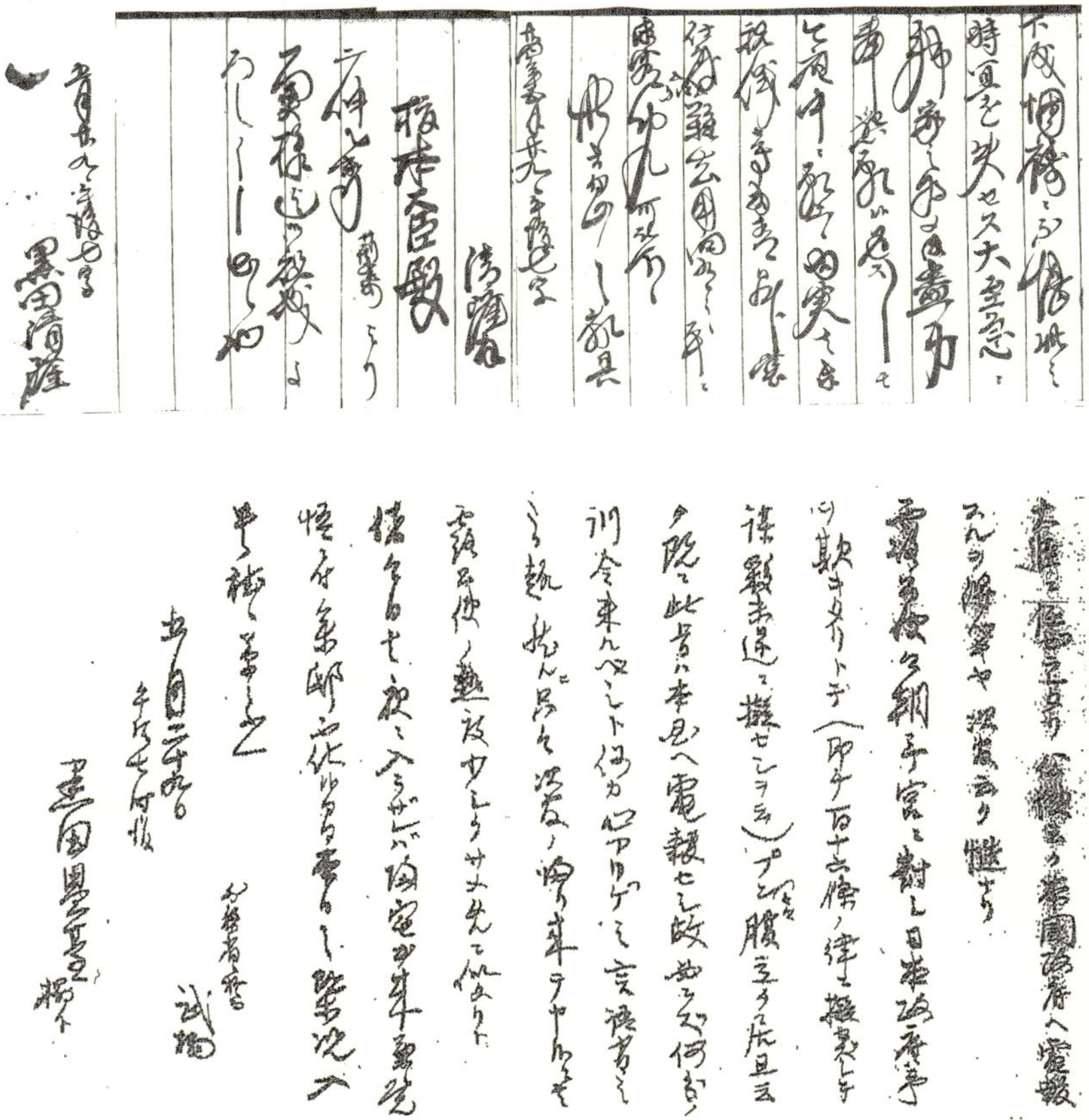

同日同時刻に出し合った黒田と武揚の便り（榎本家蔵）
上段：黒田から榎本へ、下段：榎本から黒田へ

偖《さて》、夫より直に外務省へ参り露国との事件処分ニ取掛居申候。只今次官儀露国公使よりの請求に応じ、宣告の為知書を持参して、公使館へ参候処、青木氏の辞職は御聞届に相成たるや否、被尋候に付、次官答て云く、只今内閣より電話にて青木子の辞職御聞届相成、榎本子代て外務大臣に任ぜられたり、公使云う、本国政府へ電報するを得べきや、次官云く慥なり。露公使、今朝三ノ宮に対し、日本政府は予を欺きたりとて（即ち百十六条の律に擬せずして謀殺未遂に擬せしを云）プンプン腹立ち居、且云う、既に此旨は本国へ電報せし故、必らず何分の訓令来るべしと、何か心ありげの言語有之たる趣、然るに只今次官の帰り来て申候には露公使の熱度少しくさめたるに似たりと。偖《さて》、今日は夜に入らざれば帰宅出来兼候覚悟に付、参邸不仕候間、本日の概況入貴聴候。草々不一

五月二十九日午后七時後

外務省に於て

武揚

黒田盟台榻下

大津事件によって武揚は、松方内閣の外務大臣を引き受け、難局に対応することになったのである。武揚の心境は激しく波打っていたであろうことが、この文面からも推察できる。

ひるがえって武揚は難題が起こるたびに、表舞台に押し出されている。日露領土問題の特命全公使といい、朝鮮の壬午事件に絡む駐清（中国）特命全権公使といい、文部大臣森有礼の暗殺による後任

といい、今回の大津事件による外務大臣の就任といい、まるでここ一番、追い込まれた時に、都合よく登場させられている。しかも武揚はそれを見事にこなしている。非凡さを感ぜずにはいられない。

メキシコ殖民と妻の死

明治二十年代も半ばに入ると、わが国は近代資本主義の基盤が固まりつつある反面、農村地帯は深刻な不況に見舞われ、人口の増加もあって貧しい暮らしを強いられていた。一方でアメリカの西部開拓が進み、日本の農村労働者が高い報酬を求めてアメリカ大陸に渡りだした。

外務大臣になった武揚が最初に取り上げたのは外国移住計画だった。武揚は幕府留学生としてオランダに渡り、欧米列強の植民地獲得をつぶさに見聞したうえ、北海道の開拓使官吏として開拓の経験を積んだが、今後、西欧諸国と対等に渡り合うには海外植民地建設が重要である、と判断した。

武揚はすぐ外務省内に移住課を設置した。南太平洋方面に日本人を送り込み、太平洋における海権と商権の拡大を計り、難題の人口問題にも対処しようとしたのである。たまたま在サンフランシスコ領事館の書記生から、メキシコが未開発地の開拓と農業の育成を国策とし、多くの外国人投資と移住を求めているとの情報を得て、在米特命全権公使建野郷三に対して、日本人のメキシコ移住の可能性について調査を命じた。

この調査報告書が『日本外交文書』に見える。

若し日本農民か墨国《メキシコ》に移住せんと欲せは拙者已《すで》に陳述するか如く其企業に向て立派なる余地ある可しと思はる。又今ま茲《ここ》に合本買込会社ありて広大の土地を買入れんと欲せは、甚た格好の代価を以て買取ること容易にして、其土地を以て熟練したる日本の農民は其日本に於て収穫するよりも一層多く儲くるのみならす、猶ほ当人等は勿論其の企業発起人に取ても、莫大の利益を与ふへきは拙者深く信用するところなり。

墨国は丁度斯《ちょうどかく》の如き労働人と企業は、目下墨国の入用とするところなれば、該政府に於て多分其出稼を深く歓迎するならん。

武揚はこの報告書をもとに、メキシコを植民地と決め、明治二十四（一八九一）年十月、中南米諸国の中で初の在外公館となるメキシコ領事館を開設した。武揚はハワイ移民など、かつての出稼ぎのためではなく、移住地に骨を埋める「殖民」を掲げた。その地を耕し、子孫を作り、そこに日本民族が未来永劫居住する一大殖民地建設計画であった。

メキシコ領事館が開設されると、武揚は直ちに太平洋岸の適地調査に取りかからせた。「墨国太平洋沿岸諸州巡回報告」がまとまった。

明治二十五（一八九二）年八月二日、妻の多津が四十二歳の若さで亡くなった。波瀾の夫を陰で支え続けた生涯であった。海外植民地建設に意欲を燃やしていた武揚が、愕然となったのはいうまでもない。悲しみの葬儀を済ませて初七日に当たる八日、松方内閣が総辞職し、武揚もまた外務大臣を辞任し、枢密院顧問官になった。武揚は全身から力が抜けていくのを覚えた。

だが武揚にはまだやらねばならない仕事が残されていた。

その年九月、日本気象会会頭に就任し、かたわら鉄鋼事業の実現に向けて本格的に取り組みだした。

明けて明治二十六（一八九三）年一月、武揚は小樽の北辰社支配人の大塚賀久治に便りを出した。暴風雨で破損した小樽港の埋立地についてで、大塚への配慮のにじんだ内容である。この便りは北海道立文書館に現存する。

この春、待望の殖民協会が発足した。挨拶に立った武揚は、

「政府の補助に頼らない独立協会である。殖民こそ〝国利民福〟になる」

と主張した。

メキシコ領事館が総領事館に昇格したのはこの年晩秋。そして明治三十（一八九七）年、移住が始まることになる。

大塚賀久治
（1843-1905）

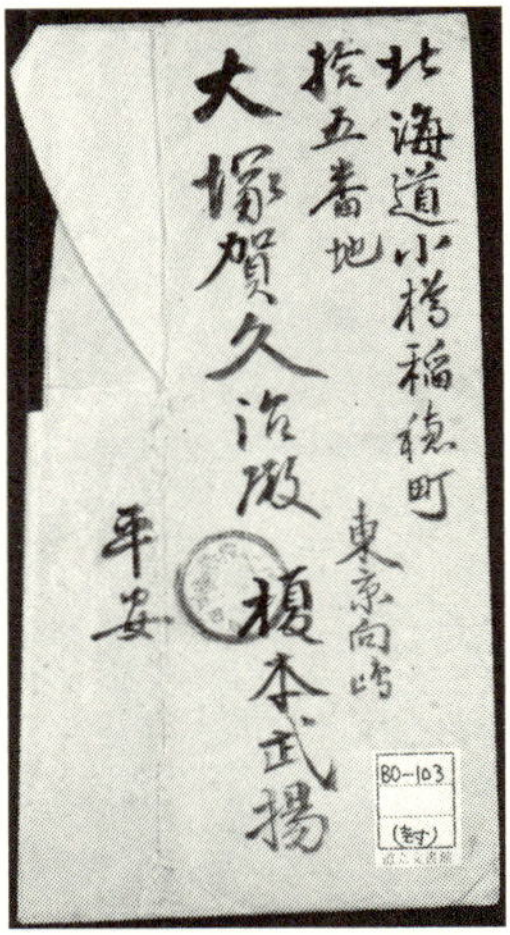

武揚が大塚賀久治に宛てた手紙の封筒
（北海道立文書館蔵）

第八章

隕石で流星刀を作る——一八九四—一九〇六年

三国干渉と「臥薪嘗胆《がしんしょうたん》」

明治二十七（一八九四）年一月、枢密院顧問官に退いていた武揚にまた白羽の矢が立ち、再び農商務大臣に返り咲いた。すでに六十歳になっていた。

この年の夏、農民の反乱（東学党の乱）に道都全州を占領された朝鮮政府が清国に出兵を求めた。日本政府はこれに対抗して日本兵を朝鮮に出兵させ、武力を背景に朝鮮王宮を占領した。そして次々に難題をもちかけて、大院君を引っ張りだして親日政権をつくらせ、清国（中国）軍を撤退させた。その挙げ句、豊島沖の日本艦隊が清国軍艦を砲撃した。日清戦争の勃発である。

日本軍は平壌に猛攻を加えた。戦意のない清国軍は白旗を掲げたので、一気に占領した。一方、黄海海戦が始まり、日本の連合艦隊は清国の誇る北洋艦隊を打ち破った。朝鮮半島を抑えた日本軍は清国領へ進出し、遼東半島に上陸し、金州に続いて旅順口を占領した。伊藤博文総理と陸奥宗光外相が日本代表として日清講和会議に出席したが、不調に終わり、戦いは翌年も続いた。

三月中旬になって下関で再び講和条約が開かれたが、その間に清国代表の李鴻章が狙撃される事件が起こった。困惑した伊藤と陸奥は急ぎ休戦を承認。講和条約が話し合われ、四月十七日、朝鮮の独立、遼東半島、台湾、澎湖列島の日本への割譲、賠償金二億円支払いなどで講和が成立した。戦いは終わった。

ところがドイツ、フランス、ロシアの三国の公使が外務省を訪れ、遼東半島を清国に返還するよう要求した。三国干渉と呼ばれるものである。

驚いた伊藤は二十四日、御前会議を開き、列国会議でこの問題を処理することにしたが、病気で欠席していた陸奥が翌日になって、これに強く反対を称えた。

この時、武揚が首相の伊藤博文に出した四月三十日付の便りがある。

内啓　三国要求一件に付ては格別御配神之段察上候。依之《これにより》前日黒田〔清隆枢密院〕議長始め在京閣僚と商議之上、意見御参考に供し候処、金州半島問題は略御同見之趣に承知仕候。（中略）講和条款中金州半島一条丈《だ》けは列国会議に付する事と為し、其他は来る八日前に御批準交換を済ませ候方可然歟《しかるべきや》。（但し是は米公使を経《へ》て清政府より申立しむ）、而《しこう》して列国会議には我友国即ち英、米、伊、澳等も相加はり候様、我より請求候へば、多分承諾可致《しょうだくいたすべく》。

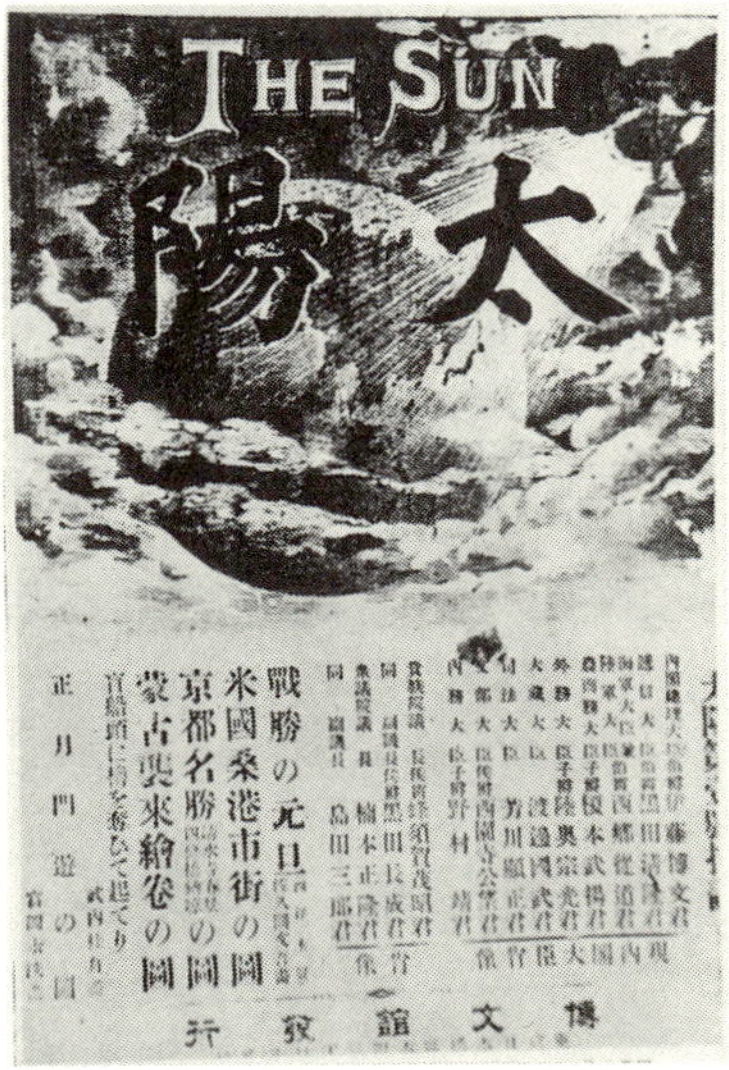

三国干渉を報じる雑誌「太陽」創刊号

金州、つまり遼東半島だけは、列国会議で論議することとし、他は五月八日前までに講和条約の批准を済ませておいて、アメリカ公使から清国政府に申し立て、友国であるイギリス、アメリカ、イタリア、オーストラリアなどと相談するようにする。私からお願いすれば、多分承諾してくれるはず、という内容である。友国の了解を取りつけたら、ドイツ、フランス、ロシアの三国の要求を退けることができるとの主張であり、外交の修羅場を何度も経験してきた武揚ならではの判断、といえる。

だがこの便りの前日、イギリス政府は駐英日本大使に対して「この問題で日本を援助することはできない」と伝えた。武揚の打つ一手が一日、いや半日早かったら、問題はどう転んでいたかわからないほど、微妙な段階にあったということである。

「報知新聞」五月八日は、京都に大臣、顧問官らが集まり、国家の重大会議が開かれているとして、「(この) 総会議に依て決定したるものを伊藤首相より上奏し、陛下には更に此総会議の決議を枢密院へ御諮詢あらせられるべき御予定にて、場思惟に依りては枢密院会議には、陛下の臨御あらせられ親しく御諮詢あらせらるる事も之れあらんとの事にて」と大仰な文章で報じた。

こうして十日、詔勅が出され、遼東半島の還付が決まった。戦勝に酔いしれていた国民の多くは、三国干渉により遼東半島が奪われたとして憤激したが、どうにもならなかった。

雑誌「太陽」は「臥薪嘗胆《がしんしょうたん》」と題して「三国干渉の好意必ず酬いざるべからず、わが帝国国民は決して忘恩の民たらざればなり」と皮肉まじりに論じた。以来「臥薪嘗胆」は国民の世論となり、合言葉となっていく。

この間に、ロシアと手を組んで日本排斥を狙う李氏朝鮮の国王高宗の妃、閔妃が、日本守備隊らに暗殺される事件が起こり、世を震撼させた。

この年、箱館戦争をともに戦った荒井郁之助が東京の中央気象台台長になった。農商務大臣で大日本気象学会会頭を務める武揚は、荒井と手を取り合い、感慨にふけった。旧幕府艦隊の品川沖脱走、悪天候による艦隊の離散、蝦夷地・江差の鴎島沖での開陽丸の座礁沈没、そして宮古湾海戦、気象の変化に振り回され、苦い試練を強いられた遠い日々が脳裏に浮かび、複雑な思いにかられたに違いない。

足尾鉱毒が社会問題化

年が変わり明治二十九（一八九六）年になっても、政府は朝鮮問題を抱えて苦悶していた。伊藤首相は辞表を提出し、閣僚もそれに続いた。だが武揚だけは提出しなかった。結局、枢密院議長の黒田清隆が臨時首相となり、辞表を出した閣僚のうち、伊藤と蔵相の辞職のみを受理し、他は却下し、第二次黒田内閣が発足した。したがって武揚は引き続いて農商務大臣を勤めた。

だがこの内閣はあくまでも暫定内閣で、わずか半月で黒田は退陣し、松方正義が首相に就任し、第二次松方内閣が誕生した。しかし武揚はこの内閣でも農商務相を続けた。

このころ「二十六世紀問題」が起こった。雑誌「二十六世紀」が「宮内大臣論」を掲載し、長州藩の宮廷支配と宮内大臣の専横を攻撃したのである。ことが皇室に及ぶものだけに政府は激怒し、すぐに発行禁止処分にした。「二十六世紀」の主張を支持した「日本」や「万朝報」「国民新聞」などの新聞も同様の処分を受けた。

だが松方内閣のこの問題に対する閣僚の足並みはそろわず、結束の弱さを露呈した。これに絡んで黒田が松方首相に宛てた便りが現存する。

二十六世紀及ひ日本新聞は既に禁停止之御処分相決《あいきめ》候義に付、希《ねがわ》くは是限《これかぎ》りに御止め相成、起訴等は勿論、断然他に波及せさる様深く御注意相成候義、実に御得策ならんと呉れくれも希望罷《まかり》在《あり》候、爾後《いご》静粛《せいしゅく》御《ご》矯正《きょうせい》監督十分に行届くへき方法、御執り被為遊候。恐多《おそれおお》くも上は皇室之為慎重御考處之程俯仰《ふぎょう》千万相祷候。此段草々奉得尊意候。敬具。

廿九年十一月旬　　　　黒田清隆

松方総理大臣閣下

追伸として、各大臣へ本文を写して送るよう記している。皇室への冒涜を恐れたものであろうが、その慌てぶりを見る思いがする。

わが国初の公害問題とされる足尾鉱毒事件が社会問題化したのは、この直後である。同鉱山は明治十（一八七七）年ごろ、古河市兵衛が経営権を所有するが、銅の産出が激増するにつれて、銅山から出た廃水が渡良瀬川に流れ込み、群馬、栃木両県にまたがる同川流域から魚類が姿を消した。さらに洪水で冠水した田畑から作物が採れなくなる現象を引き起こした。

鉱毒被害に悩む農民たちが政府に対して鉱毒の除去と、それができない時は鉱業の停止を請願した

足尾鉱毒で打ちのめされた田畑（『図説国民の歴史　8』）

のは明治二十四（一八九一）年十一月。栃木県選出代議士の田中正造は、このまま放置し続ける政府の怠慢を追及した。だが足尾銅山の経営者と太いパイプでつながっている政府は、原因不明につき調査中である、として逃げた。

被害農民たちは田中を先頭に群馬県邑楽郡渡良瀬村の雲龍寺内に「足尾銅山鉱業停止請願事務所」を設置し、政府に対して鉱業停止、鉱業地域免減税、堤防改築の三点を請願した。

明治三十（一八九七）年三月三日、武揚は農商務相として初めて足尾銅山の被害者代表と会った。必死に訴える農民の話に、武揚はうなずきながら聞き入った。

三月十八日、政府は田中正造の再三の質問に対して、「足尾の鉱毒が果たして公益に反するものか否かは断じがたい。鉱業の発展に伴い、各地方に発生すべき事件であり、国家経済上、すこぶる重大な問題であり、独り足尾銅山の問題ではない」

と答弁した。

この冷たい答弁に、被害農民らの怒りは激しさを増した。やむにやまれぬ立場に追い込まれた武揚は三月二十三日、現職大臣として初めて足尾銅山の現地に足を踏み入れた。被害状況の説明を受けてから現地を視察し、あまりの酷さに呆然となった。

大臣を辞任し、市井の人に

帰京した武揚は二十四日、政府の鉱毒調査委員会を設置し、翌二十五日に第一回足尾鉱毒試験調査委員会を開催し、専門家による公害への対応を始めた。それと同時に足尾鉱山の操業停止命令を出した。それまでののらりくらりとした対応とはまったく違ったものだった。

だが政府の鉱毒に対する意識はあまりにも低過ぎた。武揚は農商務省関連の法案がすべて成立したのを見計らうように、農商務相の辞表を提出した。それまで責任をとろうとしなかった歴代内閣への精いっぱいの抗議であり、自らへの贖罪でもあった。

だが農民たちの怒りは高まるばかりだった。三月二十七日、農民約八百人が集団請願行動に乗り出し、警戒網をくぐり抜けた約八十人が上京して、在京の同志とともに農商務省に押しかけた。面会した武揚は涙を浮かべながら、

「何らかの処置を講じる」

と述べた。

この日、「東京毎日新聞」に政府を批判する勝海舟の談話が載った。

ドウダイ鉱毒はドウダイ、旧幕は野蛮で今日は文明だそうだ。山を掘ることは旧幕時代からやっていた事だが、手の先でチョイチョイやって居たんだ。海へ小便したって海の水は小便になるまい。今日は文明だそうだ。文明の大仕掛で山を掘りながら其他の仕掛は此れに伴はぬ。夫では海で便したとは違ふがね。わかったかね元が間違っているんだ。

何らかの措置を講じる、と約束した武揚だったが、それもできないまま二十九日、辞職が受理されて農商務相を辞任した。三年余りのポストだったが、最後に直面した足尾鉱毒事件については、忸怩《じくじ》たる思いがあったであろう。

この時に詠んだ七言絶句を掲げる。

三軒第屋五車書　三軒の第屋は五車の書あり
山美水鮮両可茄　山美しく水鮮やかにして両《ふた》つながら茄《な》すべし
閲尽繁華多少夢　閲《けみ》し尽して繁華《はんか》多少の夢
笑携鶏犬入吾廬　笑みて鶏犬を携へて吾廬《いおり》に入る

五車の書とは、五台の車に載せるほど多くの書籍を指す。山も水も美しくなければならないのに、それもできず、笑ってニワトリやイヌとともに自宅に入る、という意味のもので、自分の虚しさ、愚かしさを詠んだものである。

武揚が辞職し、外務大臣の大隈重信が農商務大臣を兼務した。それを知った田中正造をはじめ多くの被害農民らは、せっかく調査が始まったのに、といって武揚の辞職を惜しんだ。田中は知人への便りに、

「大隈伯の農商に付いて、却《かえつ》て一敵国を願出いたしたる思ひ」

と書いた。その陰に武揚への期待と失望の大きさがのぞく。

鉱毒事件についてもう少し触れておく。被害農民の集団請願行動はその後も続き、明治三十三（一九〇〇）年まで四回に及んだ。「押し出し」と呼ばれ、ことに第四回の押し出しは、二千人の農民と警官隊が衝突し、百人を超す逮捕者が出た。田中正造が死を決して天皇の馬車で近づき、直訴したのは明治三十四（一九〇一）年十二月十日である。

隕石で「流星刀」を作る

政界から退いた武揚は、隅田川に面した向島須崎村の自宅で隠居生活を送っていた。現在の墨田区向島五丁目に当たる。武揚の江戸っ子気質は少しも変わらず、粋な反面、門付けの新内流しを玄関先に呼び入れたり、力士を座敷に招いて相撲を取らせるなどして周囲を驚かせた。

しばしば木母寺に近い向島百花園を訪れ、茶碗酒を楽しんだが、その時の逸話が残っている。幕末・明治の俳人、其角堂永機の句碑「朧夜や　誰を主《あるじ》の隅田川」を見た武揚が、

「おれのほうがうめぇ」

と大笑いして次の一首を詠んだ。

隅田川　誰を主と言問《こと と》はば　鍋焼きうどんおでん燗酒《かんざけ》

武揚の茶目っ気精神は、六十三歳になってなお衰えていなかったといえる。

そんな武揚が、明治三十一（一八九八）年三月、わが国に工業化学会が創立されると、乞われて初代会長に就任した。

この時期、アメリカでは自動車やモノタイプ印刷が始まっていた。一方、ブラウン管や放射線が発明発見され、陰極線の粒子性の証明が相次いでいた。化学の分野に深い知識を持っていた武揚にとって、政界から身を引いたいま、理想のポジションたったのであろう。

この年、武揚の長男の金八改め武憲と黒田の長女の梅子が結婚した。黒田は、総理や臨時総理を三回も務めた挙げ句に病に倒れ、病床に臥せていたが、武揚とともにこの縁組を成就させた。たがいに励まし合い、助け合いながら政界を歩んできた二人だけに、両家の結びつきは何ものにも変えがたい喜びだったといえる。

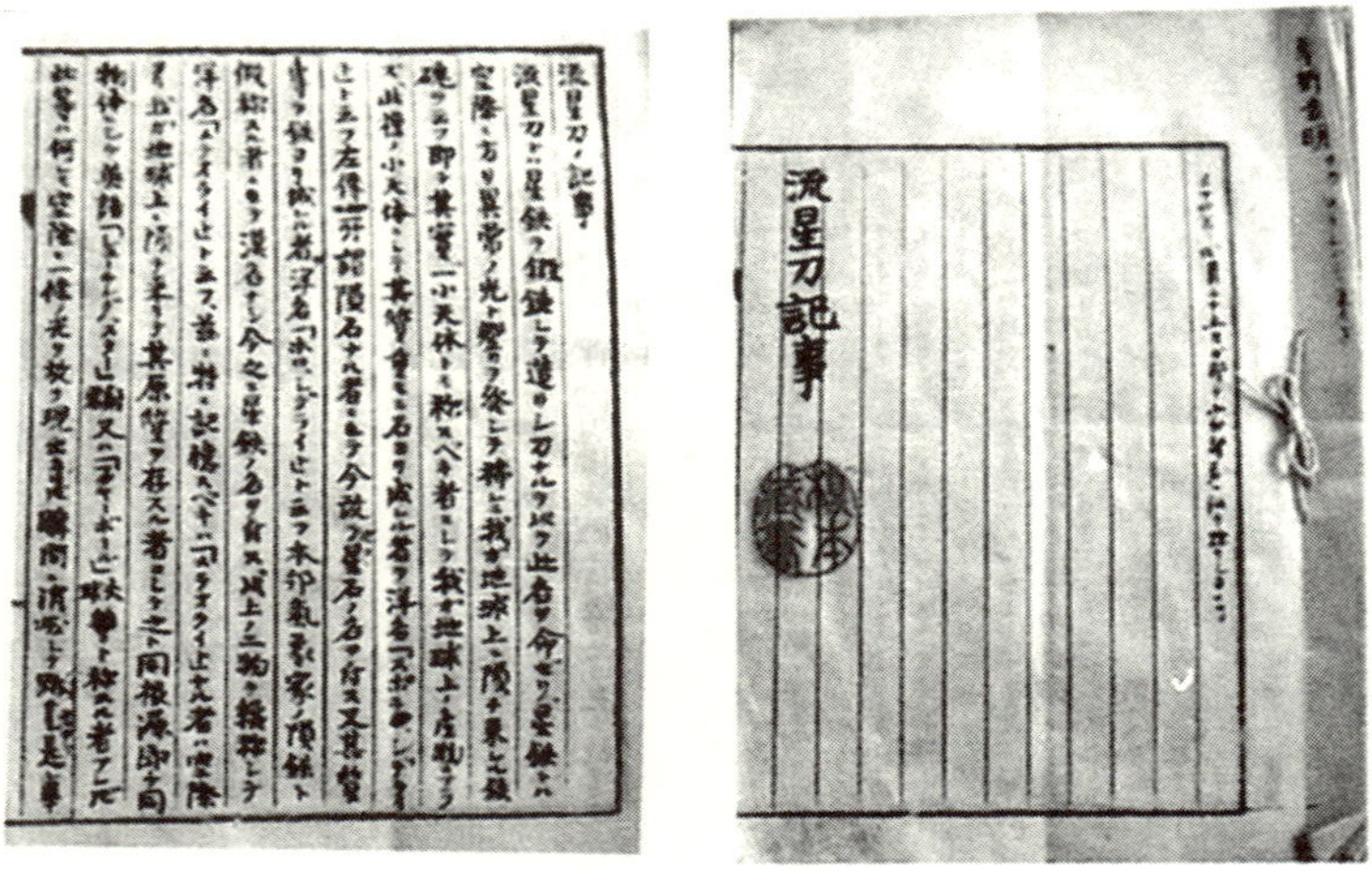

流星刀の文章（榎本家蔵）

暮れになり、武揚は隕石《いんせき》の歴史を調べ上げ、合わせて隕石で刀剣五振りをこしらえさせた。そして隕石の刀剣作成の技術をまとめた論文『流星刀記事』を執筆した。

隕石とは、宇宙空間から地球上に落下した物体で、大きな流星の燃え残りをいう。『資料榎本武揚』によると、隕石は明治二十三（一八九〇）年四月、富山県上新川郡稲村大字白萩村の上市川上流で小林一生が鉱山試掘中、一人の作業員により発見された。しかし隕石であるとは知らず、小林家の漬物石として使用されていた。ところが明治二十八（一八九五）年になって、小林の実弟が工業学校分析学教授の近藤会次郎にこの話をしたところ、近藤は農商務省地質調査所の分析課にも所属していたので、急ぎ鑑定した結果、隕石と判明した。

だがこの隕石は横浜の外商により海外に売却されることになった。たまたま農商務大臣のポストにい

隕石で作った流星刀（榎本家蔵）

た武揚は、近藤とともに現物を見たうえ、小林に掛け合い、同年三月十七日、大金を投じて購入した。

武揚は、この隕石のうち約四キログラムを刀匠の岡吉国宗に命じて切り取らせ、長刀二振り、短刀三振りの計五振りの刀剣を作成させたのである。

流星刀の論文

武揚は流星刀について、論文を「流星刀ノ記事」「本邦ニ於テ発見セシ星石ノ略記」「本邦ニ於テ発見セシ星鉄ノ記事」「流星刀奉献ノ発念並ニ古来星鉄ヲ以テ刀ヲ造リタル古例」「献上ノ流星刀刀身ニ関スル特質」の五項目にわけて記しているが、そのうち第三項目の隕石の分析の部分を掲げる。

予は本隗《ほんかい》の手に入りし以来、珍重措かざりしが、本年（明治三十一年）二月ニ至リテ本隗の一部を以て刀身を造らしめ以て之を我が皇太子殿下（後の大正天皇）に奉献せんと企てたるを以て、全量中より殆んど一貫目余を截り取り、其切《そのきり》屑《くず》を精撰して特に農商務省鉱山局地質課高山甚太郎氏に定量分析を請ひたるに、其結果左の如し。

分析成績報告書

一隕《星》鉄　壱種

定量分析成績	百分中
鉄	八九・四六七
ニツケル	九・三〇三
錫	〇・〇一一
銅	〇・一三八
コバルト	〇・八二七
燐	〇・〇六四
硫黄	〇・〇〇一
炭素	〇・二一九
不溶浅渣	〇・〇二七

右分析者　小寺技師

右之通候也

明治三十一年三月三日

次に第四項目の、流星刀奉献の発念の中で「予が所蔵の星鉄は我が国内に隕下せし者なれば之を以て本邦特有の鍛練法にて一刀を造らしめ、以て我が皇太子殿下御丁年の御祝儀として献上し奉らんと発念せしは偶然の事にあらず」として、全権公使としてロシアに滞在中に、アレクサンドル一世がナポレオンを破った記念にドイツから贈られた刀が隕石で造ったものと知ったとして、さらに歴史書からいくつかの例を挙げた。

そのうえで、第五項目の献上の流星刀に及び、以下のように記した。

鍛錬　長刀及び短刀各二振《ふたふり》の内甲《うち》の一振は星鉄を十六回折返し鍛錬したるものを用ひ、乙の一振は二十四回折返し鍛錬したるものを用ひて造れり。二振共に刀身の表面に恰《あたか》も槻《けやき》の如《ごと》輪木理に似たる斑紋《はんもん》あるは就中《なかんづく》此《この》斑紋の稍大《しょうだい》にして鮮明に且つ無瑕《むか》に出来上りたる者は則ち献上の一刀なり。

刃金　前記の如く数回鍛錬したる星鉄の中間に挟みたる刃金は中国砂鉄の玉鋼にして其配合は星鉄七分、玉鋼三分の者、切味最も鋭利なるを以て甲乙各一振とも此の割合を採れり。

鑢削《ろさく》及び鏟削

鑢削又は鏟削を施すに粘韌《ねんじん》にして稍硬く、恰も鑢又は鏟を吸引するが如き感あり。

強力　試に鎚延したる星鉄の一片を截りて之を折るに屢《しばし》ば屈曲するも容易に切断せず、以て其強力の大なるを知る。

鍛合の困難　星鉄の鍛合は通常錬鉄又は玉鋼の鍛合に比して頗る困難なり。而して之を鍛合するには充分なる白熱ヲ与フルヲ宜シトス。始メ刀工国宗ガ星鉄ヲ鍛錬するに方《あた》り、鍛合頗《すこぶ》る困難にて意の如くならず、依て其氏神たる氷川神社に祈誓し、三週間精進潔斎して鍛合の方法を工夫し、漸《ようや》く其目的を達したりと陳ぜり。

武揚がいかに流星刀造りにこだわったかをうかがい知ることができる文面である。

この五振りの流星刀のその後について触れておきたい。皇太子に献上した長刀のほか、もう一振りの長刀は長男武憲より帝室博物館に寄贈され、いったんは武憲の子息のもとに戻った後、改めて靖国神社遊就館に寄託された。その後、東京農業大学に移された。短刀は一振りが次男春之助より東京国立博物館に寄贈され、その後、靖国神社遊就館に寄託され、現在は富山市文化センターが所有している。もう一振りは曾孫の隆充氏が所有している。残る一振りは不明である。

榎本家に現存する短刀は刃渡り六寸五分（約二十一・五センチ）。鞘を払うと、重々しい光を帯びた刀がのぞく。隕石刀は世界に十数振りしかないといわれるが、そのうち四振りまでが武揚により製造されたものである。歴史を超えて現存する貴重な刀の存在に、武揚の高揚する思いを知ることができる。

なお隕石は現在、東京・上野の国立科学博物館に保存されている。

黒田清隆逝く

明治三十二（一八九九）年一月、勝海舟が脳溢血で倒れ、亡くなった。七十七歳だった。徳川幕府が崩壊し、薩長を相手に戦おうとした時、武揚を諌《いさ》め続けた長崎海軍伝習所の先輩である。武揚に複雑な思いが溢れた。

春爛漫の季節を迎え、武揚は北垣国道と相談して、開拓使の役人時代に共同で購入した北海道の高島郡稲穂町から忍路街道にかけての土地（小樽市）をそっくり国に寄付した。後に買い足したので、広さはざっと五〇万平方メートルに及ぶ。

武揚が北海道の拠点として土地管理会社北辰社を設立したのは明治六年。大塚霍之丞改め賀久治らのたゆまぬ努力が実を結び、港町の中心地には商社の出先機関が立ち並び、北海道経済の玄関口に成長していた。大塚が退き、その後継者に寺田省帰を支配人に据え、後顧の憂いもなくなって、土地を国に返そうと考えたのである。

この土地寄贈に対する四月二十四日付けの国の感謝状が榎本家に残されている。

その四日後の四月二十八日・黒田から武揚に宛てて便りが送られてきた。それを記す。

　只今園田長官御入来、函樽鉄道云々相尋試み候処、松方大蔵大臣殿に於て不賛成、目下経済的慎重々々戒心之場合に付、決して奨励云々之事等者毫《はすこし》モ帝室より就中《なかんづく》致ざる方殊に時期然《しか》らすと、詳細同大臣之説明を承知せり。従って伊藤侯へ者《も》一言も具陳せすとの事迄も承及び、唯形行之要旨御内牒申上置き候。書余拝青に譲候。早々謹言。

三十二年四月廿八日午下三時　　黒田拝

内容は函館─小樽間の鉄道をめぐる内閣の紛糾を伝えるものである。詳細はわからないが、黒田にしろ武揚にしろ、政界から身を引いたのに、北海道の地はいまだに目を離すことのできない存在だったのであろう。

黒田が脳溢血で亡くなったのはそれから一年後の明治三十三（一九〇〇）年八月二十三日午前八時半。十日ほど前から座骨神経痛を患い、不眠に悩んでいた。六十一歳だった。だが天皇の見舞いなどの関係でその喪は二十五日まで伏せられた。

武揚は黒田との生前の約束通り、葬儀委員長として葬儀を取り仕切った。薩摩閥のトップに君臨した黒田は、己の最期を同郷の数ある後輩たちに頼らず、かつての敵将に託したのである。武揚は、箱館戦争で邂逅した黒田の存在があったからこそと、改めて思いをめぐらせた。

『瘠《やせ》我慢の説』

福沢諭吉が有名な『瘠《やせ》我慢の説』の全文を「時事新報」に掲載したのは明治三十四（一九〇一）年一月一日と三日の紙面である。海舟が亡くなって二年経過していた。諭吉がなぜこれを書いたのか。

動機は十一年前の明治二十三(一八九〇)年に、家族とともに清水の興津清見寺を訪ねて「咸臨丸殉難諸氏記念碑」の正面と背面に刻まれていた次の文面を見たことによる。

正面　食人之食者死人事　人の食を食むものは人の事に死す
背面　従二位榎本武揚

正面の文面は、司馬遷『史記』の淮陰侯の故語からとったもので、意味を咀嚼すれば、徳川家の禄を得たものは徳川家の大事の時には死ぬ、というものである。

これを見た諭吉はおそらく「若い部下たちが多数死んで、自分だけが助かったのに、こんなことをいう資格はない。しかも位階を誇らしげに書いているのはいただけない」と考えたのであろう。

武揚は敗れた敵方の武将であり、死ぬべき命だったのに助けられ、新政府に入って大臣を歴任している。諭吉ならずとも不愉快に思う人は多かったはずである。諭吉が世間を代表して、武揚に問いかけようとしたのも理解できる。

諭吉はもう一人、勝海舟の態度にもぬぐえぬ反感を抱いていた。実は諭吉は咸臨丸で太平洋を航海した時、副使木村摂津守の従僕として同行した。木村は司令官であり、海舟は教授方頭取、すなわち艦長である。

海舟は木村より七歳年上だが、階級はお目見得以下の御家人なので、木村には遠く及ばない。そんなこともあって海舟は航海中は不満をあらわにし、木村を困らせた。しかも木村は維新後は新政府に仕えることなく、隠居した。諭吉にすれば、身の処し方が潔《いさぎよ》い木村とは大いに異なる海舟の態度に、許しがたいものを感じたのであろう。

そんな折り、海舟が編集した『海軍歴史』を読んで頭にカチンときた。海舟はこの中で木村にわずかに触れただけで、その功績を無視するかのような書き方をしていた。海舟にも一撃を食らわしてやりたい、と思ったとて不思議はない。

諭吉が『瘠《やせ》我慢の説』を書き上げたのは翌明治二十四(一八九一)年。そこで武揚と海舟に宛てて「いづれ時節を見て公表のつもりであるが、その前に一応ご覧にいれないのも不本意」と綴った便りとともに、写本を二人に送った。同時に木村摂津守改め木村芥舟と栗本鋤雲、さらに旧和歌山藩主の嗣子、徳川頼倫にも見せた。

文章の前段は「忠君愛国の文字は哲学的に解すれば純乎たる人類の私情なれども、今日の世界の事情においては、これを称して美徳といわざるを得ず」として、「自国の衰頽に際し、敵に対して固より勝算なき場合にても、千辛万苦、力のあらん限りを尽し、いよいよ勝敗の極に至りて始めて和を講ずるか、もしくは死を決するは立国の公道」と説いた。そして「俗にいう瘠我慢なれども、強弱相対していやしくも弱者の地位を保つものは、単にこの瘠我慢に依らざるはなし」として、世界の小国の独立を讃えたうえで、わが国の戦国時代における三河武士を掲げ、「その家(徳川家)の開運は瘠我慢の賜物なり」と論じた。

続いて戊辰戦争に移り、二、三の強藩だけが徳川家に敵対したのが実情なのに、戦わずして鉾を収めてその気風をそこねたとして、まず勝海舟を槍玉に挙げ、以下の如く追求した。

彼の講和論者たる勝安房〔海舟〕氏の輩は、幕府の武士用ふ可《べか》らずと云ひ、薩長兵の鋒敵す可《べか》らずと云ひ、社会の安寧害す可らずと云ひ、主公の身の上危しと言ひ、或は言を大にして墻《かき》に鬩《せめ》ぐの禍《わざわい》は外交の策にあらずなど、百方周旋するのみならず、時として身を危うすることあるも之を憚《はばか》らずして和議を説き、遂に江戸解城と為り、徳川七十万石の新封と為りて無事に局を結びたり。実に不可思議千万なる事相《じそう》にして……。

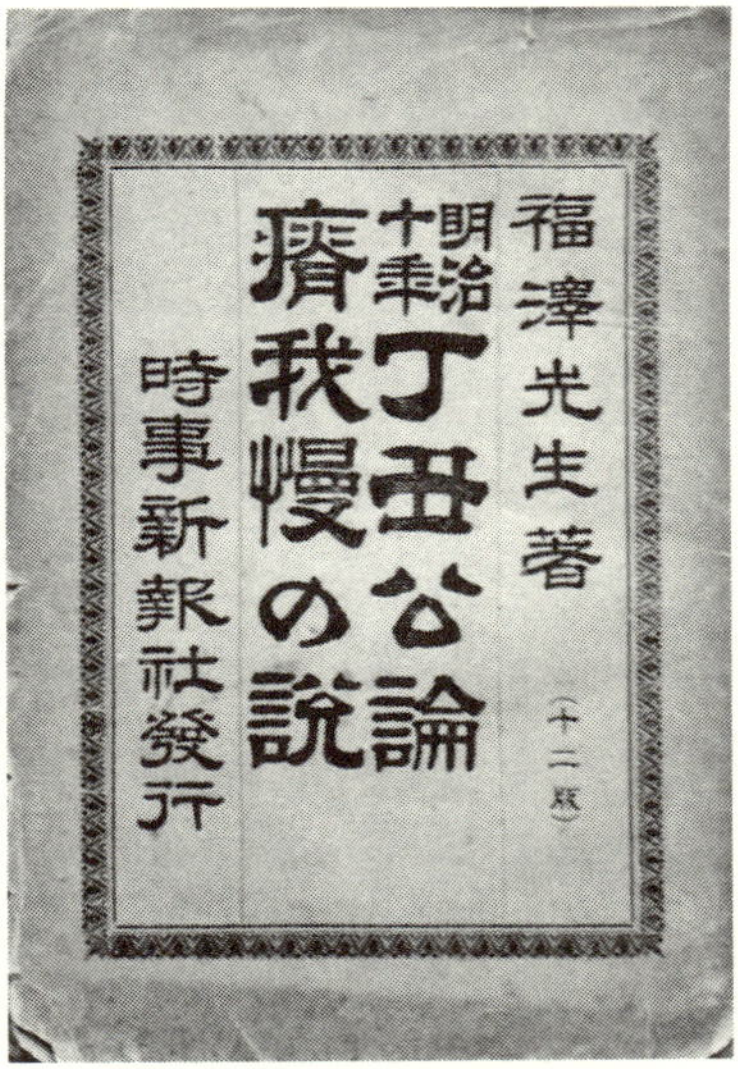

福沢諭吉著『瘠我慢の説』

文面はこの後、海舟が維新後、新政府の高官についたことをに及び、「恰《あたか》も国家の功臣を以て傲然《ごうぜん》自から居るがごとき」は許しがたいと指弾した。

続いて榎本武揚に対して次のように記した。

此人〔榎本武揚〕は幕府の末年に勝氏と意見を異にし、飽くまでも徳川の政府を維持せんとして力を尽し、政府の軍艦数艘を率いて箱館に脱走し、西軍に抗して奮戦したれども、遂に窮して降参したる者なり。此時に当り徳川政府は伏見の一敗復《ま》た戦うの意なく、只管哀を乞うのみにして人心既に瓦解し、其勝算なきは固より明白なる所なれども、榎本氏の挙は所謂《いわゆる》武士の意気地即ち瘠我慢にして、その方寸《ほうすん》の中には竊《ひそか》に必敗《ひっぱい》を期しながらも、武士道の為に敢《あえ》て一戦を試みたることなれば、幕臣又諸藩士中の佐幕党は氏を総督として之に随従し、都《すべ》て其《その》命令に従て進退を共にし、北海の水戦、箱館の籠城、その決死苦戦の忠勇は天晴《あっぱれ》の振舞《ふるまい》にして、日本魂の風教上より論じて、之を勝氏の始末に比すれば年を同《おなじ》うして語る可《べか》らず。

武揚が、必敗を知りながら瘠我慢を貫いたのは天晴れである、と評価したうえで、以下のように続け、厳しく断じた。

氏は新政府に出身して啻《ただ》に口を糊《こ》するのみならず、累遷立身《るいせんりっしん》して特派公使に任ぜられ、又遂に大臣にまで昇進し、青雲の志達し得て目出度しと雖《いえど》も、顧みて往事を回想するときは情に堪えざるものなきを得ず。当時決死の士を糾合して北海の一隅に苦戦を戦い、北風競わずして遂に降参したるは是非なき次第なれども、脱走の諸士は最初より氏を首領として之を恃《たの》み、氏の為めに苦戦し、氏の為めに戦死したるに、首領にして降参とあれば、假令《たと》い同意の者あるも、不同意の者は恰《あたか》も見捨てられたる姿にして、其《その》落胆失望は云うまでもなく、況《ま》して既に戦死したる者に於いてをや。

そのうえで清水の興津清見寺に立つ「咸臨丸殉難諸氏記念碑」の文面に触れ、武揚の心情をうかがいつつも、その栄達を批判し、「古来の習慣に従えば、凡《およ》そ此種の人は遁世出家《とんせいしゅっけ》して死者の菩提を弔うの例あれども、今の世間の風潮にて出家も不似合とならば、唯その身を社会の暗処に隠して其生活を質素にし、一切万事控目にして世間の耳目に触れざるの覚悟こそ本意なれ」と指弾した。

「いずれ愚見を」と返事

この文面を読んだのが生前の海舟、武揚のほかに前述の通り、木村芥舟、栗本鋤雲、それに徳川頼倫だった。その鋭い指摘に頼倫などは手を打って喜んだという。

だが肝心の海舟と武揚の二人からは返事がなかった。諭吉は重ねて「書いてあることに間違いはないか」と書き送ったところ、今度はすぐに返事がきた。武揚の便りには次のように書かれていた。

拝復。過日御示《おしめし》被下《くだされ》候貴著瘠《やせ》我慢中、事実相違之廉立《かどならび》に小生之所見もあらば云々との御意致拝承候。昨今別而多忙に付き、いづれ其中愚見申し述ぶるべく候。

文中に、事実と違うところもあり、私の所見もあるが、いまは忙しいので、いずれ意見を述べたい、

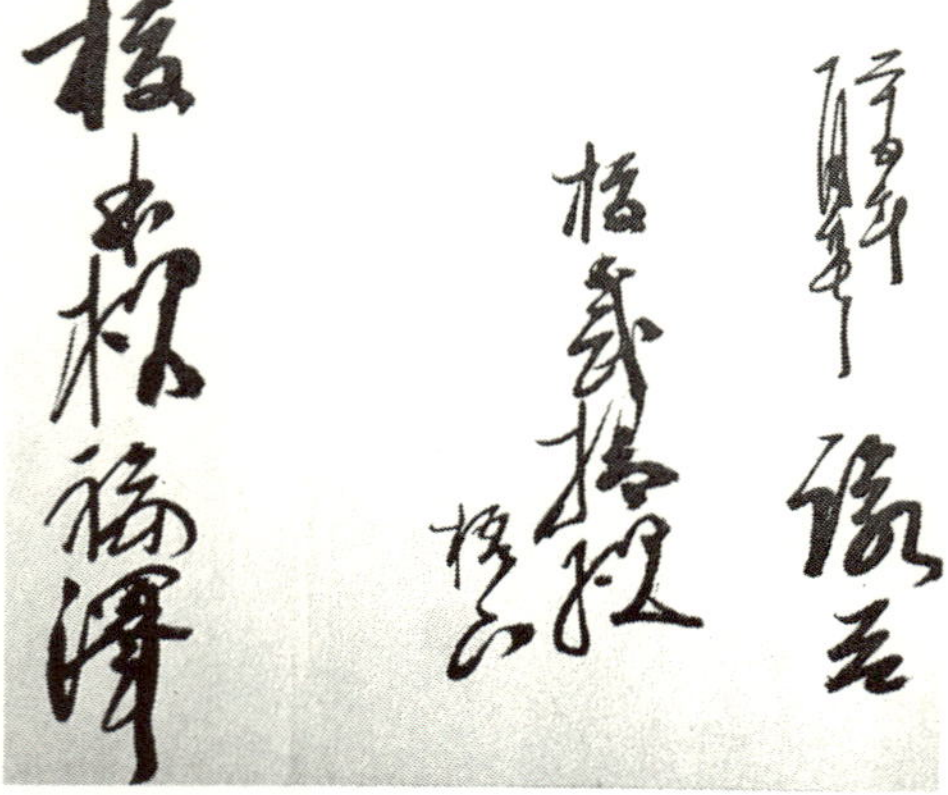

福沢諭吉が武揚に送った便りの末尾
（国立国会図書館蔵）

という内容である。

事実、この時期、武揚は多忙をきわめていた。大津事件が起こり、文相を辞任して枢密院顧問官をしていた武揚が、謝罪特使として有栖川宮威仁親王に特別随行を命じられていた。この特使はロシア政府から、「派遣に及ばず」と通達がきて解かれたが、すぐに外相に就任している。妻の多津が亡くなったのは翌年夏のことである。

海舟からは次のような返事がきた。

> 従古当路者《は》、古今一世の人物にあらざれば、衆賢の批評に当る者非ず。計らずも拙老先年の行為に於て御議論数百言御指摘に実に慚愧《ざんき》に堪えず、御深志忝く存じ候。行蔵は我に存す、毀誉《きよ》は他人の主張、我に与からず我に関せずと存じ候。

「毀誉は他人の主張、我関せず」というわけである。諭吉がむっとなったのはいうまでもなかろう。

ところが海舟から返書が届いた翌日、海舟の長男、小鹿が亡くなった。諭吉が二人の返書も含めて、自らの主張を胸に仕舞い込んだのは、この死にも原因があったとされる。不幸に追い打ちをかけるの

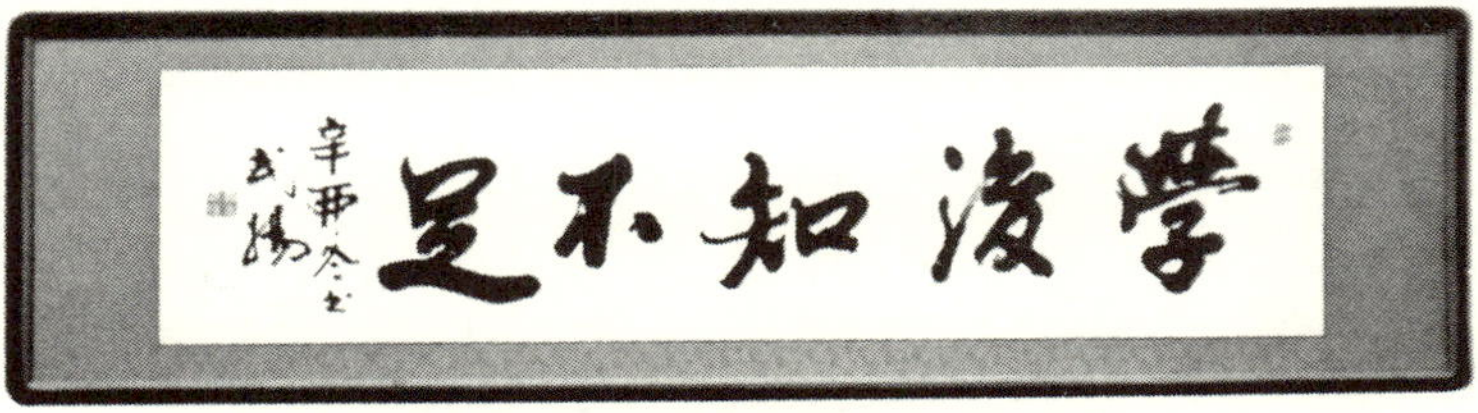

武揚が書いた「学後知不足」の書
（東京農業大学オホーツクキャンパス学術情報センター蔵）

を嫌ったのであろう。

『瘠《やせ》我慢の説』はその後、公表されないままに推移したが、栗本鋤雲の手元にあった写本から内容が漏れてしまう。諭吉は、秘匿する意味がなくなったとしてこの年、つまり明治三十三年一月一日と三日の「時事新報」に、全文を掲載したのだった。書き上げてすでに十年が経過していた。

読者の反響は大きく、四カ月後に著作として出版され、ロングセラーとなっていく。

だが諭吉は公表からわずか一カ月後の二月三日、病没する。「いづれ愚見申し述ぶる」と答えた武揚だったが、結局、反論の機会を逸してしまう。

武揚はどんな反論をしようとしていたのか。武揚の子孫に当たる榎本隆充さんはこう述べている。

「曾祖父の明治以降の行動は、自らの栄達を望んで事に当たったことは一度もなく、無私の精神で、自分の能力が生かされるのであれば、いつでもどこでも役に立ちたい、そんな思いに貫かれていたと思う。曾祖父はそれを言いたかったのではないでしょうか」

このころ武揚は、次の書を書いている。

学後知不足　　　　学びて後、足らざるを知る
辛丑冬　武揚

学ばなければ、どれほど学んだのかわからない、学んでみて初めて足りないことを知る、蘊蓄のある言葉である。辛丑は明治三十五年を指す。武揚の心境を映したこの扁額は、武揚が創設した徳川育英会育英黌農業科、現在は東京農業大学オホーツクキャンパス学術情報センターに所蔵されている。

碧血碑に詣で、死ぬ

明治三十五（一九〇二）年九月、日露両国の厚誼と情報収集を目的として日露協会が設立され、かつてロシア特命全権公使を務めた武揚が初代会長に推挙された。だが体調が思わしくなく、ほどなく病気療養のため辞任した。

明治三十七（一九〇四）年、日露戦争が起こった。戦争は翌年まで続き、アメリカ大統領ルーズベルトの斡旋によりポーツマス講和条約が成立、わが国はロシアから南樺太を割譲された。樺太千島交換条約の締結、来日中のロシア皇太子を襲撃した大津事件、そして日露戦争と樺太の割譲。後半の人生にかかわり続けたロシアの存在に、武揚の心境は複雑に揺れたに相違ない。

この日露戦争に勝利した日本は、世界の一等国にのし上がり、アメリカ、イギリスなどと対等な地位につき、やがて世界戦争への道を歩みだすのである。

碧血碑の裏に刻まれた文字の拓本
（著者蔵）

碧血碑（函館市）

明治三十九（一九〇六）年一月末、訃報が届いた。箱館戦争で腹を切ろうとした武揚を死ぬ気で止め、開拓使以降は武揚につき従い、小樽の北辰社の責任者を務め、影となって尽くしてくれた大塚霍之丞改め賀久治が亡くなったという知らせだった。武揚は部屋に籠もると、男泣きに泣いた。

明治四十（一九〇七）年夏、武揚は体調が少しよくなったので、思い出の地である函館を訪れた。戊辰戦争最後の戦いとなった箱館戦争から四十年が経過していた。あの戦いで亡くなった多くの霊を慰めたいという気持ちがひときわ強まっていた。

武揚は上陸するとすぐ、柳川熊吉とともに、函館山の中腹に建つこの碧血碑に詣でた。七月十一日のことである。熊吉は元侠客の親分で、いまは賊軍の戦死者を祭る碧血碑の墓守りを続けている。

碧血とは中国の故事に由来するもので、武人の血は三年経てば碧玉になる、という意味から取った。
碧血碑を振り仰ぐ武揚の脳裏に浮かんだものは、あの戦いで死んでいった累々たる屍であったのかもしれない。建立は明治八年とあるので、七回忌に当たる。榎本軍と呼ばれた旧幕府脱走軍の死者七百九十六人が眠っているとされる。ただしその数は定かでない。

柳川熊吉
(1825-1913)

碑の裏にはこう刻まれている。

明治辰巳実有此事　明治元年と二年に実にこの事有り
立石山上叺表厥志　山上に石を立てその志を表す

叺は吟ずるの意味だから、その志を吟じて表す、が正しい。この文面こそ、賊軍として戦い、無残に死んでいった人たちへの鎮魂の言葉であろうと思う。
この時に武揚が書いた次の文面がある。

戊辰の役我軍に属し函館其他の各地に於て戦死したる者の遺骨は、当時憚《はばか》る所ありて之を顧みる者殆んどあらざりしに、侠客柳川熊吉なる者ありて、実行寺の住職と胥り自ら拾収の労を取り、

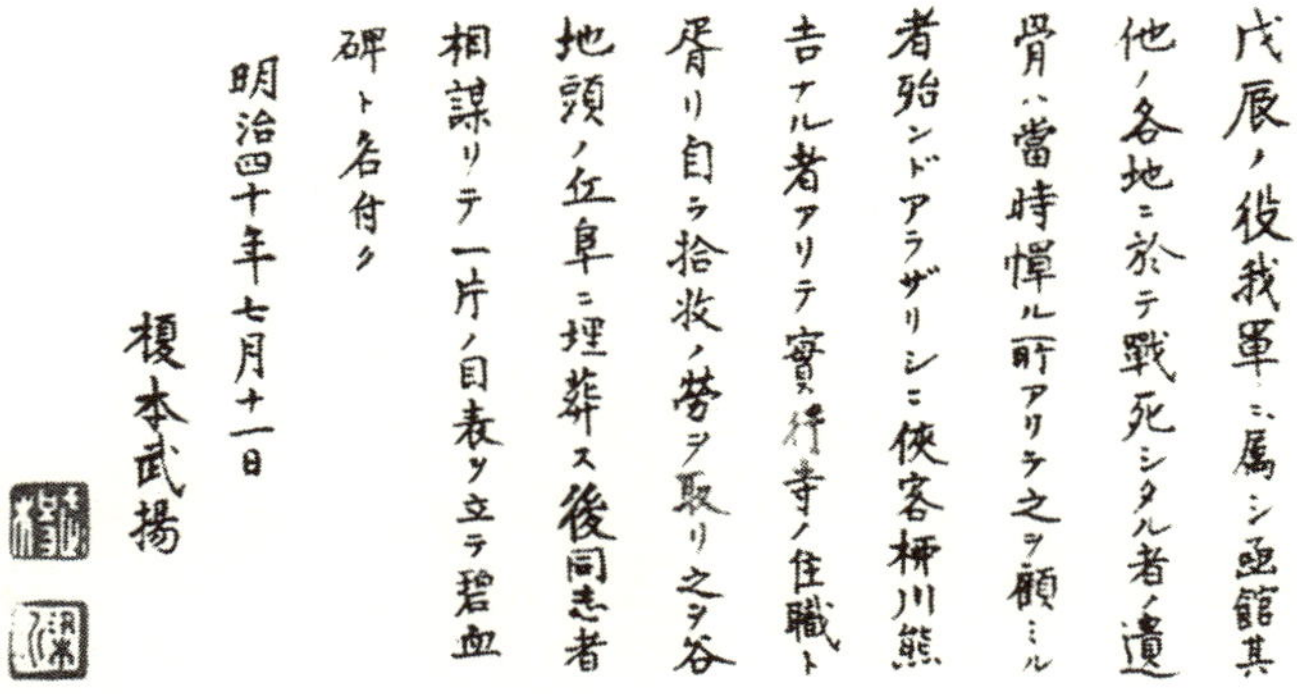
戊辰ノ役我軍ニ屬シ函館其
他ノ各地ニ於テ戦死シタル者ノ遺
骨ハ當時憚ル所アリテ之ヲ顧ミル
者殆ンドアラザリシニ侠客柳川熊
吉ナル者アリテ實行寺ノ住職ト
図リ自ラ拾收ノ労ヲ取リ之ヲ谷
地頭ノ丘阜ニ埋葬ス後同志者
相謀リテ一片ノ目表ヲ立テ碧血
碑ト名付ク
明治四十年七月十一日
榎本武揚

碧血碑について書いた武揚の文書（函館碧血会蔵）

之を谷地頭の丘阜に埋葬す。後同志者相謀りて一片の目表を立て碧血碑と名付く。

明治四十年七月十一日

榎本武揚

この旅の後に、武揚はおそらく小樽にまで足を延ばして、大塚の墓に詣でた、と筆者は想定している。前年亡くなり、まだ一年半しか経っていない。北辰社の連中にも会いたかったはずである。だがそれを示す資料は見つかっていない。

東京の向島の自宅に戻った武揚が突然発病したのは明治四十一（一九〇八）年七月十三日のことである。函館の碧血碑を詣でてまだ一年しか経っていない。病状は一進一退を続けた。

武揚が亡くなったのはその年の十月二十七日。享年七十三。明治天皇は武揚の生前の功労を讃えて祭粢料を下賜した。

葬儀は三十日午前九時半から、海軍葬により執り行われ

榎本武揚の墓
（東京都駒込・吉祥寺墓所）

た。向島須崎町の邸宅は弔問客で溢れ、花輪などで埋まった。武揚の柩車は午後一時に出立し、沿道には多くの人々が群れをなして見送った。

「読売新聞」十月三十一日は、その模様を四段にわたって写真付きで詳細に報じた。その一部を掲げる。

> 葬列は二騎の警部を先駆とし、海軍々楽隊に続いて名和海軍少将の指揮したる儀仗兵、水兵一大隊、同砲兵一中隊、次に高張提灯、生造花、次に僧侶十余名、副導師浅草東岳寺住職乙部弘道師、大導師吉祥寺住職岩本宗国師、孰れも馬車にて、次に故議定官海軍中将正二位勲一等子爵榎本武揚之柩と大書したる銘旗は風薄暗き空に翻り、奏楽の音悲しく、順路に居並ぶ拝観者の腸を断ちたり。（中略）
> 会葬者は総数八千人、厩橋を渡りて一直線に本邦切通し坂に出てたるが、先駆の未だ同坂を上り切らぬに葬列の最後は悠々として厩橋を渡りつゝある次第にて、沿道の群衆は人山を築き、江戸ッ子として知られたる故子爵だけに、二階と云はず屋根と云はず職人体の男が打囁きながら葬列を眺め、中には手拭を絞り居たるもあり。

こうして葬列は午後三時三十分、駒込の吉祥寺に到着。霊柩車は天幕を張った式場に引き入れられ、道師の読経などの後、矢吹中将が軍人後援会を代表して弔辞を朗読。儀仗隊の奏楽、宮殿下の代拝、喪主、親族、以下会葬者の焼香などがあり、式が終わった。

霊柩車は同寺境内の榎本家墓地に移され、妻多津の眠る隣に深さ九メートルの葬穴が掘られ、柩は底に置かれた石館に起重機で降ろされた。その模様を同紙は「弔砲響き、哀楽起りひらひらと落つる木の葉の下に、縁者皆顔を掩ひて忍び泣く」と書いた。

江戸っ子たちは幕府が倒れた時、薩長への憎しみから負け戦を承知で立ち上がったその心意気を、三十余年を経てなお大事にしていた、ということであろうか。

武揚が亡くなって百年の歳月が流れた。二十一世紀に入って世界の情勢は激変し、わが国はいま、集団的自衛権行使を閣議決定するなど、安全保障政策は大きな転換点に立たされている。北方領土返還、拉致事件、原発事故の後始末……と山積する諸問題。武揚が生きていたら、何をなすべきか、と聞いてみたい、そんな思いにかられる。

あとがき——榎本武揚が遺したもの

榎本武揚とは何か。書き出してすぐに感じたのは、途方もないものに取り組んでしまったという後悔にも似たものだった。

武揚の生涯を見ると、大きく三つにわけることができる。第一期は箱館奉行堀利熙の供をして蝦夷地を見聞し、長崎海軍伝習所に学んだ後、オランダ留学生として航海術などを学び、竣工した開陽丸で帰国するまで。第二期は風雲急を告げるなか幕府は瓦解し、武揚は開陽丸以下の艦隊を率いて江戸・品川沖を艦隊を率いて脱走し、蝦夷地に侵攻するが、新政府軍の反撃に敗れるまで。第三期は獄中生活から釈放されて開拓使に勤め、後に対露国境問題特命全権公使としてロシアに赴き、樺太・千島交換条約をまとめ、以後、公使や大臣、枢密院顧問などを歴任するまで、ということになる。

武揚が生きた七十年余は、わが国が幕末の動乱から明治維新を経て、近代国家へと衣がえする時代であり、歴史的に見てもっとも激動期にあった。そうした中で武揚は、新政府に抵抗して箱館戦争を戦って敗れ、断罪されるべきを助けられて新政府の要職につき、大臣にまで登り詰めたのである。

従ってその評価は極端に異なる。批判派が主張するのは裏切り者、転向者、ご都合主義者といったものであり、一方の擁護派は、新政府の高官として腕を振るった旧幕臣、賢なる国際人、近代日本の万能人などである。

これほど評価がわかれる理由は、一口にいって、武揚の行動がいかにも耳目を集め、それが人々にぬぐいがたい反感と、素晴らしい共感という相反する結果を生じさせた、ということであろうと思う。たしかに武揚は転向者といわれても仕方ないであろう。薩長中心の新政府に不満を抱く将兵を集め、江戸を脱走し、箱館戦争を惹起させたのも武揚であるし、新政府軍の降伏勧告を蹴り、徹底抗戦を叫んで戦いを継続したのも武揚である。なのに、戦いの終結後、断罪を免れ、新政府に採用されると、新政府のために尽力し、あれよあれよという間に大臣にまで栄達した。武揚の命令で戦い戦死した多くの将兵らに恥ずかしくないのか、という意見である。

これに対して後者は、その栄達こそが武揚の優れた資質を示すものであり、何者にも代えがたい才能を持つ男として高く評価するのである。

だから、榎本武揚論争は大抵の場合、最初から噛み合わない。武揚批判派の多くは、武揚の話をするだけで、胸くそが悪い、とそっぽを向いてしまう。

実は筆者も、前者に属していた。もう四十年も前の話だが、ある出版社から「榎本武揚の話を書いてほしい」と頼まれ、即座に拒絶したものである。どんな作品でも、登場人物に惚れ込まなければ書けない、そう信じていたのだった。

しかしその後、武揚に関する書物を読みあさり、数多くの古文書類に接するうちに、この男の持つ不思議な魅力に取りつかれた。勝てない戦と知りながら、薩長政府に抵抗した男、その男につき従った将兵三千は、何を信じてそこまで戦うことができたのか。そこに武揚の持つ人間性というものをかい間見たのである。

もう一つ、その後の新政府における意外なほどの登用ぶりに、改めて武揚の持つ底知れぬ知力、行動力を知らされたのである。対露国境策定問題は幕末以来わが国が抱えた難題だったが、これに立ち向かうだけの人材が新政府にはいなかった。だから新政府は、逆賊の武揚に海軍中将、全権公使という破格の待遇を与えて、問題の解決に当たらせた。つまり武揚は朝敵だから、死んでも惜しくない、そんな感覚だったのではないか。

榎本武揚胸像
（東京農業大学構内）

そんな逃げ場のない難題を引き受けて、ロシアに向かった武揚。一度死んだ命、惜しくもない命とはいえ、負い目を抱いて赴く武揚に、男の潔さを超えたもっと重いものを感ぜずにはいられない。

井黒弥太郎は『榎本武揚伝』の中で、武揚のことを「安全弁説」セーフテーバルブセオリーと呼んでいる。また加茂儀一は『榎本武揚』のなかで「ピンチヒッター」と表現している。武揚はさまざまな危機の場面で、ピンチヒッターに立っている。

日清間に紛争が起こった時は身を挺して清国に赴き、李鴻章と会い、天津条約の締結の陰の力になった。ロシア皇太子が警察官に切られた大津事件では、天皇から直々に、謝罪使節有栖川宮威仁親王の随行を懇願され、引き受けた。ロシア側からそれには及ばず、と伝えられ派遣は中止になったが、いずれも相手国の出方によっては、命懸けの仕事だったのは明らかである。

武揚という人物は、時代の荒波に揉まれながらその矢面に立ち、持ち前の才覚で際どく生き抜いていった、といえる。

榎本武揚の銅像は全部で四基ある。一つは東京・墨田区の旧木母寺境内にある海軍の礼服をまとった像。二つ目は東京・世田谷区の東京農業大学（前身は徳川育英会育英黌農業科）構内に立つ胸像で、八の字髭を生やしたもの。三つ目は北海道江別市対雁の榎本公園に立つドサンコ馬に乗った像。そして四番目が北海道小樽市の龍宮神社境内に近年、登場した像である。

像はそれぞれの時代を映したものだが、そこに立つと時代が遠のいたいまも、何かを語りかけてくるような思いにかられる。

拙著を書くに当たり、榎本武揚の曾孫榎本隆充さんから数々の資料を提供して戴いた。また多くの文献を参考にした。深く感謝を申し上げたい。

最後になったが、この出版に情熱を傾けられた藤原書店社長藤原良雄さん、編集担当の小枝冬実さんに心から感謝申し上げたい。

二〇一四年春

合田一道

参考文献

参考文献を掲げ、先達の労苦による文献を使わせて頂いたことに感謝申し上げます。

加茂儀一『榎本武揚　明治日本の隠れたる礎石』中央公論社（1960年）
加茂儀一『資料　榎本武揚』新人物往来社（1969年）
井黒弥太郎『榎本武揚伝』みやま書房（1968年）
井黒弥太郎『榎本武揚』新人物往来社（1975年）
赤松則良『赤松則良（大三郎）半世談』平凡社（1978年）
宮永孝『幕府オランダ留学生』東京書籍（1982年）
カッテンディーケ著・水田信利訳『長崎海軍伝習所の日々』平凡社（1974年）
榎本隆充・高成田享編『近代日本の万能人・榎本武揚 1836-1908』藤原書店（2008年）
講談社編『榎本武揚シベリア日記』講談社学術文庫（2008年）
諏訪部揚子・中村喜和編注『榎本武揚シベリア日記』平凡社ライブラリー（2010年）
旺文社編『現代の視点　戦国幕末の群像　榎本武揚』旺文社（1983年）
榎本隆充編『榎本武揚未公開書簡集』新人物往来社（2003年）
中薗英助『榎本武揚シベリア外伝』文藝春秋（2000年）
小杉雅之進（雅三）『麦叢録上下、付図』市立函館図書館蔵郷土資料複製叢書図書裡会（1993年）
合田一道編著・小杉伸一監修『小杉雅之進が描いた箱館戦争』北海道出版企画センター（2005年）
合田一道『大君の刀 ブリュネが持ち帰った日本刀の謎』北海道新聞社（2007年）
武内収太『箱館戦争』五稜郭タワー（1983年）
高橋昭夫『夜明けの軍艦 開陽丸物語』北海道新聞社（1991年）
勝海舟全集20『氷川清話』講談社（1973年）
上野久『メキシコ榎本殖民』中公新書（1994年）
福沢諭吉『明治十年丁丑公論　瘦我慢の説』時事新報社（1901年）
日本近代史研究会編『図説国民の歴史』第5巻、第8巻　国文社（1963年）
北海道編『新北海道史年表』北海道出版企画センター（1989年）

ほかに「読売新聞」「朝日新聞」及び雑誌「太陽」創刊号などを用いた。また「北海道巡回日記」（黒田家文書）は原田一典氏が複写したものを用いた。

取材協力者

ご尊名を掲げて、深謝の意を表します。

榎本隆充、下山光雄（以上東京都）、小杉伸一（横浜市）、高山みな子（鎌倉市）、木村幸比古（京都市）、大石章、本間公祐、新覚紘一朗（以上小樽市）、寺井敏、和田義国（以上札幌市）、原田一典（旭川市）、黒滝秀久（網走市）

開陽丸子孫の会、咸臨丸子孫の会、国立国会図書館、郵政博物館、東京農業大学、吉祥寺（以上東京都）、高幡山金剛寺（東京・日野市）、市立函館博物館、函館碧血会、五稜郭タワー、称名寺、実行寺（以上函館市）、北海道大学附属図書館、北海道立文書館（以上札幌市）、北海道立図書館（江別市）、江差町郷土資料館（江差町）、森町観光協会（森町）、龍宮神社（小樽市）、峰延神社（美唄市）、東京農業大学オホーツクキャンパス学術情報センター（網走市）、清見寺（静岡市清水）、長崎市観光協会（長崎市）、霊山歴史館（京都市）、オランダ・アムステルダム国立海事博物館

榎本武揚年譜（1836-1908）

（年齢は当時使っていた数え年）

西暦（年）和暦（年）	年齢	榎本武揚の動き	主な出来事
一八三六 天保七年	一歳	八月二十五日、旗本榎本円兵衛武規の次男として江戸下谷御徒町柳川横町、通称三味線堀（現在の台東区浅草橋辺り）の組屋敷で生まれる。幼名は釜次郎。	五月、徳川斉昭常陸国助川に砲台を築く。
一八三九 天保十年			アヘン戦争。
一八四一 天保十二年	六歳	この頃、儒学者田辺石庵について儒学を、友野雄介に漢学を学ぶ。	五月、高島秋帆、江戸郊外徳丸ケ原で洋式砲術演習。
一八四七 弘化四年	十二歳	このころ昌平坂学問所に通う。江川太郎左衛門の英語塾にも通う。	
一八五〇 嘉永三年	十五歳	十一月二十三日、昌平坂学問所受検し、入寮許可。	
一八五一 嘉永四年	十六歳	十二月六日、昌平坂学問所入寮。	
一八五三 嘉永六年	十八歳	一月二十五日、昌平坂学問所、卒業試験。この頃、中浜万次郎に英語を学ぶ。	六月三日、ペリー、浦賀に来航。七月、プチャーチン（露）、長崎に来航。

西暦（年）和暦（年）	年齢	榎本武揚の動き	主な出来事
一八五四 安政元年	十九歳	三月、箱館奉行堀織部正利煕の従者として、蝦夷地、北蝦夷地（樺太）の巡回に随行。	日米和親条約締結。
一八五五 安政二年	二十歳	一月十八日、昌平坂学問所再入学願許可。 十月二十二日、長崎海軍伝習所第一期の員外聴講生に。	長崎海軍伝習所開設。
一八五六 安政三年	二十一歳	七月十三日、昌平坂学問所退学許可。	蕃書調所設立講武所開設、米国総領事ハリス着任。吉田松陰、松下村塾を開く。
一八五七 安政四年	二十二歳	一月一日、長崎海軍伝習所第二期生になる。 八月五日、オランダより購入したヤッパン号（咸臨丸）が長崎に到着。伝習所教官がペルスライケンからカッテンディケ少佐に引き継がれる。武揚は専攻の機関学、航海術のほか、医師ポンペから舎密学（化学）を学ぶ。	講武所内に軍艦教授所を設置。下田条約調印。老中阿部正弘死去。 最初の世界恐慌。
一八五八 安政五年	二十三歳	五月十一日、長崎海軍伝習所第二期の教育が終了。 六月、幕府に初登用され、築地海軍操練所教授に。その後一時、長崎に戻り伝習を継続。	井伊直弼、大老に就任。
一八五九 安政六年	二十四歳	中浜万次郎塾で大鳥圭介と知り合う。長崎海軍伝習所閉鎖され、江戸の築地海軍操練所に戻る。	
一八六〇 万延元年	二十五歳	父円兵衛死去。	咸臨丸、日米修好通商条約批准の随伴船としてアメリカへ。
一八六一 文久元年	二十六歳	一月、アメリカ留学生に選ばれる。	

一八六二 文久二年	二十七歳	三月十三日、アメリカ南北戦争が原因で、留学先がオランダに変更との命を受ける。幕府はオランダに軍艦を発注。 六月十八日、オランダ留学生を乗せて品川を出帆。武揚ら四人麻疹に罹かり、下田港に碇泊。長崎からオランダ商船に乗り出帆、ジャワの北東海上で暴風のため難破するが、救助され、バタビア着。	坂下門の変。 将軍家茂と皇女和宮ご成婚。 アメリカ南北戦争起こる。 寺田屋事件、生麦事件起こる。 会津藩主松平容保、京都守護職に就任。
一八六三 文久三年	二十八歳	セントヘレナ島に寄港、三日間碇泊、ナポレオン寓居跡などを訪問。 四月十八日、オランダのロッテルダム到着。ライデン、ハーグに移り、学業と研究に励む。	将軍家茂入京。 長州藩、下関で米艦砲撃。 薩英戦争起こる。
一八六四 元治元年	二十九歳	一月二十日、オランダ士官二人、赤松大三郎とともにプロシア、オーストラリア連合軍とデンマーク軍の戦争に観戦武官として従軍。 九月十七日、内田、赤松とともにイギリスに視察（一カ月間）。	
一八六五 慶応元年	三十歳	オランダ語訳の手書き草稿によりフランス国際法学者オルトランの「海の国際法規と外交」（海律全書）を学ぶ。 九月十四日（西暦十一月二日）、開陽丸進水。	英、米、仏、蘭の四国軍艦、条約勅許兵庫開港要求し兵庫に集結。条約勅許、開港不許可。
一八六六 慶応二年	三十一歳	七月十七日、開陽丸竣工。 十月二十五日、オランダのフリシンゲン港を出港。 十一月二十六日（西暦一八六七年一月一日）、洋上で新年を迎える。	薩長同盟成立。 第二次長征。 将軍家茂死去。 一橋慶喜将軍に。
一八六七 慶応三年	三十二歳	三月二十六日、開陽丸横浜着。フリシンゲン出港より一五一日目。開陽丸、幕府に引き渡される。 武揚、開陽丸乗組頭取に。軍艦頭並に昇進。和泉守に。林研海の妹多津と結婚。	陸仁践祚。 十月十四日、将軍慶喜、大政奉還を朝廷に奏上。 十二月九日、王政復古を宣言。

西暦（年） 和暦（年）	年齢	榎本武揚の動き	主な出来事
一八六八 慶応四年 （九月八日明治と改元）	三十三歳	一月二十三日、徳川家体制になり、武揚は海軍副総裁に。矢田堀讃岐守は海軍総裁、勝安房守（海舟）は陸軍総裁に就任。武揚、艦隊を率い館山へ移動。海舟の説得で品川へ戻る。 八月十九日、開陽、回天、蟠龍、千代田の軍艦と咸臨、長鯨、神速、美賀保の運送船の計八隻を率いて品川沖を脱走。途中、艦隊は離れ離れになり、開陽は八月二十九日、仙台領寒風沢に到着。 十月十二日、艦隊を再編成し、仙台領折の浜を出港。 十月二十日、蝦夷地鷲ノ木に全艦到着。武揚、箱館府知事清水谷公考に朝廷宛の嘆願書を届けるため、人見勝太郎、本多幸七郎を出立させる。 十月二十二日、峠下村で宿営中の人見、本多軍、箱館府兵の夜襲を受け応戦。箱館戦争が勃発。 十月二十六日、箱館及び五稜郭を占拠。松前藩を攻撃、勝利。 十一月十五日、開陽丸、江差沖で座礁、沈没。 十二月二日、朝廷宛の嘆願書を英、仏艦長に託す。 十二月十五日、入札（選挙）により武揚、蝦夷島臨時政権総裁に。蝦夷地平定祝賀宴を各国領事を招き開く。	一月三日、鳥羽・伏見の戦（戊辰戦争）起こる。 朝廷、慶喜追討令を出す。 勝海舟、西郷隆盛と会見して江戸城開城となる。 朝廷、徳川家の相続を田安亀之助に決定。駿府七〇万石に移封。 この間に上野の戦い。会津戦争起こる。 江戸を東京と改める。 十二月二十八日、各国、局外中立を解除。
一八六九 明治二年	三十四歳	一月、朝廷より嘆願書拒絶の報届き、武揚、決戦を覚悟。 二月十九日、プロシアの貿易商ガルトネルと七重村の土地三〇〇万坪を九九年間、租借権を与える契約を結ぶ。（翌年、新政府により解約） 三月二十日、甲鉄艦を奪取する目的で回天など三隻で宮古湾を急襲する計画を立て決行するが失敗。	薩、長、土、肥、版籍奉還を上奏。 新政府、甲鉄艦を購入。 新政府艦隊品川沖出帆。宮古湾へ。

一八六九 明治二年	三十四歳	四月九日、新政府艦隊、蝦夷地乙部から上陸し、江差を奪う。十七日、松前藩の居城福山城落城。 五月十一日、新政府軍箱館総攻撃、土方歳三戦死。十四日、黒田清隆の使者、武揚に会い降伏を勧めるが拒絶。「海律全書」を黒田に贈る。 十六日、千代ケ岱台場陥落、中島三郎助父子戦死。黒田より「海律全書」の返礼に清酒五樽届く。同夜、武揚自刃しようとして大塚霍之丞に止められ、降伏を決意。 十七日、新政府本陣へ赴き、謝罪降伏。十八日、五稜郭開城。箱館戦争終焉。 二十一日、武揚ら首脳、護送され出発。 六月三十日、辰ノ口牢に入る。獄内で学問と研究を続ける。	蝦夷地に開拓使を置き、地名を北海道と改める。
一八七一 明治四年	三十六歳	牢内で舎密学に打ち込む。 八月二十六日、母こと死去。	廃藩置県。
一八七二 明治五年	三十七歳	一月六日、黒田の尽力で出牢、親類宅に謹慎。 三月六日放免、八日、開拓使四等出仕として北海道の鉱山検査、物産取り調べに当たる。「札幌会議」で黒田と岩村通俊衝突、岩村罷免。後任の大判官に松本十郎着任。	陸軍省、海軍省設置。 マリア・ルス号事件。
一八七三 明治六年	三十八歳	一月十七日、武揚、開拓使中判官に任命。 三月、開拓使顧問ケプロンとの対立表面化。 イクシベツ、空知川沿岸の石炭調査及び、道東の調査。松本に宛て調査報告文提出。 開拓使布達を受け、武揚、対雁に土地を購入。	徴兵令布告。 「征韓論」破れ、西郷隆盛ら参議辞職。

西暦（年）和暦（年）	年齢	榎本武揚の動き	主な出来事
一八七四 明治七年	三十九歳	一月十四日、海軍中将に任命。十八日、対露領土問題処理の特命全権公使を命ぜられる。三月十日、横浜出港。六月十日、ペテルブルグ到着。二十二日から第一回交渉に入る。シベリア、千島の歴史、地理、物産の調査などをする。	板垣退助ら民選議院設立建白書提出。佐賀の乱。北海道に屯田兵制度発足。
一八七五 明治八年	四十歳	五月七日、樺太・千島交換条約をロシア外相ゴルチャコフとの間で調印。八月から一カ月間欧州旅行に赴く。	江華島事件。
一八七六 明治九年	四十一歳	一月、医師ポンペらとの『朝鮮事情』の翻訳が終了。	廃刀令。
一八七七 明治十年	四十二歳	露土戦争のため帰国延期に。	西南戦争。
一八七八 明治十一年	四十三歳	七月二十六日、ペテルブルグを出立し、シベリア経由で帰国の途に。ウラジオストク着、黒田差し回しの箱館丸で十月四日、小樽着。函館を経て十月二十一日、横浜着。途中、調査した結果を『シベリア日記』に残す。後年、発見され、発刊。	大久保利通暗殺。
一八七九 明治十二年	四十四歳	二月、条約改正取調御用掛に。 九月、外務省二等出仕兼任、十一月六日、外務大輔になり、議定官を兼任。	
一八八〇 明治十三年	四十五歳	二月二十八日、海軍卿を兼任。	
一八八一 明治十四年	四十六歳	五月七日、宮内庁御用掛を命じられ、一等官に。	北海道開拓使官有物払い下げ事件。「明治十四年の政変」

一八八二 明治十五年	四十七歳	五月二十七日、皇居造営事務副総裁に就任。八月十二日、駐清国特命全権公使に任じられ、家族とともに北京に赴任。	開拓使廃止。
一八八三 明治十六年	四十八歳	年末、李鴻章と会談。以後交友関係続く。	
一八八四 明治十七年	四十九歳	一月二十八日、妻を北京に残し、一時帰国。二月、妻を東京に呼び戻す。七月三十日、清国と仏が交戦状態になり、東京を出発、北京へ。	朝鮮で甲申事変起こる。
一八八五 明治十八年	五十歳	伊藤博文を補佐して甲申事変の解決に努力。天津条約締結の陰の力に。十二月二十二日、第一次伊藤内閣の初代逓信大臣に就任。	
一八八七 明治二十年	五十二歳	五月、子爵を授与。	
一八八八 明治二十一年	五十三歳	四月三十日、黒田内閣成立。臨時に農商務大臣を兼任。電気学会創設、初代会長に。	
一八八九 明治二十二年	五十四歳	三月二十二日、文部大臣に就任。十二月、山県内閣でも留任。	大日本帝国憲法発布。森有礼暗殺。
一八九〇 明治二十三年	五十五歳	五月十七日、文部大臣辞任、枢密顧問官に。	

西暦（年）和暦（年）	年齢	榎本武揚の動き	主な出来事
一八九一 明治二十四年	五十六歳	三月六日、徳川育英黌農業科（現在の東京農業大学）を設立、黌主に。 五月、大津事件の謝罪特使有栖川宮威仁親王の特別随行に決まるが、ロシア政府より「派遣に及ばず」と伝えられ、中止。 五月二十一日、第一次松方内閣の外務大臣に就任。	大津事件。 足尾鉱毒公害事件初めて国会へ。
一八九二 明治二十五年	五十七歳	四月、条約改正案調査委員に。 八月二日、妻多津死去。八日、第一次松方内閣総辞職に伴い、外務大臣を辞任し、枢密顧問官に。	教育勅語発布。
一八九三 明治二十六年	五十八歳	三月、殖民協会発足。会頭として演説。	
一八九四 明治二十七年	五十九歳	一月二十二日、農商務大臣に就任。次いで第二次黒田、第二次松方内閣の農商務大臣として留任。三年余在職。	八月、日清戦争起こる。
一八九五 明治二十八年	六十歳		三国干渉。 閔妃暗殺。
一八九七 明治三十年	六十二歳	三月三日、農商務大臣として初めて足尾鉱毒事件の被害民代表と面会。二十三日、足尾銅山を現地視察。二十四日、政府の鉱毒調査委員会を設置し、翌二十五日、初会合を開き対応を協議。第一〇議会で農商務省関連法案がすべて成立したのを見届け辞表を提出。二十九日、辞職。	
一八九八 明治三十一年	六十三歳	三月、工業化学会設立、初代会長に。 十二月、隕石で刀剣を作らせ、皇太子に献上。論文「流星刀記事」を執筆。	

一九〇二 明治三十五年	六十七歳	九月、日露協会が設立され、初代会長に。	
一九〇四 明治三十七年	六十九歳		日露戦争起こる。
一九〇八 明治四十一年	七十三歳	七月十三日、発病。 十月二十七日死去。海軍葬により、駒込の吉祥寺に葬られる。	

（作成　合田一道）

や　行

ら　行

わ　行

は　行

ま　行

た　行

な　行

さ行

か　行

人名索引

著者紹介

合田一道（ごうだ・いちどう）
1934年北海道生まれ。ノンフィクション作家。長く北海道新聞社に勤務し編集委員などを歴任し、1994年退社。その間、幕末から維新にかけての数々のノンフィクション作品を執筆し今日に至る。著書に『大君（タイクン）の刀』（北海道新聞社）『龍馬、蝦夷地を開きたく』（寿郎社）『日本史の現場検証』（扶桑社）『日本人の死に際　幕末維新編』（小学館）『日本人の遺書』（藤原書店）等。

古文書《こもんじょ》にみる　榎本武揚《えのもとたけあき》　思想《しそう》と生涯《しょうがい》

2014年9月30日　初版第1刷発行 ©

著　者　合田一道
発行者　藤原良雄
発行所　株式会社 藤原書店

〒162-0041　東京都新宿区早稲田鶴巻町523
電　話　03（5272）0301
FAX　03（5272）0450
振　替　00160‐4‐17013
info@fujiwara-shoten.co.jp

印刷・製本　中央精版印刷

落丁本・乱丁本はお取替えいたします
定価はカバーに表示してあります

Printed in Japan
ISBN978-4-89434-989-6

二人の巨人をつなぐものは何か

往復書簡 後藤新平―徳富蘇峰 *1895-1929*

高野静子＝編著

幕末から昭和を生きた、稀代の政治家とジャーナリズムの巨頭との往復書簡全七一通を写真版で収録。時には相手を批判し、時には弱みを見せ合う二巨人の知られざる親交を初めて明かし、二人を廻る豊かな人脈と近代日本の新たな一面を照射する。

実物書簡写真収録

菊大上製　二一六頁　**六〇〇〇円**
（二〇〇五年一二月刊）
◇978-4-89434-488-4

シベリア出兵は後藤の失敗か？

後藤新平と日露関係史

〔ロシア側新資料に基づく新見解〕

V・モロジャコフ
木村汎訳

ロシアの俊英が、ロシア側の新資料を駆使して描く初の日露関係史。一貫してロシア／ソ連との関係を重視した後藤新平が日露関係に果たした役割を初めて明かす。

第21回「アジア・太平洋賞」大賞受賞

四六上製　二八八頁　**三八〇〇円**
（二〇〇九年五月刊）
◇978-4-89434-684-0

知られざる後藤新平の姿

無償の愛

〔後藤新平、晩年の伴侶きみ〕

河﨑充代

「一生に一人の人にめぐり逢えれば、残りは生きていけるものですよ。」後藤新平の晩年を支えた女性の生涯を、丹念な聞き取りで描く。初めて明らかになる後藤のもうひとつの歴史と、明治・大正・昭和を生き抜いたひとりの女性の記録。

四六上製　二五六頁　**一九〇〇円**
（二〇〇九年一二月刊）
◇978-4-89434-708-3

総理にも動じなかった日本一の豪傑知事

安場保和伝 *1835-99*

〔豪傑・無私の政治家〕

安場保吉編

「横井小楠の唯一の弟子」（勝海舟）として、鉄道・治水・産業育成など、近代国家としての国内基盤の整備に尽力、後藤新平の才能を見出した安場保和。気鋭の近代史研究者たちが各地の資料から、明治国家を足元から支えた知られざる傑物の全体像に初めて迫る画期作！

四六上製　四六四頁　**五六〇〇円**
（二〇〇六年四月刊）
◇978-4-89434-510-2

「後藤新平の全仕事」を網羅！

『〈決定版〉正伝 後藤新平』別巻

後藤新平大全

御厨貴編

巻頭言 **鶴見俊輔**
序 **御厨貴**
1 後藤新平の全仕事（小史／全仕事）
2 後藤新平年譜 1850-2007
3 後藤新平の全著作・関連文献一覧
4 主要関連人物紹介
5『正伝 後藤新平』全人名索引
6 地図
7 資料

A5上製 二八八頁 **四八〇〇円**
（二〇〇七年六月刊）
◇978-4-89434-575-1

今、なぜ後藤新平か？

時代の先覚者・後藤新平

〈1857-1929〉

御厨貴編

その業績と人脈の全体像を、四十人の気鋭の執筆者が解き明かす。
鶴見俊輔＋青山佾＋粕谷一希＋御厨貴／鶴見和子／苅部直／中見立夫／原田勝正／新村拓／笠原英彦／小林道彦／角本良平／佐藤卓己／鎌田慧／佐野眞一／川田稔／五百旗頭薫／中島純 他

A5並製 三〇四頁 **三二〇〇円**
（二〇〇四年一〇月刊）
◇978-4-89434-407-5

後藤新平の"仕事"の全て

後藤新平の「仕事」

藤原書店編集部編

郵便ポストはなぜ赤い？ 新幹線の生みの親は誰？ 環七、環八の道路は誰が引いた？ 日本人女性の寿命を延ばしたのは誰？――公衆衛生、鉄道、郵便、放送、都市計画などの内政から、国境を越える発想に基づく外交政策まで「自治」と「公共」に裏付けられたその業績を明快に示す！

写真多数 ［附］小伝 後藤新平
A5並製 二〇八頁 **一八〇〇円**
（二〇〇七年五月刊）
◇978-4-89434-572-0

なぜ「平成の後藤新平」が求められているのか？

震災復興 後藤新平の120日

〈都市は市民がつくるもの〉

後藤新平研究会＝編著

大地震翌日、内務大臣を引き受けた後藤は、その二日後「帝都復興の議」を立案する。わずか一二〇日で、現在の首都・東京や横浜の原型をどうして作り上げることが出きたか？ 豊富な史料により「復興」への道筋を丹念に跡づけた決定版ドキュメント。

図版・資料多数収録
A5並製 二五六頁 **一九〇〇円**
（二〇一一年七月刊）
◇978-4-89434-811-0